立德树人 固本开新
——南京审计大学新文科建设优秀成果集

主　编　董必荣　陈　骏
副主编　石岿然　汪　利

南京大学出版社

图书在版编目(CIP)数据

立德树人 固本开新:南京审计大学新文科建设优秀成果集 / 董必荣,陈骏主编. —南京:南京大学出版社,2024.6(2024.9重印)
ISBN 978-7-305-28120-4

Ⅰ.①立… Ⅱ.①董… ②陈… Ⅲ.①高等学校—文科(教育)—课程建设—文集 Ⅳ.①G642.4-53

中国国家版本馆 CIP 数据核字(2024)第 106394 号

出版发行	南京大学出版社
社　　址	南京市汉口路 22 号　　邮　编　210093
书　　名	立德树人　固本开新——南京审计大学新文科建设优秀成果集 LIDE SHUREN　GUBEN KAIXIN——NANJING SHENJI DAXUE XINWENKE JIANSHE YOUXIU CHENGGUOJI
主　　编	董必荣　陈　骏
责任编辑	苗庆松　　　　　　　编辑热线　025-83592655
照　　排	南京开卷文化传媒有限公司
印　　刷	江苏凤凰数码印务有限公司
开　　本	787 mm×1092 mm　1/16　印张 12　字数 300 千
版　　次	2024 年 6 月第 1 版
印　　次	2024 年 9 月第 2 次印刷
ISBN 978-7-305-28120-4
定　　价	49.80 元
网　　址	http://www.njupco.com
官方微博	http://weibo.com/njupco

* 版权所有,侵权必究
* 凡购买南大版图书,如有印装质量问题,请与所购
图书销售部门联系调换

前 言

近年来,外部环境的巨大变化对我国高等教育产生了深刻影响,新文科概念应运而生。2018年,教育部联合六部门发布了《关于实施基础学科拔尖学生培养计划2.0的意见》,其中的基础学科拔尖学生培养计划首次增加了人文学科。2019年4月,教育部召开"六卓越一拔尖"计划2.0启动大会,明确提出了新文科概念,新文科建设引起社会广泛关注,此后教育界对新文科建设内涵和发展路径展开了多方探索。2020年11月,新文科建设全面启动大会召开,发布了《新文科建设宣言》。

关于新文科的内涵,高等教育界在以下几个方面已形成共识:第一,新文科是相对于传统文科而言的,是以全球新科技革命、新经济发展、中国特色社会主义进入新时代为背景的;第二,更加强调专业满足国家发展战略需要和社会需求的功能定位,专业从学科导向转向以人才培养需求为导向,更加主动对接经济社会发展需求,更加聚焦服务面向;第三,强调多学科交叉与深度融合,新技术融入传统文科专业,推动传统文科的更新升级;第四,强调学生中心思想,信息技术融入教学方法,实现课堂革命;第五,强调新的质量标准。新文科建设更加强调高等教育对国家战略的服务功能,对人才中国立场和价值观的塑造;强调信息技术的融入和学科的交叉复合,扎根中国进行人才培养新模式的探索。

南京审计大学作为一所以培养审计等经济监督人才为主的特色财经类高校,立足新时代、回应新需求、推进新变革,紧紧围绕国家发展战略、国家经济安全对经济监督人才的需要,遵循规律、守正创新,大力推进人才培养范式改革,在专业生态体系构建、专业优化改造升级、课程思政建设、OBE理念下的教学基本建设、改革与创新等方面走出了南京审计大学新文科建设的特色之路。

概括起来,南京审计大学新文科建设的重点工作及主要特色如下:

第一,学校秉持"特色、质量、国际化"办学理念,对原有"构建'大审计平台'、促进专业交叉复合"办学策略提档升级,确立了"以审计品牌为核心、以经济监督人才培养为内在逻辑,通过'审计+''+审计',推进审计与相关学科专业的集聚、交叉、共生,构建'三圈层'专业生态体系,培养维护国家经济安全的高素质经济监督人才"新的办学思路和目标。内层是审计学(政府审计)、内部审计、审计学(注册会计师)等专业,紧紧围绕国家审计事业的需要培养审计人才;中层是会计、统计、监察、金融、财务、经济、贸易、财政、税收、计算机科学与技术等专业,培养经济监督类人才,并为审计提供技术与数据来源;外层是法学,工商管理,行政管理,哲学,政治学与经济学(PPE),工程管理,保险,投资,英语,文学,数学等专业,定位于国家治理类人才培养,利用审计及经济监督的成果,提升人才的国家治理水平与治理能力。

第二,学校积极应对新科技、新的国家发展战略、国家赋予新时代高等教育的新变化、新需求、新使命,积极求变,以"思政引领、科技赋能、学科交叉、产教融合、国际视野"为引领推进人才培养体系重构,2021年全面修订本科人才培养方案,2023年进一步进行调整和优化,强化专业信息化改造升级、审计品牌与专业交叉复合。

第三，以"诚信"校训为立足点，以"审计精神"为统领构建全校课程思政建设体系，以"十千万"工程、示范项目建设为抓手，开展教学大纲思政调整，实现课程思政教学全覆盖，形成品牌成果引领建设。

第四，制定《南京审计大学本科产教融合实施方案》，构建产教融合长效机制，通过产教融合型一流专业、产教融合型一流课程建设，创新协同育人模式，促进教育链、人才链与产业链、创新链有机衔接，推进人才培养聚焦服务面向，建设高质量人才培养体系。

第五，深入落实OBE理念，推进教学理念和方法改革创新。成果导向是OBE教育理念的核心内容，教育系统要建立在明确的成果框架之上，教育的内容、方法和评价都要以此为出发点和落脚点，不论是学校的整个教育系统，还是一个专业的教育系统，或是一门课程的教育体系，莫不如此。组织OBE理念下的教学大纲修订，以布鲁姆教育目标分类法强化课程目标制定的科学性，以成果为导向反向设计课程的内容、方法和评价。落实OBE学生中心、成果导向、持续改进理念，强化教师教学设计环节，提升课程实施的科学性和先进性，推进教学改革和创新，提升课程教学质量。本书展示的即为学校新文科建设的部分成果。

本书是上述五个方面工作的集中体现，包括5篇共20章。第一篇产教融合型品牌专业共分为5章，分别是2022年、2023年获批的5个省级产教融合型品牌专业培育项目，从专业的目标定位与特色、专业产教融合改革措施、专业产教融合建设成效等方面展示了这些专业在产教融合方面良好的建设基础、深入的产教联动机制和显著的办学成效。第二篇产教融合型一流课程共分为3章，对应的是2022年获批的省级产教融合型一流课程建设项目，从课程的定位与目标、产教融合建设及其成效与特色等方面展示了3门课程组织实施教学方法、教学评价改革、产教融合改革与课程建设取得的实质性成效。第三篇课程思政示范课共分为6章，为2020年、2022年学校课程思政优秀示范课竞赛中获得一等奖的6门课程，从课程思政目标、课程思政建设思路、课程思政教学设计等方面展现了这些课程在课程思政建设上的规律和方法探索以及取得的优秀成果。第四篇优秀课程教学大纲分为3章，是2022年OBE理念下的教学大纲修订及优秀教学大纲评选中获得一等奖的3门课程，本部分全面展现了这些课程在教学目标、内容、方法与评价以及资源等方面的建设成果。第五篇优秀教学设计共分为3章，选取了2020年以来江苏省高校教师教学创新大赛、江苏省本科高校青年教师教学竞赛中部分获奖教师的课程教学设计，完整展示了这些课程在教学目标、教学方法、创新实践等教学设计方面的研究、探索和做法。

本书作为南京审计大学新文科建设成果集，既充分展现了南京审计大学开展新文科建设的个性化探索和成果，又鲜明地体现了高校新文科建设的共性理念、规律和路径，对我国高校、各级教育管理者以及从事高等教育研究的相关人员具有一定的参考价值。由于水平有限，书中的不足之处在所难免，诚挚地希望各位专家、同行及读者不吝指教，感激之至。

编　者
2024年4月8日

目　录

第一篇　产教融合型品牌专业

第一章　审计学专业(注册会计师方向) …… 003
　　第一节　专业的目标定位与特色 …… 003
　　第二节　专业产教融合改革措施 …… 004
　　第三节　专业产教融合建设成效 …… 009

第二章　会计学专业 …… 011
　　第一节　专业的目标定位与特色 …… 011
　　第二节　专业产教融合改革措施 …… 012
　　第三节　专业产教融合建设成效 …… 018

第三章　金融学专业 …… 020
　　第一节　专业的目标定位与特色 …… 020
　　第二节　专业产教融合改革措施 …… 021
　　第三节　专业产教融合建设成效 …… 025

第四章　信用管理专业 …… 027
　　第一节　专业的目标定位与特色 …… 027
　　第二节　专业产教融合改革措施 …… 028
　　第三节　专业产教融合建设成效 …… 033

第五章　计算机科学与技术专业 …… 035
　　第一节　专业的目标定位与特色 …… 035
　　第二节　专业产教融合改革措施 …… 036
　　第三节　专业产教融合建设成效 …… 044

第二篇 产教融合型一流课程

第六章 审计学(CPA) ······ 049
第一节 课程的定位与目标 ······ 049
第二节 产教融合建设 ······ 050
第三节 产教融合的建设成效与特色 ······ 054

第七章 信息系统审计 ······ 055
第一节 课程的定位与目标 ······ 055
第二节 产教融合建设 ······ 057
第三节 产教融合的建设成效与特色 ······ 063

第八章 智慧政府与治理创新(电子政务) ······ 065
第一节 课程的定位与目标 ······ 065
第二节 产教融合建设 ······ 067
第三节 产教融合的建设成效与特色 ······ 072

第三篇 优秀课程思政示范课

第九章 会计学 ······ 077
第一节 示范课简介及课程思政目标 ······ 077
第二节 课程思政建设思路 ······ 077
第三节 课程思政教学设计案例 ······ 081

第十章 中国经济专题 ······ 085
第一节 示范课简介及课程思政目标 ······ 085
第二节 课程思政建设思路 ······ 085
第三节 课程思政教学设计案例 ······ 088

第十一章 城市管理学 ······ 094
第一节 示范课简介及课程思政目标 ······ 094
第二节 课程思政建设思路 ······ 094

第三节　课程思政教学设计案例 ·· 098

第十二章　证券投资学 ··· 101
　　第一节　示范课简介及课程思政目标 ·· 101
　　第二节　课程思政建设思路 ·· 101
　　第三节　课程思政教学设计案例 ·· 103

第十三章　中国红色审计史 ·· 106
　　第一节　示范课简介及课程思政目标 ·· 106
　　第二节　课程思政建设思路 ·· 107
　　第三节　课程思政教学设计案例 ·· 109

第十四章　法学学科专业综合实验——法律诊所 ······························· 111
　　第一节　示范课简介及课程思政目标 ·· 111
　　第二节　课程思政建设思路 ·· 111
　　第三节　课程思政教学设计案例 ·· 115

第四篇　优秀课程教学大纲

第十五章　公司金融 ·· 121
　　第一节　课程教学目标 ·· 121
　　第二节　课程内容、方法与评价 ·· 122
　　第三节　课程资源 ·· 124

第十六章　组织行为学 ·· 126
　　第一节　课程教学目标 ·· 126
　　第二节　课程内容、方法与评价 ·· 127
　　第三节　课程资源 ·· 131

第十七章　大学英语Ⅲ ·· 133
　　第一节　课程教学目标 ·· 133
　　第二节　课程内容、方法与评价 ·· 135
　　第三节　课程资源 ·· 138

第五篇 优秀教学设计

第十八章 国际金融学 ··· 145
第一节 课程简介及目标 ·· 145
第二节 课程内容及教学安排 ·· 146
第三节 课程教学创新实践 ·· 153

第十九章 法学专业综合实验 ··· 161
第一节 课程简介及目标 ·· 161
第二节 课程内容及教学安排 ·· 162
第三节 课程教学创新实践 ·· 165

第二十章 注册会计师审计 ··· 173
第一节 课程简介及目标 ·· 173
第二节 课程内容及教学安排 ·· 174
第三节 课程教学创新实践 ·· 179

第一篇
产教融合型品牌专业

新时代强调人才培养要更加主动对接经济社会发展需求,更加聚焦服务面向,深化产教融合,促进教育链、人才链与产业链、创新链有机衔接势在必行。国务院办公厅、江苏省教育厅分别发文就深化产教融合提出指导意见。2024年1月,《江苏省高校深化产教融合中长期规划(2023—2025年)》发布,要建设产教融合创新平台,建立健全产教融合长效机制,引导高校分类推进产教融合,打造一批产教融合重点基地;鼓励高校与企业共建未来技术学院、现代产业学院和专业特色学院,促进协同育人。

为深入贯彻党的二十大精神,全面落实中央和江苏省委人才工作会议精神、中国共产党江苏省第十四次代表大会精神,引导高校主动面向区域、面向行业、面向产业办学,促进教育链、人才链与产业链、创新链有机衔接,深入推进产教协同育人,江苏省教育厅组织开展了本科高校产教融合型品牌专业立项建设工作,面向全省本科高校遴选产教融合方面建设基础较好、产教联动深入、办学成效显著的各类专业培育建设产教融合品牌专业。学校立足高等教育新发展阶段,贯彻落实新发展理念,积极实施新文科、新工科建设,推动专业产教融合建设,构建具有南京审计大学特质的产教融合型教育体系,推进本科教育教学内涵式建设与高质量发展,取得了显著成效。2022年、2023年,施平教授领衔的审计学(注册会计师方向)、温素彬教授领衔的会计学、石岿然教授领衔的金融学、卢亚娟教授领衔的信用管理、徐超教授领衔的计算机科学与技术等5个专业获批省级产教融合型品牌专业建设点。

第一章

审计学专业（注册会计师方向）

第一节 专业的目标定位与特色

一、专业目标定位

南京审计大学（以下简称学校）是我国审计高等教育发源地之一。2012 年 9 月开始招收审计学专业（注册会计师方向）学生，经过 10 年的建设和发展，已经形成一支与国际课程标准接轨、国内高校领先的审计专业教学团队。学校的审计学专业全国排名第一，为国家级特色专业建设点、教育部"十二五"专业综合改革试点项目、国家级一流专业建设点、江苏省品牌专业。目前，合作单位中审众环会计师事务所和中兴华会计师事务所均为本土排名前十的会计师事务所。

2016 年 5 月，学校与瑞华会计师事务所共同设立"瑞华审计与会计学院"。2020 年 7 月，新合作单位加盟，更名为"国富中审学院"；2023 年 5 月，更名为"中审学院"（以下简称学院）。学院设审计学专业（注册会计师方向）（以下简称本专业），本专业充分利用校企双方专业和行业优势，推进校企深度融合，协同育人，培养品德高尚、意志坚定、视野宽广、业务精良并服务于审计行业的高素质应用型人才。

二、专业产教融合特色

（一）基于校企合作的行业精英人才"双育"培养模式

学院以育人为本，全面育才。育人聚焦品德、意志和综合素质，育才聚焦技能、潜质与成长，构建了基于校企合作的注册会计师行业精英人才"双育"培养模式。立足资本市场动态需求，推进"双育"融合。学院以学校 3 个国家一流专业为基础，适应资本市场动态需求，继承与创新并重，深化人才培养模式改革，引领专业改革发展。依靠校内外导师团队和学生组织，通过政治思想引领，教育过程的管理与创新，强化课程教学改革，育人为本，全面育才，培养品德高尚、意志坚定、视野宽广、业务精良的行业精英。紧密对接注册会计师行业发展，强强合作发挥优势，促进产教研高水平融合。合作单位 18 名高管和合伙人被聘任为学院客座教授，担任实务导师和社团指导老师，与学院老师联合制定和修订人才培养方案，合作开发课程，共同讲授实务课和案例课。

（二）支撑引领区域产业发展成效

早在 21 世纪初，学校与江苏省注册会计师协会、30 多家会计师事务所进行了多种形式的合作,为江苏注册会计师行业提供咨询服务,为江苏经济高质量发展输送财务会计人才。自 2016 年成立以来,中审学院与合作单位共同完成了江苏省注册会计师协会课题多项,其中,课题结项报告《优选生源多面打造联合培养推送人才——注册会计师行业后备人才培养模式探索》为江苏省注册会计师行业高层次人才培养提出了切实可行的建议;与瑞华会计师事务所江苏分所共同完成了江苏省财政厅课题《江苏省制造业竞争力分析报告——基于江苏省制造业企业调研数据》,并经江苏省财政厅验收通过。此外,学院参与合作单位长期发展规划,解决审计过程中的技术难点,并为合作单位输送了高质量的人才,本科毕业或研究生毕业后到会计师事务所就职的累计已达 85 人。

(三) 示范辐射

从 2016 年 12 月起,陆续有多所高校来学院交流人才培养改革创新经验,南京大学、浙江大学、东南大学、南京理工大学、重庆理工大学、兰州财经大学、嘉兴学院等高校同行专家对学院精英人才"双育"培养模式给予了充分肯定。2017 年 8 月、2018 年 8 月、2018 年 11 月,项目负责人和项目组成员受邀参加教育部会计学专业教学指导委员会年会、全国财会专业改革创新研讨会和全国高等学校会计教育研讨会,并在会上介绍学院人才培养创新做法,引起了强烈反响。2017—2019 年连续 3 年,学院以"'互联网+会计'深化教学改革的探索与实践""新时代财务领导力与精英人力培养""智能财务方向人才培养与专业建设"为题,举办了 3 场全国性会议,讨论会计审计人才培养问题,和与会代表分享学院教育教学改革创新经验。《中国会计报》对学院的"育人为本,全面育才"的"双育"人才培养模式给予充分肯定,并做了专题报道。《财务与会计》《中国注册会计师》发表专题文章介绍了学院的经验。

学院的培养模式得到了教育部教学评估专家、学校领导和同行的充分肯定,成为学校其他专业改造的样板。学院的"引企入教协同育人"的人才模式被校内外同行借鉴,目前已有多个学校仿照。如南京审计大学和中国内部审计师协会共同设立中国内部审计学院,南京审计大学与江苏翔晟信息股份有限公司合作成立翔晟信息技术学院,南京审计大学经济学院与北京东审鼎立国际会计师事务所联合设立税务班,兰州财经大学和瑞华会计师事务所合作举办瑞华班等。学院开展的晨训、经典导读、领导力实训、成长规划等活动,得到了社会各界、学生、家长的充分肯定,吸引校内外同行参观学习,南京大学、南京财经大学、嘉兴学院等多所高校专门派人来校观摩、学习交流。

第二节 专业产教融合改革措施

一、产教融合教学改革

(一) 产教融合长效机制构建

学院成立以来,合作单位深度参与本专业人才培养过程。合作单位选派名誉院长或副院长,已向学院提供教学发展资金 900 多万元,提供充足和优质的实习实训基地,实行就业保底。合作单位 18 人受聘学院客座教授,担任本专业学生实务导师和社团指导老师;合作单位定期派人参与学院学生座谈会,共同制定和修订人才培养方案,合作开发课程,共同讲授实务课和案例课。共同参与制定行业规范、企业投融资决策咨询,提供审计、风险管理的服务,联合开发会计案例、大数据审计软件,开展全行业会计审计培训。学院为合作单位解决会计审计工作中的技术难点,并为合作单位输送高质量的人才,逐步形成了学院与合作企业互利共赢的局面,有利于校企双方的合作持续深化。

(二)专业发展规划

合作双方不断优化专业建设方案和人才培养方案,加快实现专业培养与审计会计行业的需求对接、专业课程内容与从业能力对接、教学过程与实践对接。近3年,计划每年引进2~3名青年博士和企业实践导师,每年选派1~2名教师去审计署、地方审计机关和合作单位挂职锻炼。实施企业学校"双导师"制,每年安排10名左右合作单位实务专家为本专业学生授课。合作双方共同指导创新创业项目,力争在"挑战杯""互联网+"等国家级竞赛中获奖。充分利用合作双方实践资源,建立适应实践教学要求的"资源共享、优质服务"的实验、实习、实训基地。充分利用合作单位的行业资源、校友资源,采用多渠道合作方式开发审计教学软件、审计实验和审计案例。加快现有的公共工程审计实验室、数据式审计实验室、审计信息工程与技术协同创新中心等平台建设,力争建成国家级社会审计实验教学平台。经过3年左右的建设和发展,力争把本专业建成全国有影响力的产教融合品牌专业。

(三)人才培养方案修订

校企合作双方多次召开人才培养方案的专题会议,在充分调研的基础上,逐步优化本专业人才培养方案,确定培养目标和路径、培养方式和保障措施。专业课程融入中国注册会计师(CPA)考试课程的内容,注册会计师方向课程由 CPA 辅导名师和合作单位实务专家授课,充分利用 MOOC、在线网络课程和"翻转课堂",将线上与线下教学有机结合。指导教师提出具有针对性的学业成长和职业规划的建议;在选修课中设置审计、会计、管理、金融、英语强化等模块,供学生们选择,引导学生根据自身兴趣爱好和特长选择就业和考研方向。以校企合作为依托,依靠校内外导师团队和学生组织,通过政治思想引领,教育过程的管理与创新,培养服务于经济高质量发展特别是江苏经济发展的品德高尚、意志坚定、视野宽广、业务精良的审计行业的精英人才。培养模式的总体框架如图1-1-1所示。

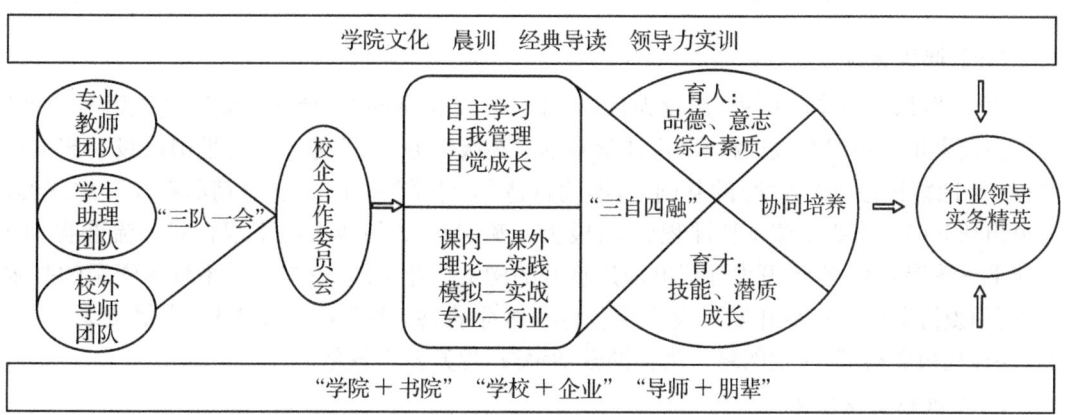

图1-1-1 培养模式的总体框架

(四) 实践教学体系重构

加大实习、实训、案例教学的比例,实训和案例教学采用合作式、任务式、项目式、企业实操等形式,提高教学效果。优先安排"双师双能型"教师指导和讲授。学院开设电子数据审计、审计软件应用等课程,培养学生们会计审计大数据挖掘与分析能力,以及会计审计软件的实际操作能力。根据大学4年各年级的教学重点,进行分类实习,并要求撰写调查报告或研究报告。

(五) 教学模式与方法创新

1. 产学研深度融合,协同培育人才

合作单位为学院选派名誉院长或副院长,提供奖学金、困难学生补助金、奖教金和实习实训基地,优先安排学院学生就业,每学期派人来学院召开学生座谈会,会计师事务所合伙人和企业高管担任学生实务导师和社团指导老师,联合制定和修订人才培养方案,合作开发课程,共同讲授实务课和案例课。

2. 成长规划引领,确立成才目标

学院要求每位学生撰写"成长规划书",引导他们立志成人成才。成长规划书一般包括自我测评(性格测试、SWOT分析、自我评估)、目标定位(长期目标、中期目标、学业目标)、实施方案、学院评价与建议、检查与调整等。

3. 打造导师团队,助力全面成长

学院成立学业导师、校外实践导师、生活成长导师、互助学友导师4支导师团队,他们在政治方向引领、成长规划指导、专业学习教授、做人做事示范等方面做了大量卓有成效的工作,真正起到了让立德树人落地生根和"传道、授业、解惑"的作用。

4. 朋辈交互支持,实现共同成长

学院成立由研究生、高年级学生和其他专业优秀学生组成的助理团,助理团成员为学院各项决策出谋划策,也成为学生们学习的榜样。助理团开展的各项活动,成为跨学科、跨专业学习与交流的平台,朋辈交互支持,共同成长。

二、产教融合教学资源建设

(一) 课程建设

以"国家级一流本科课程"建设为目标,在已开发建设的"审计学基础""高级财务会计"等4门国家精品在线开放课程和"审计学基础""高级财务会计"等3门首批国家级一流本科课程(线上线下混合式教学)的基础上,继续打造"会计学"等17门省级精品在线开放课程,力争再获5门国家级一流本科课程(2门线上一流课程、2门线上线下混合式一流课程和1门线下一流课程)。在已开发建设并应用良好的网上作业系统、论文指导系统等资源的基础上,利用爱博平台进一步开发建设数字化课程教学资源,将文献阅读资料、案例资源、练习题、课程视频资料等,通过网络作为辅助教学手段,提升教学效果。

(二) 教材教案建设

以"国家教材奖"为建设目标,在《中级财务会计》等22本"十三五"江苏省高等学校重点

教材和 3 本江苏省高等学校优秀培育教材的基础上,努力打造国家级精品教材和国家级规划教材;通过校企合作,利用会计师事务所丰富的案例资源和实务专家丰富的专业经验,由教授和实务专家共同编写一批精品审计案例集。与合作企业合作撰写的系列著作《计学撮要》,已成为业界和学生研究最新审计、会计政策和实务的重要参考书。与合作单位共同完成的江苏省财政厅课题《江苏省制造业竞争力分析报告——基于江苏省制造业企业调研数据》、国家电网公司客户服务中心的"卓越绩效管理模式下如何提升财务管理能力"和江苏省注册会计师协会课题《优选生源多面打造联合培养推送人才——注册会计师行业后备人才培养模式探索》等成为教学和管理中的案例。

(三) 实验实训基地建设

学院坚持以服务区域经济和促进注册会计师行业高质量发展为导向,结合本专业知识体系和专业技能提升的要求,做好实训基地布局规划。学院一直在加强"双师型"师资队伍建设,聘请注册会计师行业、企业和社会上有丰富社会审计经验的专家或专业技术人员(含离退休人员)作为兼职教师。同时切实改善学院的实训条件,先后购买了会计实务操作、审计模拟实训软件(CPAS 审计软件),并配置了专门的机房和场地。逐步形成实训内容与实际生产相结合的实训模式,保证学生获得足够时间的、高质量"真刀真枪"的实操训练。中审众环会计师事务所江苏分所等 3 家合作单位为本专业学生提供了面积为 1 500 平方米的实训基地,充分满足了审计学(注册会计师方向)的实训要求。除上述合作单位均为本专业学生提供了实验实训基地外,学院先后在江苏省注册会计师协会、南京可信区块链与算法经济研究院、江苏苏港会计师事务所、中审亚太会计师事务所等 10 家单位建立了实习基地。

三、产教融合师资建设

(一) 校企师资共建共享机制

1. 专业师资进企业

本专业致力于建设一支理实合一的"双师型"教师队伍。学院每年选派 3～5 名教师参与合作企业(会计师事务所)的审计项目,选派青年博士教师到企业挂职锻炼。教师通过在审计署特派办、国富浩华企业管理有限公司、中审众环会计师事务所和中兴华会计师事务所等单位的挂职锻炼,直接全程参与审计项目工作,一方面能够服务企业的产业发展;另一方面,通过与实务导师合作进行课题研究,真正实现了理论与实务的有效融合,也提升了学院专任教师的实践教学能力与理论教学水平。

2. 实务专家上讲台

利用合作企业丰富的实务专家资源,企业选派知名实务专家担任学院的兼职教授,走上讲台为学生讲授实践课程、创新创业课程和案例分析课程等,并与学校专任教师共同担任专业课程的教学,将理论教学与案例分析研讨有机结合,实现了线上线下、校内校外相结合的混合式教学。这不仅丰富了学院第一课堂的理论教学,也提高了实务专家的理论水平。

3. 实施"双导师"制

学院教师到合作企业参与社会审计项目,提升了会计师事务所的审计质量和学校教师的实践创新能力。国富浩华企业管理有限公司、中审众环会计师事务所等合作企业,每年根据学院需要选派一定数量的实务专家担任学院的校外实践导师,与学院的专任教师共同指导学生的毕业论文、毕业实习、社会实践等活动,有效实现了教学活动、产业活动和科研活动(产、学、研)的有机融合。

(二)绩效分配制度改革

为提升校企合作的效率和效果,本专业所在学院制定了《南京审计大学中审学院绩效考核办法(修订)》《南京审计大学中审学院"奖教金"评选办法》《校企合作工作考核与分配制度》等制度性文件,规定了考核的等级标准。根据考核标准,结合其他方面的考核情况,确定部门和个人综合等级,并给予相应的奖惩。

四、产教融合基地建设

(一)实践教学成效显著

本专业利用合作企业丰富的实务专家资源开展实践教学。企业选派知名实务专家担任学院的兼职教授,走上讲台为学生讲授实践课程、创新创业课程和案例分析课程等。本专业的全部学生进入了合作企业或其分支机构实习。

(二)科研成果丰富

2017年4—8月,和合作单位共同完成省财政厅课题《江苏省制造业竞争力分析报告——基于江苏省制造业企业调研数据》。2017年4—12月,与合作单位共同完成了省注册会计师协会课题《优选生源多面打造联合培养推送人才——注册会计师行业后备人才培养模式探索》。2016年11—12月,与合作单位共同为国家电网公司客户服务中心就"卓越绩效管理模式下如何提升财务管理能力"项目提供专项咨询服务,并编制财务管理业务手册《卓越绩效财务管理提升》。2020年,与合作单位共同完成南京大学2018年度内控评价项目。

(三)通过实习掌握审计业务全流程

本专业学生自大四上学期起进入合作单位实习,参与合作单位承揽的财务报表、内部控制审计业务,参与注册会计师审计全流程工作。合作单位提供实习场所,并在实习中考查学生的表现,根据每个学生的特长、优势安排工作岗位。有意愿的毕业生可以直接入职合作企业,并享受提前一年定薪定职的待遇。这种校企联合培养人才的模式,较好地解决了目前财经院校普遍存在的实践短板、就业层次不高、教学经费不足等问题。

(四)为合作单位员工提供培训

自2016年合作以来,学院提供场地、师资先后为合作单位培训10次,培训人员近900人,大幅度提升了合作单位员工的理论水平、研究能力。

五、产教融合创新创业教育建设

(一)转变创新创业教育理念和方法

传统的人才培养模式已经难以满足各行业发展的需求,产教融合是有效促进产业结构转型升级的重要举措。我们在对大学生创新创业教育过程中坚持创新、开放、共享的教学理念,将注册会计师行业人才的需求特点融入教育教学过程中,提升了学生的创新创业能力,并对审计学(注册会计师方向)专业创新创业教育的重要性进行宣传,提升本专业学生主动参与创新创业教育的积极性,对其创新创业成果进行必要的激励,营造出创新创业教育的良好氛围。本专业学生平均每年申请创新创业项目超10项,校级立项项目3项,省级立项项目2项。

(二)完善创新创业课程体系

本专业已制定出完善的创新创业能力培养方案,全面优化了相应的课程体系。根据产教融合实践中对创新创业人才的需求,学院针对审计学(注册会计师方向)专业领域的大学生制定出相应的创新创业教育课程体系,组建专门的教师团队为学生创新创业项目的选择提供必要的指导。同时可以阶段性、持续性和针对性地开展创新创业教育,全面提升学生创新创业教育的专业性和持续性。整合校、企双方教育教学资源,在教学实践中借助现代化教学设备、先进软件提升创新创业教育的高效性、开放性。

(三)打造高素质的师资团队

学院定期对现有教师队伍进行创新创业方面的培训,提升其理论和实践相结合方面的能力,使其不仅能从理论层面教育学生,还能从实践层面指导学生。同时强化了企业在教师团队建设方面的合作,从合作单位中引进一批专业能力较强和综合素质较高的专家作为教师团队的核心成员,实现对现有师资团队的有效补充,确保创新创业教育师资团队的多元化和专业化。

第三节 专业产教融合建设成效

一、人才培养质量大幅提升

(1)较高的升学率。截至2023年5月,学院已毕业的5届共471名毕业生中,229人攻读国内硕士研究生,64人攻读国外研究生,国内读研率达48.61%,国外读研率13.59%,升学率为62.2%。2022年、2023年连续两年,学院毕业生以总分第一名的成绩被南京大学录取为会计学硕士研究生。学院已毕业的前两届毕业生中,6人先后成功考取北京大学、南京大学等高校博士研究生。

(2)高层次的就业。23人入职中纪委等国家机关、行政事业单位、国有企业单位。57人入职中审众环会计师事务所、中兴华会计师事务所和国际"四大"会计师事务所等国内外影响力较大的会计师事务所。此外,部分学生研究生毕业后进入注册会计师行业。

(3)综合素养高。仅2020年学院就有6位学生获国家奖学金,获该奖项的比例为全校平均水平的8.57倍;3位同学获"全国大学生数学建模大赛"二等奖;学院的审计长奖学金、国家级奖学金和省级以上等奖项获奖比例显著高于全校平均水平。

二、教育教学成果显著

获批国家级课程思政示范课、教学团队1项,即"会计学";教学名师8人;国家级线上一流课程3门,即"会计学""高级财务会计""审计学基础";国家级线上线下混合式一流课程2

门,即"高级财务会计""审计学基础"。省级教学成果奖一等奖1项,即"以国际标准培养精英审计人才的创新模式";二等奖1项,即"立德树人'三全'育人——中国特色的大学书院制实践探索"。省级线上一流课程4门,即"内部审计学""审计信息化""中级财务会计""内部控制学";虚拟仿真实验教学一流课程3项,即"基于大数据的舞弊审计虚拟仿真实验""钢铁企业产能成本决策虚拟仿真实验""农村污水处理专项审计虚拟仿真实验"。江苏省高等学校重点教材16部,即《会计学》《审计学基础》《中级财务会计》等。荣获校级思政工作质量提升工程(十大育人)优秀成果一等奖1项,校级"互联网+"大赛"优秀指导老师"称号2人。

三、创新创业教育成绩斐然

开展依托校企合作,产教深度融合,本专业学生在创新创业训练计划项目、"互联网+"大学生创新创业大赛及其他学科竞赛中取得优秀成绩。学生创新创业教育成果显著,主要有:"全国大学生数学建模大赛"二等奖、中国"互联网+"大学生创新创业大赛二等奖、全国商业模拟大赛特等奖、第三届全国大学生环保知识竞赛优秀奖、"创青春"全国大学生创业大赛(江苏)银奖和铜奖、全国大学生英语竞赛C类特等奖、2018"普译奖"全国大学生翻译比赛二等奖、首届"福思特杯"全国大学生审计精英挑战赛特等奖、"瑞华杯"第二届全国校园审计精英挑战赛一等奖、全省大中专学生志愿者暑期文化科技卫生"三下乡"社会实践活动优秀团队、第一届SAP亚太区大学生角色挑战模拟经营大赛一等奖、江苏高校学生境外学习政府奖学金项目论文大赛一等奖、美国大学生数学建模竞赛一等奖、全国大中专学生志愿者暑期"三下乡"社会实践"千校千项"成果"最具影响好项目"、江苏省大学生创新创业训练计划立项项目(重点项目)、江苏省普通高等学校第十五届高等数学竞赛等18项。

第二章

会计学专业

第一节 专业的目标定位与特色

一、专业定位

南京审计大学会计学专业是国家首批一流本科专业建设点、江苏省一流专业、江苏省品牌专业、江苏省课程思政示范专业、江苏省产教融合型品牌专业、江苏省国际化人才培养品牌专业与特色专业。本专业通过产教融合，充分将"大数据、人工智能、云计算、物联网"等现代信息技术与会计学专业深度融合，培养适应社会主义市场经济建设需要，品格高尚，社会责任意识强，具有扎实的新文科基础，系统掌握会计学专业理论知识、大数据分析与智能技术，了解会计学术前沿，能够熟练运用会计理论和方法以及大数据分析技术进行会计管理活动，能够在企事业单位、政府部门等各类组织机构从事财会监督、智能财务与会计决策、会计鉴证、管理会计以及管理咨询等工作的"会计＋智能＋行业"的复合应用型会计专门人才，服务于国家经济安全建设。

二、专业产教融合特色

（一）产学研创用相融合，创新产教融合育人模式

本专业坚持"特色、质量、国际化"的办学理念，以国家一流专业建设点"会计学"为依托，与企业共建"专精特新产业学院"和"智能会计产业学院"，其中，"专精特新产业学院"（大数据智能风险管理方向）是工业和信息化部专业特新产业学院。本专业坚持"思政引领、科技赋能、学科交叉、产教融合、国际视野、特色发展"，通过会计学与"大、智、移、云"等现代信息技术进行深度"工文融合"，构建"智能会计"产、学、研、创、用相融合的人才培养体系和育人模式，提高人才培养质量和服务地方经济发展。

（二）思政科技有机协同，彰显思智品牌专业特色

以服务地方社会经济高质量发展为目标，以思政教育为引领，以现代信息科技为赋能，将"思政教育、现代信息科技和会计学专业"有机协同，形成了"两育三元四融"（"两育"：育人、育才；"三元"：价值塑造、知识传授、能力培养；"四融"：思政铸魂、专业根本、科技赋能、行业特色）的人才培养模式和"一体两翼六协同"（"一体"：思政引领和数智赋能的课程体系；"两翼"：课程教学平台、实验创新平台；"六协同"：产、学、研、转、创、用协同）的教学体系，塑造了思智协同的品牌专业特色。

(三) 育人社会服务结合,支撑引领区域产业发展

本专业以培养会计专业人才和社会服务相结合的方式促推区域产业发展。近年来,本专业不仅为财政部、工信部等部门起草《管理会计案例编写规范》《中国管理会计白皮书》等,推动管理会计与控制的相关政策制定和案例推广,而且为江苏省经信厅、南京市统计局、江宁区广播电视局、雨花台区市场监管局、江苏省新型墙体材料改革办公室、南京市江宁区人防办、南京技师学院、江苏财会职业学院、南京市花卉公司管理处等行政事业单位合规管理和风险控制建设提供决策咨询。此外,本专业还将研究成果应用在中国铁路上海局集团有限公司、徐工集团、南钢集团、江苏大生集团等单位的全面风险管理和管理会计建设中,受到使用单位的好评。

(四) 产教融合成果丰硕,示范辐射效应成效明显

打造了产教融合的优秀教师队伍,会计学课程团队入选教育部首批"课程思政示范课程、教学名师和教学团队",产教融合的教学成果获批教育部新文科研究与改革实践项目,会计学专业获批国家一流本科专业建设点、江苏省课程思政示范专业、江苏省产教融合型品牌专业。同时为全国兄弟院校提供了可供示范推广的,包含"会计智能化基础""大数据分析与可视化""智能财务共享""大数据财务决策""商业智能分析"等特色课程的线上线下教学资源和特色教材。北京航天航空大学、苏州大学、山东财经大学、山西财经大学、西藏民族大学等多所高校前来学习、交流。同时,向全国高校和企业做"智能会计"人才培养改革的报告20余场,面向社会开展多次"会计智能化转型""会计专业课程思政建设"的公益直播,听众累计达60余万人次,参与学校累计达500多所,江苏教育电视台、《中国会计报》、"学习强国""智能财会联盟"等媒体进行深度报道,引起强烈的社会反响。

第二节 专业产教融合改革措施

一、产教融合教学改革

(一) 产教融合长效机制构建

构建了专业建设与产业发展联动机制,专业在产业链、创新链中的定位和突破方向明确,与江苏省产业集群式发展的特点和规律匹配度高,重点发展新一代信息技术与会计的深度融合,发展会计智能化。在与南京新港高新技术产业园、深圳迪博、新道科技、中兴新云等企业长期合作的基础上,学校已经与合作单位联合成立了"智能会计产业学院""专精特新产业学院(大数据智能风险管理)"(已获批工信部"专精特新产业学院"建设项目),依托产业学院共建"产教融合长效机制"八大模块(见图

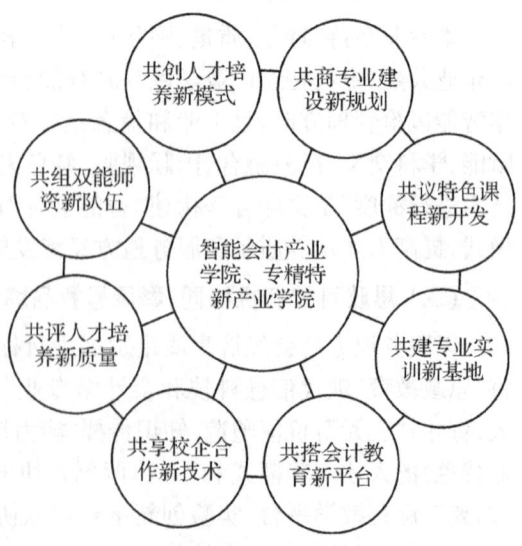

图1-2-1 "产教融合长效机制"八大模块

1-2-1)。① 共创人才培养新模式;② 共商专业建设新规划;③ 共议特色课程新开发;④ 共组双能师资新队伍;⑤ 共建专业实训新基地;⑥ 共评人才培养新质量;⑦ 共享校企合作新技术;⑧ 共搭会计教育新平台。

有效整合政府、高校、产业等多元主体的要素资源,与行业骨干企业建立紧密协同的人才培养生态系统,在组织、政策、经费等方面具有完善的保障支持措施。学校与合作单位联合开发会计案例、虚拟仿真实验;为合作单位定制培养专业人才;合作单位深度参与本专业人才培养过程,共同制定和修订人才培养方案,合作开发课程,逐步形成紧密协同、互利共赢的人才培养生态系统。与合作企业共建人才培养方案,联合成立"智能会计产业学院""专精特新产业学院"(大数据智能风险管理方向),签订合作建设协议,配套出台了一系列产教融合教育制度文件,建立"产教融合长效机制"。

(二) 专业发展规划

充分贯彻以学生为中心的人才培养理念,构建了产教融合专业教学管理体系。以"智能会计产业学院""专精特新产业学院(大数据智能风险管理方向)"为基础,探索会计学专业发展升级的实施路径,形成可示范推广的理论和应用成果。近3年,计划每年充分利用合作单位的行业资源、校友资源,扩展3~5家优质产教融合合作单位、共建1~2家会计创新创业实践教育中心或基地;开发智能化管理会计平台;完成案例库项目建设。继续引进2~3名企业实践导师,每年选派1~2名教师去合作单位挂职锻炼。实施企业学校"双导师"制,每年安排10名左右合作单位实务专家为本专业学生授课。形成产教融合的专业发展体系。创新教育评价制度,突出以能力和素质评价为导向的多元性、过程性评价与结果性评价相结合的考核评价方式。建立专业共建共评机制,促进专业与产业的深度互动和融合。合作双方共同完成人才培养方案的制定和执行,促进人才培养质量的持续提升。

(三) 人才培养方案修订

人才培养坚持立德树人根本任务,契合南京审计大学的学科特色,在会计学专业中积极融入新信息科技的前沿产业技术。坚持"思政引领、科技赋能、学科交叉、产教融合、国际视野、特色发展"的原则,校企合作双方在面向江苏省支柱产业和战略性新兴产业充分调研的基础上,突出"会计本色、审计底色、智能亮色、行业特色"。从学习情境设计、教学组织实施、教学评价反馈等方面修订人才培养方案。产教融合教育理念和顶层设计科学先进,推进了新文科建设,建立了"会计+智能"的人才培养模式。优化人才培养方案,确定培养目标和路径、培养方式和保障措施,通过产教融合,构建"会计智能化"特色课程的"一体两翼六协同"的智能财会课程体系(见图2-1-2)。

(四) 实践教学体系重构

坚持产教融合教育理念,科学进行顶层设计,推动新文科建设。以"智能会计产业学院""专精特新产业学院(大数据智能风险管理方向)"为载体,产教融合,共建"智能财会综合实验室"(见图1-2-3)。实践教学体系重构强调以工作过程为导向,以学生为中心,将现有的学科体系转变为行动体系,将"教学过程"改造成"工作过程",实施"行动学习"实践教学。

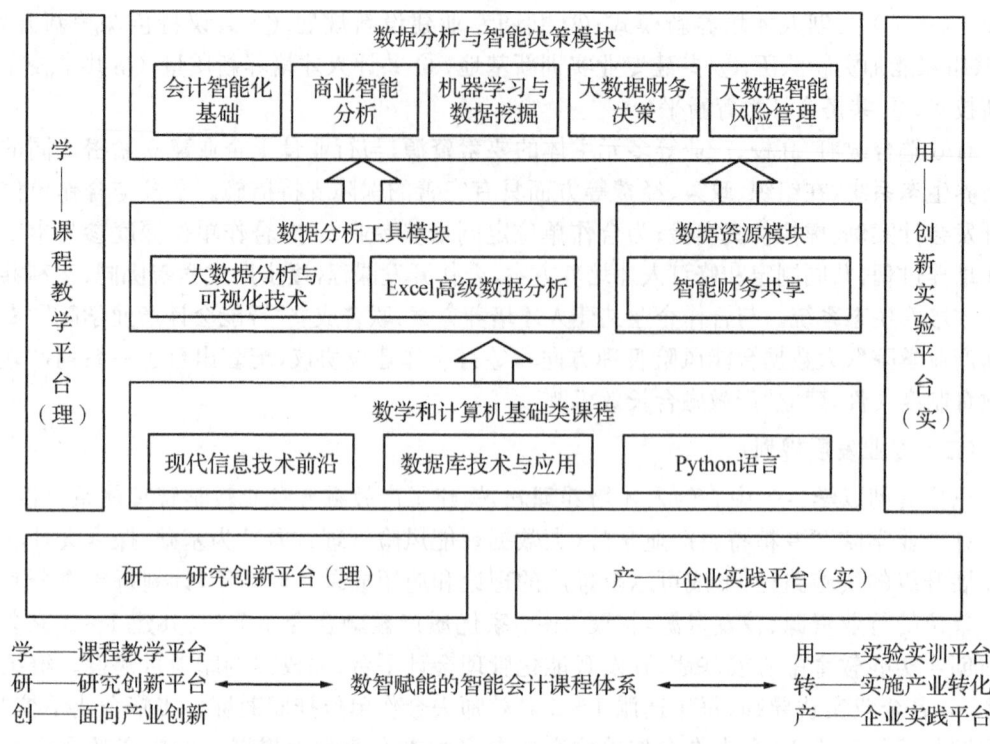

图1-2-2 "一体两翼六协同"的智能财会课程体系

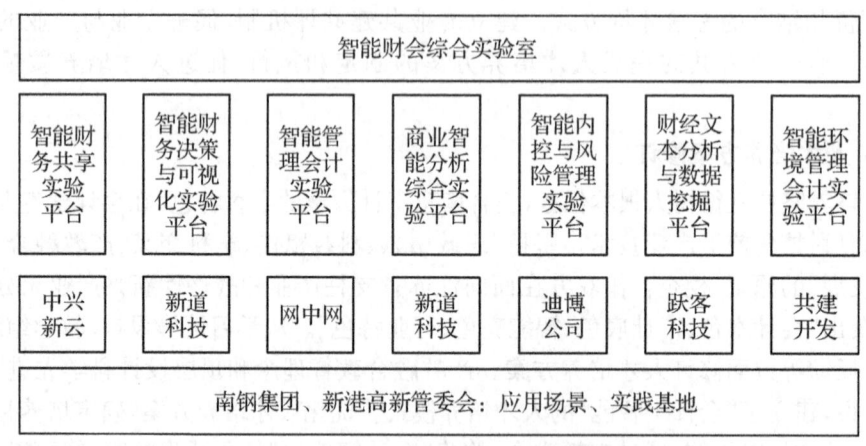

图1-2-3 产教融合共建"智能财会综合实验室"

(五)教学模式与方法创新

创新教学模式与方法,根据学生的认知规律和特点,推进会计学专业课程和现代信息技术应用型课程的高度融合。产教融合,实施项目式、案例式、行动学习、研讨式等任务驱动的教学方法改革。以"OBE理念"为指导,根据学生的认知规律和特点,提出以"三阶段岗位"实践教学体系为基础的创新教学模式。第一阶段,在一体化教室完成"教学做"一体化的课程项目学习,培养学生掌握专业基础知识与工作技能,体验工作过程的一般流程;第二阶段,在校内实训基地进行课程综合实训,培养学生专业知识和技能的综合运用水平,提高分析问题和解决问题的能力;第三阶段,在校外实训基地参加顶岗实习,培养学生适应企业岗位的职业能力,强化质量意识,形成良好的职业素养。

教学方法上,开发体现专业特色的校本教材和学材(课程教材、实践指导书、导学任务单、网络课程和试题库等),制作配套的教学课件、电子教案和加工案例视频等多媒体材料。同时,利用校园网络作为支撑平台,校内教学资源库作为管理平台,满足师生个性化的使用。教师使用网络教学平台能够实现案例导学、难点解析和作业布置;学生通过开放式学习平台可以获取相关信息资源,完成交互式学习任务和拓展性学习项目。实施本科毕业设计(论文)"双导师"制,按照企业实践,鼓励行业企业将技术革新项目作为大学生毕业设计(论文)的课题来源,培养学生创新精神和实践动手能力;企业兼职教师承担专业课、实习实训等环节的教学时数占总教学学时的比例达到40%以上。

二、产教融合教学资源建设

(一) 共同构建二维重构的产教融合课程

学院根据产业需求和会计职业发展能力需求,校企联合重构与应用型人才培养定位相符的产教融合型课程新体系。一是重构课程学分体系,提升实践环节比重。坚持"理实相融",在培养方案中独立设置实践课程模块,学分占比达到22.8%,并通过与新道科技等公司合作建立课程实验平台,进行实习实训,从实施层面保证了培养对象毕业即就业的无缝对接。二是重构课程内容体系,实现产教深度融合。坚持"工文融合",以国家一流专业"会计学"为依托,实现与现代信息产业、工业互联网、智能制造联动发展,与新道科技等公司深度合作,开发了"会计智能化基础""智能财务共享""商务智能分析""大数据审计"等核心课程资源,推动课程内容与产业需求科学对接,保证校内校外融合贯通。

(二) 共同建设多元互补的教育教学资源

学院致力于推进图书、教材、案例、影视、图片、课件以及教具等教学资源的校企联合开发与应用,多元构筑丰富的教育教学资源。

一是共建立体化精品教材,实现"实务+教材"。组织一线教师与企业实务专家共同编写兼具理论基础、专业特色和应用前沿为一体的应用型教材。其中本专业带头人与新道科技、中兴新云等公司高管合作编写的《会计智能化基础》教材已付梓。此外,学院将与深圳市迪博公司联合编写智能风控系列教材,形成"国家规划教材+校企合作教材+自编特色教材"的教材体系。

二是共育场景化优秀案例,实现"项目+案例"。本专业与深圳市迪博、南京新港等联合成功申报"专精特新产业学院",立项后两家企业将提供真实业务作为本专业优秀案例建设资源,并作为合作院校的顶岗实习单位和校外实训基地,根据学生实习需求安排学生到相关项目中实习,体验真实场景化教学。

三是共创多元化教学方案,实现"科技+教学"。一方面,在教学模式上,采用线上慕课+线下讲座相结合的方式,目前学院已拥有国家一流在线开放课程"高级财务会计""会计学",以及江苏省一流在线课程"会计学""中级财务会计""财务管理"等;另一方面,在教学工具上,主要通过校企联合建设大数据智能管理风险仿真实训云平台,积极引进智能化商务分析可视化平台等工具直接嵌入课堂,通过技术创新实现课堂边教、边学、边做的多维化呈现。

(三)共同开发多位一体的实习实训平台

学院主动面向区域、行业和产业办学,采取"走出去"和"请进来"相结合的方式深度推进实践教学、科技研发、生产实习、培训服务等多位一体的实习实训平台。一是"走出去"。学院与深圳市迪博公司、南京新港产业园、南钢集团、徐工集团、江苏大生集团、江苏国信集团、凤凰传媒集团等共建校外实践基地十余个,合作企业为本专业学生提供应用场景、应用案例、学生实习实训、实践教学师资等方面的支持。二是"请进来"。学院邀请企业共同成立"智能会计产业学院",以"智能会计"人才的迫切需求为牵引,实现产业链、创新链、教育链有效衔接;并通过设立工信业管理会计研究中心、江苏省注册会计师行业发展研究院、江苏省注册会计师行业协会研究生工作站、南钢集团"智能风控"研究生工作站等方式实现产学协同共同育人模式。此外,学院还积极与企业合作构建校内实验室和实习实践平台,其中江苏省审计大数据工程实验室、会计实验与创新实践教育中心、创新创业实践教学中心是江苏省省级实验示范中心,开展仿真浸润式场景教学、模拟实操实地实务,提升了学生的动手实践能力和创新创业能力。

三、产教融合师资建设

(一)多维交叉+系统融合,构建校企师资共建共享机制

(1)多维交叉。打造"理论+实务"的交叉复合型双师型队伍,开展相关学术研究、案例开发和应用研究;开展校企导师联合授课、联合指导,打造高水平产教融合教学团队;开展学生毕业设计"双导师"制度,将毕业论文中的理论内容与毕业实习的实际情景相结合,夯实产教融合的实践教学基础。

(2)系统融合。学校与企业共建教师团队,让企业与行业专家进课堂,建立"企业家走进会计课堂"和"会计教师走进企业"的互动机制,实现理论教学与实践教学相融合、线上线下有机结合、校内校外相互补充的混合式教学,提升学院专任教师实践教学能力和实务专家的理论水平。

(二)带引研培+本位回归,提升师资队伍教育教学能力

(1)带引研培。① 以老带新。形成以团队带头人为核心的"传、帮、带"机制;以课程组为单位,加强基层教学组织建设,积极组织各类教研活动,广泛开展各类教育教学研究活动,提高教师教书育人的积极性、主动性和创造性。② 引进带头人。实施产教融合教育教学带头人"领雁计划",让带头人领头飞,不断引进高素质、高水准的专业教师人才。③ 培养教学名师。加大力度培育教学名师和教学融合教学带头人,形成教学团队。④ 研究产教融合教育教学规律。提升产教融合教育教学质量,为实现高效的产教融合模式提供强大的理论支撑。

(2)本位回归。实施"学生评教、专家督导、同行评议、院系评价、自我诊断"五位一体的教学评价制度,对评价高的教师给予教学奖励,对评价低的教师配以导师帮扶。通过这些制度的实施,不断提升师资队伍教育教学能力,确保了教学的中心地位,推动了教师回归教学本位。

(三)绩效优先+职称激励,改革绩效考核分配配套制度

(1)绩效优先。坚持绩效优先,向产教融合教学改革领域倾斜,出台绩效考核分配配套制度,围绕产教融合教学改革设置绩效分配额度,并注重向一线教师、骨干教师倾斜,建立激

励制度引领机制。通过绩效管理的配套机制运行，激发教师的积极性、主动性、创造性，促进产教融合教育教学的高质量发展。

（2）职称激励。改革教师考核和职称评审机制，建立产教融合教学实践和科研成果并重的考核体系，在职称评审过程中，把产教融合能力的提高作为评价标准之一。

四、产教融合基地建设

会计学院已与新道科技股份有限公司、南京钢铁股份有限公司、中兴新云、南京新港高新技术产业园等建立协同育人机制，共同搭建"智能会计产业学院"；与迪博共建"专精特新产业学院"（大数据智能风险管理方向）。通过整合双方资源，围绕会计智能化升级的需求开展协同创新，将研究成果及时引入教学过程，促进科研与人才培养积极互动，实现高校知识溢出。

（一）建设"第二课堂"，强化实践教学工作

所有产教融合基地都能提供智能财务共享方面的应用场景、应用案例、实训平台、教学参与等支持。合作企业具备丰富的实务专家资源，支持理论创新和专业实践教学；引入校外实践导师开展实践课程、创新课程。合作企业为本校学生提供教学场所以及配套实验环境，学生进入合作企业参观实习，实践教学成效凸显。

（二）深化科学研究，推进协同育人新生态

共同开发产学研相结合的教学育人模式，形成"教材—案例—虚拟仿真项目—实验平台"等立体教学资源；打造高校、专精特新企业、园区、教育主管部门等多主体参与的教学、科研、实践一体化科研教学模式。为江苏省经信厅、南京市统计局、江宁区广播电视局、雨花台区市场监管局、江苏省新型墙体材料改革办公室、南京市江宁区人防办、南京技师学院、江苏财会职业学院、南京市花卉公司管理处等单位制定内部控制与风险管理制度体系和实施方案，为加强行政事业单位的合规管理和风险控制提供了有力的支持；相关成果在中国铁路上海局集团有限公司、徐工集团、南钢集团、江苏大生集团等单位的全面风险管理中发挥了指导作用。

（三）推进生产实习，促进创新人才培养

合作企业为会计学专业、财务管理专业的智能化升级提供实践实习机会，为学校推荐大数据、人工智能方面的企业，为高校大数据智能风控高级复合型人才培养提供技术支持和实践场景。

（四）聚焦专业优化，提升培训服务能力

围绕数字化转型需求，基于大数据人工智能技术和智能风险管理模型，帮助中小企业建立大数据智能风险管理的可视化平台，做到风险管理的深度知识管理和知识整合。向相关财经院校、专精特新供应链企业以及社会再就业人群提供大数据风险管理的培训服务，积极发挥产学研合作示范影响。

五、产教融合创新创业教育建设

（一）立足专业本质，打造学科平台

本专业立足会计根本，顺应发展趋势，打造智能管理会计与内部控制研究院，成立开放

型研究平台,积极应对智能时代的挑战,紧紧抓住发展机遇,形成会计学科发展的特色与优势。打造会计与治理研究院,旨在契合国家治理体系现代化和数字经济转型的需求,进一步提升会计在政府、企业和非营利组织等各类组织治理中的作用。打造江苏省注册会计师行业发展研究院,推动产学研一体化,为推动注册会计师行业发展以及会计学院人才培养起到了重要的指导作用。

(二) 转变教育理念,结合创新创业

传统的会计人才培养模式已难以满足当下经济高质量发展的需求,产教融合是有效促进产业结构转型升级的重要举措。本专业在对大学生创新创业教育过程中坚持创新、开放、共享的教学理念,将会计行业人才的需求特点融入教育教学过程中,提升了学生的创新创业能力,并对会计学、财务管理等专业创新创业教育的重要性进行宣传,提升本专业学生主动参与创新创业教育的积极性,对其创新创业成果进行必要的激励,营造出创新创业教育的良好氛围。

(三) 探索教学改革,保障高质团队

基于教育教学改革,坚持发挥教师的主导作用和学生的主体作用,推动各种办学优势向人才培养积聚和转化。本专业定期对现有教师队伍进行关于创新创业方面的培训,提升其理论和实践相结合方面的能力,立足于从理论和实践两个方面指导学生。同时加强与企业在教学方面的合作,从合作单位中引进一批专业能力和综合素质较高的专家作为教师团队的新助力,实现对现有师资团队的有效补充,确保创新创业教育师资团队的多元化和专业化。

第三节 专业产教融合建设成效

一、人才培养质量稳中有进

截至 2021 年 6 月 30 日,已毕业的 3 届学生平均就业率达 92.36%,就业率稳步居高,升学率保持稳定。近年来,升学率逐步提高,学生考研升学率将近 30%。近 3 年来,考取硕士研究生的学生为 718 人。学生的培养质量高,综合素质好,人才培养质量获得社会高度认可。近 5 年来,本专业获得江苏省省优团队优秀毕业设计(论文)一等奖 5 个,二等奖 5 个,三等奖 4 个。

二、教育教学改革成果丰硕

会计学专业获批国家首批一流本科专业建设点、江苏省一流专业建设点,江苏省课程思政示范专业、江苏省品牌专业建设工程、江苏省产教融合型品牌专业、江苏省国际化人才培养品牌专业、江苏省重点专业类工商管理专业类核心专业、江苏省特色专业;会计学(中澳合作)是江苏省中外合作办学高水平示范建设项目。在 2023"软科中国大学专业排名"中,本专业在会计学专业上榜的 339 所高校中排名第 35 位,位列 A 类。"会计学"课程获批教育部课程思政示范课程、江苏省课程思政示范课程,"高级财务会计""会计学"获批国家级线上一流课程,"高级财务会计"获批国家级线上线下混合式一流本科课程。"财务管理""中级财务会计"获批省级线上一流课程。《会计学》《中级财务会计》《管理会计学》《财务管理》等4本教材是江苏省高校重点教材,《中级财务会计》是江苏省本科优秀培育教材。"产学协同"会计人才培养模式创新与实践获江苏省教学成果奖(高等教育类)二等奖。在《中国大学教学》《财会通讯》等期刊上发表"构建高效课程思政建设中的四个双循环""会计学一流课程建设的思考与实践"等课程思政论文21篇。

三、推进产业学院人才培养模式

建设"智能会计产业学院",并以此为基础,与深圳迪博风险管理有限公司联合建设,获批工业和信息化部"专精特新产业学院"(大数据智能风险管理方向),实施立体化、多维度的产教融合型人才培养模式。

四、创新创业实践成果明显增多

面对大数据、"互联网+"的挑战,积极探索新时代的会计人才培养,构建基于大数据分析的智能会计人才培养模式,研究探索"智能会计"特色方向人才培养方案,对培养方案进行持续调研和改进。2023年,学生获省优秀本科毕业论文二等奖2项;获得全国高校商业精英挑战赛会计案例大赛(A类赛事)一等奖4项,二等奖2项,获"一带一路"暨金砖国家技能发展及技术创新发展大赛财经素养竞赛(中国高教学会竞赛目录赛事)二等奖2项;获批大创项目国家级5项,省级3项,校级19项;获"挑战杯"全国大学生课外学术科技作品竞赛、"互联网+"大学生创新创业大赛校级竞赛二等奖各1项。出版了系列创新创业教材,如《管理会计:理论·模型·案例》《项目成本管理》等。

第三章

金融学专业

第一节　专业的目标定位与特色

一、专业目标定位

南京审计大学金融学专业有着 70 余年的办学历史，获批"国家级特色专业建设点""江苏省品牌专业"、教育部"本科教学工程专业综合改革试点"，2019 年入选国家级一流本科专业建设点，2022 年入选江苏省首批产教融合型品牌专业建设点。长期以来，本专业紧密联系地区经济与社会发展对人才需求的客观实际，充分发挥原有优势资源的潜力，务实求精，依托金融学科这一江苏省重点学科基础，以金融风险管理研究中心、江苏省"青蓝工程"优秀科技创新团队、复合型应用性金融人才培养模式创新实验基地、江苏省省级实验教学示范中心等平台为支撑，培养具有良好道德文化素质和社会责任感，系统掌握金融基本理论、基本方法和实践技能，能够在银行、证券公司、投资公司、保险公司、资产管理公司、金融控股集团等金融领域及其他经济管理部门和企业工作的复合型、应用型金融人才。

二、专业产教融合特色

本专业实施"学院＋企业"双制育人模式，通过与地方政府、科研院所、企业"三方"联合，使学校教育与企业需求"连上线"；通过课程、创新、实践"三课"联动，使课堂教学与创新实践"共生长"；通过校园、研创园、研究院"三位"一体，创新办学体制机制。

（一）构建特色优势金融类专业群

按照金融业对高层次人才的需求，强化人才链与产业链对接，将学校相关专业整合组织为专业集群，统筹建设与管理，提高人才培养的产业对接服务能力。以金融学专业为核心专业，以投资学、保险学、金融工程、信用管理、金融审计等为支撑专业，构建金融类专业群，强化专业交叉与融合，做实基础课程、做精核心课程、做特模块课程，满足金融业对不同岗位人才专业能力的要求。近年来，已建成 3 个校企合作教学团队，产教融合专业课程比例达到 30% 以上，为区域产业发展提供 2 000 名以上高素质的应用型本科人才，为社会培训金融业人才 20 000 人以上。

（二）打造产教融合的学科高地

通过政府支持、校企合作，全面建成以"长江学者"为核心的经济与金融研究院，以优秀海归博士为核心的银行与货币研究院,以国务院政府特殊津贴专家为核心的新金融研究院等三大研究平台。打造省内领先的金融领域学科高地,为江苏省金融业的发展提供技术支持,为区域金融的可持续发展提供咨询服务,为金融业高层次人才培养与社会培训提供智力支撑,为区域企业服务,横向项目研究经费每年在500万元以上,20多份研究报告得到审计署、江苏省和南京市领导的肯定性批示。

(三) 创新学院办学体制机制

创新政、产、学、研、转、创"六位一体"的管理机制和校园、研创园、研究院"三方融合"的办学运行体制,建立政府政策引导、校企深度融合、全程协同育人的培养机制,深化人才培养"标准协同、过程协同、师资协同、资源协同"校企四个协同,培养适应金融业发展需求的高素质应用型人才。依托弘业期货股份有限公司、中信证券江苏分公司、民生银行南京分行、光大银行南京分行等单位,共建平台与项目,持续为社会培训金融人才。经过几年的建设,形成了可复制和推广的办学经验,打造了长三角区域具有一定影响力的金融人才培养高地,为区域金融的发展提供有力的人才支撑。

第二节 专业产教融合改革措施

一、产教融合教学改革

(一) 构建产教融合长效机制

当前社会经济发展迅速,高校金融学专业的人才培养体系面临巨大挑战。在高校金融学专业人才培养过程中,深化产教融合,提升人才培养质量,实现金融学专业产教结合,对促进人才培养模式的持续优化具有重要意义。因此,本专业着重从两个层面构建产教融合长效机制。一方面,在熟悉校企双方人才培养需求的前提下,加强产教融合育人机制的宣传与推广,将产教融合育人融入校企文化建设中,并通过政策引导强化学生、企业及家长对该机制的认知,以获取多方力量的支持;另一方面,通过产教融合相关政策,建立健全引导机制,联合校企双方优秀管理人员与专业教师共同参与,以便及时发现产教融合育人过程中的不足,并采取科学手段加以调整,实现互利共赢的目标。

(二) 制定专业发展规划

金融学专业将以国家级一流本科专业建设为机遇,以发展为主题,全面贯彻党的教育方针;以教育部本科人才培养质量标准为标杆,沿着应用型人才培养的定位出发,沿着"高端化、国际化、个性化"的办学发展方向,以"OBE 理念"(目标导向教育)为引领,以学科专业发展为龙头,科学地规划师资队伍建设和人才培养工作,稳步提升金融学专业实力。为实现复合性、创新性应用型人才培养目标,确立以"传统金融+金融科技"方向为主的培养方向,充分发挥金融服务于地方经济发展的需求,将金融学专业建设成为省内颇具特色、国内有一定影响力的学科专业。

据此,金融学专业建设了一系列产教融合基地。一是根据《大连商品交易所期货公司会员开展高校期货人才培育活动规范》,弘业期货股份有限公司与南京审计大学签订《弘业期货股份有限公司与南京审计大学高校期货人才培训合作协议》(2019年2月)。根据该协议,双方设立"南京审计大学期货后备人才研修班",组成专项培训工作领导小组,安排专人负责培训对接和组织管理,组成教学管理委员会,负责实践性教学和日常管理等工作。二是为充分发挥南京审计大学在教育、科研、人才方面的优势,促进教学科研与实际运用相结合,为中信证券股份有限公司江苏分公司提供理论、技术、人才和培训等方面的支持,也为南京审计大学教师开展课题研究、项目实施以及学生实践实习等提供相应的支持,中信证券股份有限公司江苏分公司与南京审计大学双方签订了《中信证券股份有限公司江苏分公司与南京审计大学产学研合作协议书》(2018年6月)。三是为进一步提升学生就业质量和竞争力,使学生能够提前感受金融业运行的实际场景,提升学生对商业银行的认知度和积累工作经验,从而为金融系统提供既有专业知识又有实践经验的毕业生,南京审计学院与中国民生银行南京分行共同签订了《南京审计学院与中国民生银行南京分行合作共建财经类专业教育实习基地》(2012年5月)。

此外,南京审计大学与珠海市人民政府协商签订"珠海市地方金融风险监测研究中心",金融学院为主要建设单位。该中心的建设目标是,经过3—5年的持续建设,成为全国一流、国家亟需、特色鲜明、制度创新、技术引领的地方金融风险监测研究"示范基地",理论与实践深度融合的地方金融风控"核心智库",数字化赋能地方金融平稳转型发展的"重要引擎",以及复合型、高技能地方金融风险管理人才的"培训基地"。

(三) 修订人才培养方案

为适应经济社会发展对金融人才的新要求,进一步深化教育教学改革,增强人才培养的适应性,构建具有我校特色的金融学专业人才培养体系,本专业依据专业发展定位、专业人才社会需求变化、专业办学条件的变化,对人才培养方案进行定期修订。积极组织研讨会邀请企业、行业专家进行调研,建立吸纳业界专家进行定期修订的长效机制,不断优化专业课程体系,撰写了《金融学专业人才培养方案论证报告》,并且修订了2023版"金融学+金融学(CFA)+金融学(金融科技方向)"本科专业人才培养方案。这些都凸显了产教融合协同育人和"学院、书院、校外三联动"人才培养机制。专业课程设置上做到夯实专业基础,打通经济与管理基础课程,尤其重视提高信息类课程比重。增设金融科技基层课程组,新增数据分析类专业课程,力争系统培养掌握金融学理论和金融科技知识的人才,通过强化与计算机、统计学等学科的交叉融合,逐步提高实践教学学分比例,与大数据、区块链、人工智能等金融科技进行技术融合,与大金融学科进行集群融合,优化基于"人文+理工"的新文科立体化课程体系。对接地方开放型经济发展,进一步提升学生的应用能力,强化专业内涵建设,真正构建符合应用型金融学人才培养的理论教学体系与实践教学体系。2023版本科专业人才培养方案要求毕业总学分为161学分,包括通识教育(必修课、选修课)、学科专业教育(学科基础课、专业主干课、专业选修课和实验课)、实践教学环节(劳动与社会实践、就业创业和毕业环节)三大板块共9个模块的课程。核心课程包括微积分、线性代数、概率论与数理统计、统计学、微观经济学、宏观经济学、计量经济学、会计学、财政学、金融学、商业银行业务与经营、大数据分析与可视化、金融工程学、金融风险管理、金融科技等。

(四) 重构实践教学体系

一方面,不断更新专业实践和综合实践教学内容。一是继续对实验项目、实验内容进行调整和整合，根据专业特点增设部分独立实验和综合性试验等，在已有商业信贷、公司金融、证券投资、信用评级等实验模块以外，新增数据分析、企业信用管理实务等实验模块。二是进一步整合实验内容，突破学科实验课程间的壁垒，减少重复性和单纯验证性实验内容，提高实验的效果和质量，建设省级虚拟仿真实验教学共享平台及在线开放虚拟仿真实验教学项目《金融市场虚拟仿真实验》。

另一方面，加大实验室建设力度，完善学校实验中心和全校性实验共享平台，建立功能齐全、结构合理、管理高效的实验室运行机制和管理体系。加大实践教学基地建设，逐步增加实践教学专项经费，不断建设校内实习实训基地和积极拓展校外实践教学基地，强化实践能力训练，培养学生的创新精神、动手能力和团队意识。加大实验方法和手段的更新，建设虚拟仿真实验项目2项，提高和培养学生的实验综合分析能力。加大实践教学师资队伍建设，采取在岗学习、专题培训、定期考核、"走出去"与"请进来"相结合等方法，提高教学实践指导能力。同时，完善金融专业教学实践环节的质量标准，规范实践教学过程，健全实践教学质量监控体系，不断提高实践教学质量。

依托省级实验教学示范中心和教育部校外实践教育基地（南京审计大学——中国民生银行南京分行实践教育基地），以及弘业期货股份有限公司期货人才实践培训基地等，形成了课内与课外融合、线上与线下融合、金融与科技融合的多层次实践教学体系。

（五）创新教学模式与方法

产教融合模式下，高校与企业是教学活动的双重主体，也是人才培养的管理者和引导者，双方共同为实现新时代教育改革发展进程不断深入开展人才培养方面的各项合作。通过产教融合进一步加强校企合作，提升人才培养质量，必须重视教师队伍建设，切实提升教师的教学质量和水平，从而以高素质教师队伍为产教融合奠定坚实的现实基础。

其一，构建共培互聘师资队伍建设机制。在产教融合教学模式下，本专业充分利用校企双方的资源优势，通过共培互聘的师资队伍建设模式，使专业教师能够得到立体型、层次化、多方面的培养和提升。因此，学校与企业之间可以构建定期联系机制，鼓励教师参加师资培训、技能培训、知识技能比赛、参加国内外学术交流；聘请企业家、企业技术人才、管理人才担任兼职教师，对金融专业开展各种类型的讲座与指导。鼓励青年教师与企业管理人员结对学习，深入企业展开调研和学习工作，以搭建产教融合背景下高校与企业、教师与企业之间沟通与对接的平台。组织教师深入企业展开学习和调研，既丰富了理论知识，提升了实践技能，又不断引进了先进的人才培养理念，同步提升理论与实践知识，从而打造高素质、高水平的教学团队。

其二，提升师资队伍教育教学能力。产教融合的发展对专业教师的教学能力提出了更高的要求，不仅要掌握相关的金融专业知识，还需提高教学、科研、社会实践等多方面的能力。因此，为提升师资队伍的教育教学能力，本专业在实践过程中应把握好三个重点。一是树立教师产教融合教学理念。在产教融合过程中，要求专业教师积极转变自己的角色，系统、科学、深入地了解产教融合的相关含义以及教学理念；在日常教学活动中，熟知产教融合对金融教育提出的具体要求，让金融专业教学既能遵循金融专业教学规律，又能满足产教融合的总体要求，将知识学习与金融专业教育有效融合，在课堂中逐步实现与专业相挂钩的、切实教学一体化的、具有金融特色的产教融合。二是提高金融学专业教师的综合素养。

在教学过程中,要求教师既重视金融理论教学,也重视通过教学来提高学生的实践应用能力,帮助学生更加无障碍地进入未来的金融职业与工作场景;同时,重视理论知识与实践知识的有机结合,专业教师的教学能力、教学理念和知识领域也能得到拓宽,可以提升教师的科研能力、专业实践素养,最终达到教学能力提高的目标。三是构建教师实践培训体系。鼓励教师进入企业开展实践和实地调研,以及通过假期短期培训的方式推动青年教师深入企业生产一线开展实践活动,促使教师在实践中发掘将金融理论与实践有机结合的方式方法,找到基于产教融合的适合本专业的教学模式,最终切实提升学生的理论与实践有机结合的能力。

其三,改革绩效考核分配制度。近年来,在本专业建设过程中,不断增强实践教学的力度,加大相关经费的投入,拓展校企共建的范畴。对在产教融合发展中做出重要贡献的教师在绩效考核分配方面予以倾斜。另外,建立适时的反馈机制。按照分类整理的各方反馈的信息,及时调整绩效评价考核内容和方式方法,使之不断完善,不断提高教师参与产教融合的积极性。

二、产教融合教学资源建设

(一)课程设置

围绕"培养复合性创新性应用型人才"的总体发展目标,坚持以能力为核心,以就业为导向的课程建设思路,紧贴企业需求,坚持一切为了就业,以就业率的高低作为衡量专业建设质量的重要标准,深入企业调查研究,大胆改革,探索以企业需求为导向设置新的专业课程体系。运用宏观统筹、合理布局、结构平衡、整体优化的策略,全面修订金融学专业的教学计划,通过多元化协同培养机制,强化全产业链培养合力,形成理论实习相结合,创新创业教育与入学教育、课堂教育、专业实践以及科研训练相串联,并将创新创业教育纳入学分管理,实现参与创新创业课程和训练的学生全覆盖。开设"创新创业大讲堂"公共选修课及"创新思维训练""创新创业"等在线课程,参加创新创业课程的学生累计达 3 000 人。

(二)教材教案开发

结合本专业教学实际及行业对金融学人才的需要情况,开发具有自身特点、科学实用的教材教案。一是建立校企共同参与的教材教案沟通机制。在《商业银行业务与经营》《金融学》《金融审计》等江苏省"十三五"重点教材及《金融风险管理与监管科技》等最新教材的编写过程中,由教学一线骨干教师组成的教材编写组,积极邀请本领域的行业专家参与指导,形成了符合行业发展实践的教材内容体系。二是以教材教案开发为纽带,推动校企的深度融合。通过校企多方联动,提高南京审计大学金融学专业的整体办学水平,满足社会对金融学专业高素质复合型、创新型人才的需求,为江苏经济社会发展提供高质量的金融人才保障服务。

(三)实习实训

充分利用现有的实践教学平台,提高使用率;课程体系中设计了较好的创新型设计实验,为在校学生提供实习场所,提高学生实操技术能力,确保提高学生的原创性研究和启发式思维能力;强化创新型、设计型实验课程的建设;所有实验课建设了相应的实验大纲、教师指导书、实验记录;在已有的实验室基础上,加快实验室内涵建设,整合建成涵盖实验教学、科学研究、产学合作等多功能的江苏省省级实验教学示范中心及虚拟仿真实验室,提高学生应用操作能力及师生科研能力,不断总结实习实训经验,积极创新人才培养模式,全面提高人才培养质量。

充分依托丰富的金融行业资源,与弘业期货股份有限公司、中信证券江苏分公司、民生银行南京分行等金融机构紧密合作,成立以学生创新创业教育及创业孵化为核心的"人才培育平台""协同创新平台""公共服务平台""科技创新平台"及"金融服务平台"等五大服务平台,为学生创新创业项目孵化提供全方位服务保障。学院以江北新区研创园为双创教育的重要载体,与多家入驻企业进行深度对接,就人才培育、实践教学、科学研究、科技成果转化等方面共建合作。邀请入园企业相关负责人、技术骨干担任学校创新创业兼职指导教师,组织讲座、培训、创新创业训练营等50场次,参与学生达4 000人次。从技术、孵化、资金等各个方面为学生创业提供指导和扶持,实现了企业反哺于学校本科教育的目的。

同时,积极鼓励学生结合"暑期社会实践""创青春""挑战杯"等活动和赛事项目申报"青年红色筑梦之旅"活动及赛道,有效推动创新创业教育与思想政治教育相融合,创新创业实践与乡村振兴战略、精准扶贫脱贫相结合,为乡村振兴注入新动能。近5年来,金融学院学生共获得国家级奖项120个,省部级奖项330个。深度对接双创团队70个,服务团队140多次,对团队服务指导孵化不断线。

第三节　专业产教融合建设成效

一、构建多层次实践教学体系

依托省级实验教学示范中心和教育部校外实践教育基地(南京审计大学—民生银行南京分行实践教育基地),以及弘业期货股份有限公司期货人才实践培训基地等,形成了课内与课外融合、线上与线下融合、金融与科技融合的多层次实践教学体系。

二、提升实践教学体系信息化程度

本专业实践教学在获得江苏省教学成果一等奖的基础上,相继建成了江苏省高等学校实验教学示范中心、教育部校外实践教育基地、江苏省高校在线开放虚拟仿真实验教学系统一体化的实践教学体系。

三、积累一系列教育教学成果

江苏高校品牌专业建设工程一期项目(金融学)建设顺利通过验收;"金融学"等2门课程获批国家级"金课",6门课程被认定为省级精品在线开放课程;5门课程获得江苏精品(重点)教材立项建设;3名金融学专业教师参加江苏省第二届教师教学创新大赛;金融学专业于2020年成功获批首批国家级一流本科专业建设点,2021年入选首批"江苏省高校国际化人才品牌专业"(全省金融学类唯一入选专业)。江苏省银保监局数据显示,我校金融学专业校友任支行行长及以上人数超过1 000人;据近5年《江苏省高校毕业生就业、预警和重点产业人才供应报告》统计,本专业是毕业生最愿意推荐的专业之一。

四、构建特色优势金融类专业群

按照金融业对高层次人才的需求,强化人才链与产业链对接,将学校相关专业整合组织为专业集群,统筹建设与管理,提高人才培养的产业对接服务能力。以金融学专业为核心专业,以投资学、保险学、金融工程、信用管理、金融科技等为支撑专业,构建金融类专业群,强化专业的交叉与融合,做实基础课程、做精核心课程、做特模块课程,满足金融业对不同岗位人才的专业能力要求。近年来,已建成3个校企合作教学团队,产教融合专业课程比例达到30%以上,为区域产业发展提供2 000人以上高素质的应用型本科人才,为社会培训金融业人才20 000人以上。

五、打造产教融合的学科高地

通过政府支持、校企合作,全面建成以"长江学者"甘犁教授为核心的经济与金融研究院,以优秀学者曹彰帆为核心的银行与货币研究院,以国务院政府特殊津贴专家江世银教授为核心的新金融研究院等三大研究平台,打造省内领先的金融领域学科高地,为江苏省金融业发展提供技术支持,为区域金融的可持续发展提供咨询服务,为金融业高层次人才培养与社会培训提供智力支撑,为区域企业服务,横向项目研究经费每年在500万元以上,20多份研究报告得到审计署、江苏省和南京市领导的批示。

六、创新学院办学体制机制

创新政、产、学、研、转、创"六位一体"管理机制和校园、研创园、研究院"三方融合"的办学运行体制,建立政府政策引导、校企深度融合、全程协同育人的培养机制,深化人才培养"标准协同、过程协同、师资协同、资源协同"校企四个协同,培养适应金融业发展需求的高素质应用型人才。依托合作共建的弘业期货股份有限公司、中信证券江苏分公司、中国民生银行南京分行、中国光大银行南京分行等单位,联合为社会培训金融业人才。经过几年的建设,形成可复制和推广的办学经验,打造长三角区域具有一定影响力的金融人才培养高地,为区域金融的发展提供有力的人才支撑。

第四章

信用管理专业

第一节 专业的目标定位与特色

一、专业目标定位

南京审计大学金融学院前身为创办于1951年的苏北银行学校,至今已有72年办学历史。为满足社会发展对信用管理人才的迫切需求,学院于2007年增设信用管理专业,系江苏省第一家、全国第七家。本专业坚持以立德树人为根本任务,以服务信用管理行业、地方经济与社会发展为己任,立足江苏、面向全国、对标国际,通过政、产、学、研多方协同育人模式,在为行业持续输送具有良好职业道德和深厚家国情怀,深蕴人文精神与理工气质的复合型、创新型、应用型信用管理专业人才的同时,于2010年与江苏省发展和改革委员会、江苏省信用办、江苏省信息中心合办(助理)信用管理师培训,提升行业整体人才质量。聚焦社会需求、多方协同育人的建设理念,使得本专业拥有较高的认可度与美誉度,长期以来,专业排名位居全国前列。2021年获批"国家级一流本科专业建设点",2022年获批"江苏省产教融合型品牌专业建设点",专业建设驶入快车道。

二、专业产教融合特色

本专业实施"学院+企业"双制育人模式,通过与地方政府、科研院所、企业"三方"联合,使学校教育与企业需求"连上线";通过课程、创新、实践"三课"联动,使课堂教学与创新实践"共生长";通过校园、研创园、研究院"三位"一体,创新办学体制机制。

(一)形成特色优势信用管理类专业群

按照高层次人才需求,强化人才链与产业链对接,信用管理专业将学校专业整合为专业集群,统筹建设与管理,提高人才培养的产业对接服务能力。以信用管理为核心专业,以信息管理、财务管理、金融科技等为支撑专业,构建信用管理类专业群,强化专业交叉与融合,做实基础课程、做精核心课程、做特模块课程,满足对不同岗位人才专业能力的要求。已建成2个校企合作教学团队,产教融合专业课程比例达到30%以上,为区域产业发展提供300人以上高素质的应用型本科人才,培训信用管理行业人才10 000人以上。

(二)打造产教融合的学科高地

通过政府支持、校企合作,建立了以全国金融专业教指委委员卢亚娟教授、全国金融类行(教)指委委员石岿然教授为核心,以江苏省"青蓝工程"中青年学术带头人、双创青年博士为骨干,包括4名外聘专家在内的高水平师资团队。打造省内领先的信用管理领域学科高地,为江苏省信用管理行业发展提供技术支持和咨询服务,为信用管理行业高层次人才培养与社会培训提供智力支撑,参与制定省部级重要文件和地方标准5项,多份研究报告得到江苏省和南京市领导的肯定性批示,横向项目研究经费年均超过200万元。

(三) 创新学院办学体制机制

创新政产学研转创"六位一体"管理机制和校园、研创园、研究院"三方融合"的办学运行体制,建立政府政策引导、校企深度融合、全程协同育人的培养机制,深化人才培养"标准协同、过程协同、师资协同、资源协同"校企四个协同。依托江苏省联合征信有限公司、嘉吉投资等合作单位共建基地,联合为社会培养信用管理专业人才。经过几年建设,形成可复制和推广的办学经验,打造江苏省区域内具有一定影响力的信用管理专业人才培养高地。

第二节 专业产教融合改革措施

一、产教融合教学改革

(一) 构建产教融合长效机制

本专业基于两方面构建产教融合长效机制。一是将产教融合育人融入校企文化建设中,强化学生、企业及家长认知,获取多方力量支持;二是明确相关主体职责、完善沟通协调机制。充分发挥各自优势,明确职责,畅通校企优秀管理人员与专业教师的沟通渠道,持续优化产教融合育人模式,提升人才培养成效。

(二) 制定专业发展规划

本专业规划的总体目标是,以"国家级一流本科专业建设点"建设为契机,建成国内信用管理示范专业。本专业将深入贯彻科学发展观,统筹专业发展与社会需求的关系以及专业建设与学科发展的关系,结合专业发展实际,按照"科学规划、分步实施、重点突出"的原则,优化人才培养方案,加强师资团队建设,构筑产教合作平台,实现资源配置和利用效率的最优化,提升专业建设整体水平。概括而言,本专业将围绕"一个体系、两项改革、三大建设、四项任务"深化发展。"一个体系"即构建以能力培养为核心、与地方经济互动、结构优化的人才培养体系。"两项改革"即落实人才培养模式改革、模块化教学体系改革。"三大建设"包括国家级产教融合型示范专业建设、卓越信用管理师培养计划建设、本硕贯通试点建设。"四项任务"包括高效推进江苏省信用信息工程研究中心建设、打造产教融合特色鲜明的课程群、培养一批在学界及业界具有较高知名度的骨干师资、培育一个省级重点实验室。

(三) 修订人才培养方案

为适应经济社会发展的新形势、新要求,进一步深化教育教学改革,增强人才培养的适应性,构建具有我校特色的信用管理专业人才培养体系,本专业依据专业发展定位、专业人才社会需求变化、专业办学条件的变化,在吸纳学界、业界专家意见的基础上,对人才培养方案进行定期修订,不断优化专业课程体系。本专业最新人才培养方案为2023年修订版,新版人才培养方案充分遵循OBE教育理念,通过开展线上线下意见征求会及小型研讨会,累计征求30余位专家学者的意见,凸显产教融合协同育人和"学院＋书院"双院联动思政教育特色,培养系统掌握金融学、金融审计基础知识和基本理论,掌握信用管理专业知识和信用风险管理技术,尤其是新增金融科技与互联网金融等课程,强化与计算机、统计学等学科的交叉融合,与大数据、区块链、人工智能等金融科技的技术融合,与大金融学科的集群融合,优化"人文＋理工"的新文科立体化课程体系。新的培养方案毕业要求总学分为161学分,包括通识教育(必修课、选修课)、学科专业教育(学科基础课、专业主干课、专业选修课和实验课)、实践教学环节(劳动与社会实践、就业创业和毕业环节)三大板块共9个模块课程。核心课程包括微积分、线性代数、概率论与数理统计、统计学、微观经济学、宏观经济学、计量经济学、会计学、财政学、金融学、商业银行业务与经营、信用管理学、数据挖掘与人工智能等。

(四)重构实践教学体系,创新教学模式与方法

一是持续更新专业实践和综合实践教学内容。对实验项目、实验内容进行调整和整合,根据专业特点增设部分独立实验和综合性实验等,突破学科实验课程间的壁垒,减少重复性和单纯验证性实验内容,提高实验的效果和质量。除了已有的商业信贷、公司金融、证券投资、信用评级实验模块外,新增数据挖掘与人工智能、企业信用管理实务等课内实验模块。二是加大实验室建设力度,重新进行设计和招投标以提升信用评级虚拟仿真实验室的技术水平,完善学校实验中心和全校性实验共享平台建设,建立功能齐全、结构合理、管理高效的实验室运行机制和管理体系。同时,加大实践教学基地建设,强化实践能力训练,培养学生的创新精神、动手能力和团队意识。三是加大实验方法和手段的更新及实践教学师资队伍建设,提高教学实践指导能力。通过将原有商业信贷、公司金融、证券投资3个实验模块的师资从金融、投资借用换成信用管理系自有师资力量,信用评级模块教师也进一步年轻化,将实验教学模块完全本专业化,实验课程安排更加灵活,方法和手段更加多元和先进。四是利用校外实践基地和平台开展实践教学。利用与本单位共建和合作的江苏省信用信息工程研究中心、江苏省联合征信、江苏省中诚信和嘉吉投资(中国)公司实践基地和平台开展实习和实践教学。同时,利用学生社团、大学生创新创业项目、"互联网＋"、大学生挑战杯竞赛和暑期教学实践等活动,从项目中学、从竞赛中练,多层次、多方位开展实践教学。

二、产教融合教学资源建设

(一)遵循OBE理念,打造具有辨识度的金课群

围绕培养"复合型、创新型、应用型人才"的总体发展目标,坚持以能力为核心、以就业为导向的课程建设思路,紧贴企业需求,深入企业调查研究,大胆改革,探索以企业需求为导向的专业课程体系。运用宏观统筹、合理布局、结构平衡、整体优化的策略,全面修订信用管理专业的教学计划,形成理论实践相结合、突出技能的各专业课程架构。

(二)契合社会需求,开发具有精准度的教材教案

信用管理专业结合本专业教学实际及行业对人才的需要情况,开发具有自身特点、科学实用的教材教案。一是建立校企共同参与的教材教案沟通机制。在《信用经济学》《信用管理学》《金融审计》等重点教材及《金融风险管理与监管科技》等最新教材的编写过程中,由教学一线骨干教师组成的教材编写组,积极邀请本领域的行业专家参与指导,形成了符合行业发展实践的教材内容体系。二是以教材教案开发为纽带,推动校企的深度融合。通过校企多方联动,提高南京审计大学信用管理专业的整体办学水平,满足社会对信用管理专业高素质、复合型、创新型人才的需求,为江苏经济高质量发展贡献了人力资源,提供了人才保障。

(三)创新实训平台,构建富有成效性的实践体系

借鉴世界一流教育经验,构建突出实践应用的人才培养模式,逐渐形成四平台实践教学体系。注重学生实践能力培养,在"专业实训""创新创业教育""毕业实习""毕业设计(论文)"等实践教学课程中,通过产业的项目案例以及在企业实习环节的准职业化训练,培养面向市场的应用型人才。

专业实践类课程在层次上主要分为:第一层次为理论课的教学和专门开设的实验课程。以综合性实验课程为主,强化创新性、设计性实验课程的建设,训练学生的基本技能。充分利用现有的实践教学平台,提高使用率;课程体系中设计了较好的创新性设计实验,为在校学生提供实习场所,提高学生实操技术能力,确保提高学生的原创性研究和启发式思维能力;强化创新性、设计性实验课程的建设;所有实验课建设相应的实验大纲、教师指导书、实验记录。第二层次为课程项目和项目课程。在已有的实验室基础上,加快实验室内涵建设,整合建成涵盖实验教学、科学研究、产学合作等多功能的江苏省省级实验教学示范中心及虚拟仿真实验室,提高学生应用操作能力及师生科研能力。第三层次为实训课程,通过整合开放式设计活动和项目,结合第二课堂的学科竞赛和学生的科技活动,帮助学生探索、整合和强化所学知识。第四层次为企业实习,培养学生职业化能力,提高学生实践能力和专业素养。第五层次为毕业设计,通过毕业论文(设计)的构思、设计,培养学生观察、分析、判断、提出问题的能力;培养学生对事实的直觉、领悟、概括的能力;培养学生综合应用知识和技能,运用发散思维和集中思维,构思多种解决方案并继而优选的决策能力;培养学生表达构思和创作动手的能力等,达到全面考核学习成果、提高学生综合能力、检验教育教学质量的目的。

(四)数智赋能教学,创设高效泛在式的教学环境

为把握历史机遇,应对技术变革带来的挑战,信用管理专业将数智化作为专业发展战略之一,开展了一系列实践探索。一是优化智慧教学环境,加强在线课程体系建设。目前,借助学校的平台设置,所有课程均支持开展录播直播授课以及线上线下融合教学,所有的专业课程都实现了数字化。

《信用管理学》课程作为省在线课程、慕课在国家智慧教育平台上线,面向全社会开放。依托平台和超星平台智能辅助学习功能,根据学生学习进度和学习情况,进行学情智能测评等,促进学生自主学习,真正实现因材施教和学生的个性化发展。

依托"数智化+",推进学科建设。信用评级虚拟仿真实验以现代科技为方法引导,以人文精神为价值引领,在数字化、智能化的时代背景下,推动方法革新、教学出新的变革。此门课程还运用人工智能、大数据技术对教学过程进行监测,并对学情分析和教学质量进行评估,以推动教育在手段、方法以及学生考核标准等方面不断迭代创新。

依托信息技术,构建基于大概念、单元或主题的课堂教学结构模式,通过视频、音频、图片等形式呈现学习内容,多角度调动学生的学习参与度,打破教学时空限制,提升课程教学效果,培养具有应用性、创新性与终身学习能力的专业人才。

稳步推进与行业的合作,构建更具延展性的课堂,为其打造高质量线上线下、校内校外混合式学习环境,引导学生泛在学习。

此外,专业还积极组织老师参加中国高校教学发展、江苏高校教学数字化案例分享会、教师思想政治素养和数字化教学能力提升等网络培训活动,着力提升教师队伍的数智化素养。

三、产教融合师资建设

本专业充分利用校企双方的资源优势,构建共培互聘的师资队伍建设模式,促使专业教师获得立体化、多维度、多层次的培养和提升。

(一)构建师资队伍建设长效机制

产教融合教学模式下,信用管理专业充分利用校企双方的资源优势,构建共培互聘的师资队伍建设模式。鼓励教师参与企业组织的技能培训、知识技能比赛、参加国内外行业组织的年会。聘请企业高管、骨干担任兼职教师,开展各类指导讲座。鼓励青年教师与企业管理人员结对学习,搭建产教融合背景下高校与企业、教师与企业之间的交流渠道。信用管理专业年轻教师通过共培互聘的师资队伍建设模式已经初步树立知识更新、技能深化、紧追前沿的成长目标,同时通过与行业机构的合作,探索了促进青年骨干教师培养的管理体系,完善了信用管理专业与企业培训的管理制度,形成稳定的长效机制。

(二)多渠道提升师资队伍教育教学能力

产教融合的发展要求教师不仅具备开展各项教学活动的能力,还要具备对学生的实践指导能力,同时还需要拥有社会服务的能力。金融学院从三个方面着手提升教师的教育教学能力。一是树立产教融合教学理念。产教融合要求专业教师要积极转变自己的角色,系统、科学、深入了解产教融合的相关含义以及教学理念,将这些理念融入日常教学活动中。二是提高教师的综合素养。为了满足产教融合的教学要求,除了参加学校和学院相应的活动和培训外,鼓励教师利用数字化技术加强自主学习(例如,江苏高校教师教学能力建设"云书院"平台),提升自身的理论教学能力和专业实践素养。三是构建教师实践培训体系。鼓励教师进入企业开展实践和实地调研,参加企业组织的实践技能方面的培训。发掘理论与实践有机结合的方式方法,找到基于产教融合并适合信用管理专业的教学模式,提升教师的理论和实践的教学能力。

(三)动态优化绩效考核分配制度

绩效考核分配制度在产教融合过程中起着引导性的作用。近年来,在信用管理专业建设过程中,信用管理专业不断增强实践教学的力度,加大相关经费投入,拓展校企共建范畴,提高产教融合方面的考核权重,对于在产教融合方面做出突出贡献的教师,在评奖评优、职称评审等方面,同等条件下给予适度倾斜。另外,本专业建立了适时反馈机制,不定期根据相关主体反馈的信息,完善调整绩效评价考核内容和方式方法,提高教师参与产教融合的积极性与贡献度。

四、产教融合基地建设

本专业着力打造集校内实践、校外实习、培训服务等于一体的高水平产教融合实训基地,全面提升产教融合基地建设成效。

(一) 构建闭环式校内实践教学体系

本专业以学生实践能力结构为导向,以提高学生综合素质、培养学生实践能力和创新精神为主要目标,与合作单位共建了适合学院学科专业发展和信用管理行业人才需要的"两环节四层次五平台"实践教学体系。一是对学生开展"信用认知"素质教育;二是对学生进行"信用技能"训练;三是对学生开展基础实验教学,如银行、外汇等实验课程;四是对学生开展创新实践活动;五是对青年教师开展技能素质培训;六是面向社会开展培训教育和科技开发与服务。同时,构建了融入学校人才培养体系之内的应用型人才集意识、知识和能力于一体的闭环式实践教学体系,即学生与老师的双向互动,老师与企业的双向互动,理论知识与实践的双向互动。

(二) 打造互惠式校外实习实践平台

本专业秉承"开门办学"的理念,持续开拓并用心维护校外合作项目。自2022年起,嘉吉投资(中国)有限公司在南京审计大学设立"嘉吉菁英奖学金",面向本专业学生开设专业知识讲座或提供就业指导,并为本专业优秀学生提供实习机会。一方面,引导学生提升专业综合素养,提高就业竞争力;另一方面,通过产教融合为自身储备人才。通过学生社团如信用管理学社等定期组织知识讲座、知识竞赛等方式引入知名信用企业为学生开拓视野,同时为学生了解业界动态提供窗口。信用管理专业参与了江苏省信用信息工程研究中心提供的合作研究课题,鼓励优秀学生参与研究的过程,为信用理论与技术的研发培养储备人才。

(三) 提供定制式校外培训服务

一是江苏省联合征信有限公司与南京审计大学连续签订《江苏省信用管理师职业技能培训合作框架协议》。根据该协议要求,本专业负责每年江苏省信用管理师职业技能等级培训工作,包括课程安排、教案整理、师资派遣、现场教学、课后辅导及部分考试命题等相关工作。二是利用教育、科研、人才优势,为江苏中诚信信用管理有限公司提供理论、技术、人才和培训等方面的支持,江苏中诚信信用管理有限公司为南京审计大学教师开展课题研究、项目实施以及学生实习就业等提供支持和指导。三是2008年以来,参与江苏省信用体系建设规划纲要的撰写、决策咨询和失信惩戒机制的构建。同时,依托2019年批准成立的江苏省信用信息工程研究中心,本专业作为共建方,负责信用基础理论研究工作,提供行业前瞻性发展思路和需求,提供基础理论支撑,组织人员参与相关论证工作,并提供研究课题。

五、产教融合创新创业教育建设

本专业始终坚持"专创融合、科创融合、产教融合、思创融合"的四位一体创新育人理念,构建了以"创新创业教育为引领,以研究项目为载体,以教学改革为手段,以学生成长为导向"的双创培养模式,着力打造育人为本、创新驱动、多维协同、深度融合的创新创业良好育人局面。

(一) 以"三课程一平台"为载体,将创新教育贯穿大学学习始终

本专业的创新教育以"三课程一平台"为载体,采用多元化协同培养机制,强化全产业链培养合力,将创新教育贯穿本科教育的全过程。首先,将创新创业内容纳入入学教育,在大学开始阶段培养创新创业意识,增强对创新创业重要性的认识;其次,将创新创业教育融入课堂教学,使创新创业与专业相结合,并通过专业实践的形式训练创新创业能力;再次,通过科研训练提升创新创业能力;最后,将创新创业与职业生涯规划相串联,提升创新创业与职业发展的融合。在管理过程中,将创新创业教育纳入学分管理,实现参与创新创业课程和训练的学生全覆盖。此外,学校面向全校学生开设《创新创业大讲堂》公共选修课,以及《创新思维训练》《创新创业》等在线课程,提升创新创业的专业性和普遍性,截至目前,累计参加创新创业课程的学生达 4 000 人。

(二) 以"五大服务平台"为驱动,提升创新教育实效

本专业具有丰富的行业资源,学院已经与江苏省联合征信有限公司、弘业期货股份有限公司、中信证券江苏分公司等机构建立了紧密合作关系,先后成立了以学生创新创业教育及创业孵化为核心的"人才培育平台""协同创新平台""公共服务平台""科技创新平台"及"金融服务平台"等五大服务平台。这些丰富的行业资源,不仅为产教融合创造了条件,也为学生的创新创业创造了可能性。依托多样化的平台,学生不仅可以孵化创新创业项目,还能通过这些平台充分参与到创新创业项目中,让创新教育有实质性的提升。

(三) 以企业协作为补充,优化创新教育成果

以江北新区研创园为双创教育的重要载体,就人才培育、实践教学、科学研究、科技成果转化等方面共建合作。邀请入园企业骨干担任学校创新创业导师,开展创新创业培训、训练营等 60 场次,参与学生达 5 000 人次,并从技术、孵化、资金等各方面为学生创业提供支持。

(四) 以"互联网+"大赛为抓手,鼓励学生学以致用

鼓励学生结合"暑期社会实践""创青春""挑战杯"等活动和赛事项目申报"青年红色筑梦之旅"活动及赛道,推动创新创业教育与思想政治教育相融合,创新创业实践与乡村振兴战略相结合,为乡村振兴注入新动能。近 5 年来,学院学生共获得国家级奖项 120 个,省部级奖项 340 个,深度对接双创团队 75 个,服务团队 150 多次,对团队服务指导孵化不断线。

第三节 专业产教融合建设成效

南京审计大学金融学院被誉为"江苏金融黄埔"和"行长的摇篮",办学资源丰富。信用管理专业创办于 2007 年,是江苏省第一家、全国第七家开设信用管理本科专业的高校。2010 年与江苏省信用办、江苏省信息中心、江苏省联合征信有限公司开展信用管理师培训,以培养高素质创新型专业人才为目标,主动服务区域经济社会发展需要。

一、毕业生就业质量

本专业毕业生就业质量整体较高。近 5 年,应届毕业生年终就业率达 93.37%,领域内

初次就业率高。据《南京审计大学应届毕业生培养质量评价报告(2019—2021年版)》,本专业近3年(2019届、2020届、2021届)毕业生对专业必修课程教学评分88分以上的学生占比分别为76.9%、85.71%和100%。据2017—2021年的毕业生调查统计,2017届毕业生4年内61%的学生获得职位晋升,2018届毕业生对收入的满意度为86.91%,2019届毕业生职业期待吻合度在全校排名第三,2020届毕业生半年内离职率接近0,2021届毕业生就业满意度为81.67%。

二、教育评估结果

本专业于2022年顺利通过江苏省教育评估院组织的普通高等学校本科专业综合评估,专业人才培养成效受到评审专家高度认可。2021—2022年中国科教评价网显示,本专业在全国本科高校中位居第六,江苏省排名第一;根据软科中国2021年大学专业排名,本专业位列全国高校第8名。

三、教育教学改革成果

2012年,本专业获批省"十二五"高等学校重点专业建设项目。2019年、2020年获省品牌专业一期、二期建设工程项目资助。2021年、2022年先后入选江苏省和国家级一流本科专业建设点。专业教师多人次获得国家级、省级以上教学类奖项,获批省校级教学改革项目16项,获省级以上科研奖励4项、校级及以上教学类荣誉称号5项,指导学生参加学科竞赛获省级及以上奖项12项。

四、双创实践效果

本专业依托省级研究平台"江苏省信用信息工程研究中心"、与江苏省联合征信有限公司合办的江苏省信用管理师培训项目、民生银行南京分行研究生工作站和校内实训平台,积极构建一流大学生实践教学体系。近5年,建成3个信用管理实验室、7个实习实训基地。专业教师参与制定省部级重要制度文件和地方标准5份,培训信用管理师超万名;承担课题30余项,研究经费超过1000万元;多人次荣获江苏省"双创博士"称号;指导学生参加各类竞赛、教学案例、创新创业项目,获得省级及以上获奖、立项28项。

第五章

计算机科学与技术专业

第一节 专业的目标定位与特色

一、专业目标定位

南京审计大学是我国唯一以"审计"命名的全日制普通本科院校,为我国审计高等教育发源地之一,因审而立、为审而存、依审而兴、靠审而强,2021年获批博士学位授予单位。在影响日益广泛的信息产业革命浪潮中,信息技术与工程技术逐渐成为审计人员不可缺失的基本技能。作为南京审计大学的唯一工科学院,计算机学院致力于培养兼具工科思维、工程能力与审计技能的复合型高层次人才,定位于国家审计技术方法和特种审计,如计算机审计、信息系统审计、大数据审计、区块链审计等方面高层次人才培养。

计算机科学与技术专业创办于2002年,2017年获批计算机科学与技术学术学位硕士点和电子信息专业硕士点。根据我校"大审计"平台建设要求,基于计算机专业特点和我校审计学科优势,将计算机科学与技术专业和会计审计交叉融合,突出大数据背景下的数据分析、数据处理和情报分析,形成了特色鲜明的计算机审计专业方向。目前,本专业为国家一流专业建设点、江苏省产教融合品牌专业。

面向习近平总书记提出"加强审计信息化建设"的重大战略和新工科人才培养要求,建设审计特色鲜明的国家一流专业,培养具有良好政治思想素质、职业道德素养、新工科思维和创新精神,能胜任计算机审计和计算机应用领域工作的复合型一流人才,培养计算机科学与技术专业学生解决"科技强审"复杂工程问题的能力。

二、专业产教融合特色

(一) 全方位协同育人模式

产教融合的核心是让行业企业成为重要办学主体,这是深化教育供给结构性改革的重大举措。结合本专业的自身特点,提出以下5个主要融合模式:一是共同修订培养体系和实际需求相融合的人才培养方案。与企业共同推进产教融合,邀请企业工程师参与人才培养、承担课程、共同指导毕业实习和毕业设计工作,吸取最新技术进课堂,有效提高专业服务区域经济能力。二是共同构建产业与专业相融合的教学体系。提高案例教学比例;提高以培养学生实践综合能力和创新水平为目的的实践比例;实施以产业需求为导向的多样化考核、评价方式。三是共同改革理论与实践相融合的教学方法。强化课堂教学环节对学生工程意识和实践能力的培养;增强学生专业和就业创新能力与市场要求的符合度;提升人才培养与市场和职业岗位需求的契合度。四是共同建设人才培养和技术转化相融合的实验室。引入企业元素,及时更新实验室设备,逐步形成能够支撑课程设计、学生竞赛、项目开发、科研活动等的多元化实践教学平台。五是共同深化产教融合,完善科研与产业的共建。促使企业提供项目,通过教师带领学生与企业合作研发项目实现技术转化,使教师自身及指导学生应用实践的能力得以迅速增强。

(二) 合作共享的政、产、学协同育人实践基地

专业依托国际信息系统审计师协会(ISACA)、知名IT企业、审计机关、会计师事务所等单位的资源共享,构建合作共享的政、产、学协同育人实践基地,围绕专创融合以强化学生创新实践能力的培养。基于计算机与审计学科交叉融合,围绕科技强审战略目标需求形成了特色鲜明的计算机审计人才培养特色。2021年,校外产教融合基地——粤港澳大湾区审计研究院(珠海)的多项活动获得广泛的社会舆论关注,活动内容陆续被人民日报客户端、中国日报网等主流媒体报道,影响力空前。

(三) 支撑引领区域产业发展成效

通过产教融合、协同育人模式创新实践,计算机审计人才培养效果良好,学生的工程实践能力、岗位适应能力不断增强。近年来,专业为政府审计机关、各类企事业单位和社会审计机构的计算机审计、信息系统审计等岗位提供急需的优秀人才,成为全国IT审计人才培养的重要基地。毕业生具有扎实的专业基础和较强的专业技能,在支撑引领区域产业发展、服务国家治理体系现代化建设方面富有成效,受到社会广泛赞誉。

本专业的产教融合、协同育人模式,为进一步提升应用型本科高校计算机类专业人才培养质量,促进产业创新和人才培养改革提供了全新路径借鉴,示范引领作用明显、影响力较强。

第二节 专业产教融合改革措施

一、产教融合教学改革

(一) 产教融合长效机制构建

计算机学院与翔晟信息技术公司共建产业学院,企业每年投资100万元,用于改善教学条件,培养双师型教师。理顺了责权利分配机制,项目经理任产业学院副院长,实现校企一体化的管理;理顺了管理机制,制定师资队伍建设办法以确保工程师资到位,制定教师业绩考核办法,设立企业奖学金以确保激励机制到位。

提出了"产教融合全环境沉浸"模式,依托产业学院、产学研基地共建"五大建设内容"(见图1-5-1),解决了校企协同育人机制体制不顺、保障不到位的问题。产业学院试点学院从"专业建设""师资建设""课程建设""实验室建设""基地建设"五大方面保障了"产教融合全环境沉浸"的实现。

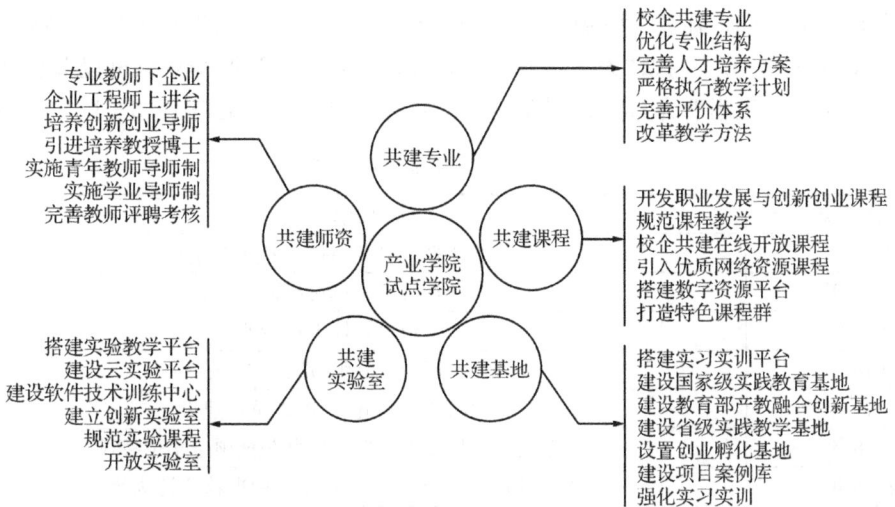

图 1-5-1 产教深度融合的"五大建设内容"

从产教融合的体制、程序、过程、内容、结果五个方面(见图 1-5-2)提出的产学融合、校企合作、工学结合、课程开发、订单培养不同层次的含义,赋予产教融合以新的内涵,使其达到了形式与内容的统一、程序与过程的融合、动机与效果一致的目的,有利于促进学院产教融合进入深层次、实质性的新阶段。

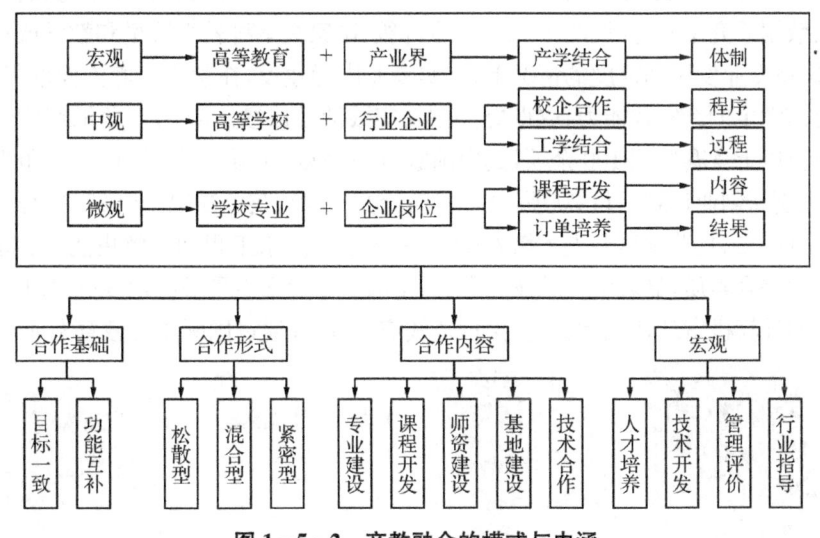

图 1-5-2 产教融合的模式与内涵

(二)专业发展规划

依据教育部、国务院办公厅先后出台的《关于实施卓越工程师教育培养计划的若干意见》《关于深化产教融合的若干意见》,计算机科学与技术专业主动适应国际工程教育认证要求,深化学院机制体制变革。

基于此,本专业紧紧抓住"实践能力培养"主战场,先后与北京阿萨卡信息技术有限公司、北京中友金审科技有限公司建立教育部协同育人实践基地,与江苏翔晟信息技术股份有限公司共建产业学院。强调"实践中学习""团队整体结果""多门课程的综合整合运用"的 Capstone 教学理念，倾力打造"人才培养与产业需求"有机衔接的"全场景沉浸"教学模式，较好地培养了学生的工程能力与实践创新能力。专业发展历程详见表 1-5-1。

表 1-5-1 专业发展基础

时间节点	专业建设大事记
2002 年	计算机科学与技术专业成立
2009 年	增设计算机审计特色方向
2014 年	新增软件工程专业
2016 年	评为校品牌（培育）专业
2017 年	评为"十三五"江苏省重点建设
2018 年	计算机科学与技术和电子信息获批硕士学位授权点
2018 年	"十三五"江苏省重点建设学科中期检查评为优秀
2020 年	联合成立翔晟信息技术学院产业学院
2021 年	江苏省品牌专业二期 计算机科学与技术专业获批国家一流专业建设点
2022 年	江苏省产教融合品牌专业建设点

以江苏省现代智能审计一体化应用技术工程研究中心、江苏省审计大数据工程研发中心、粤港澳大湾区审计研究院（珠海）、教育部产学合作协同育人项目大数据技术与教育研究中心、国家审计大数据研究中心等（见图 1-5-3）省部级、国家级本科教学质量和教学改革工程项目为支撑，在保持专业发展加速度的情况下，夯实专业内涵建设，在学生培养方面取得更大成绩。一是显著提高学生创新实践能力，取得更大创新实践活动成绩。3 年内，争取组织学生参加竞赛共获省级及以上竞赛奖项 100 余项，其中国家级一等奖 10 项、二等奖 30 项。争取学生获批国家级、省级创新创业计划项目 20 项，公开发表论文 10 篇，获批知识产权 20 项，学生参与社会服务项目 50 项。二是普遍提升人才培养质量，增强学生复杂工程问题解决能力。未来 3 年内大幅提升学生综合素质，显著增强就业竞争力，争取本专业学生受益面达 80% 以上。持续保持"靠审而强"的计算机审计特色优势，扩大示范效应，申请并通过国际工程教育专业认证。

图 1-5-3 省部及以上教学、科研平台

(三)人才培养方案修订与教学体系重构

围绕产业需求调研,修订本科人才培养方案,研究、落地实施全覆盖、多层次、个性化的专创融合(智能审计)的人才培养体系;打造引领学生应用专业所学服务国家治理和地方经济发展的典型路径。以学生为中心,搭建本科生、研究生一体的双创实践基地,以项目团队形式对学生进行管理,配置充足的人工智能教学仪器设备,供团队学生实操使用。专业课程体系见图1-5-4。

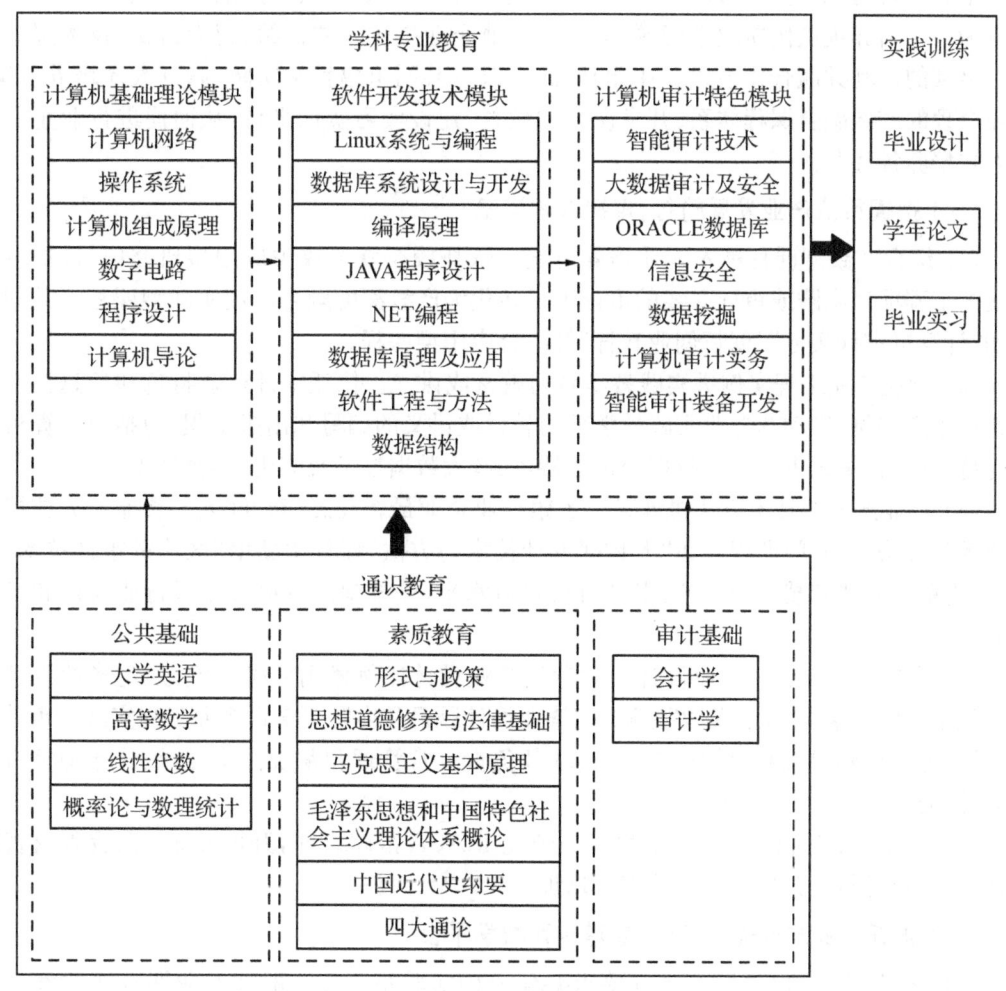

图1-5-4 专业课程体系

(四)教学模式与方法创新

计算机科学技术专业以"产业学院"为抓手,通过培养和引进工程师资相结合,加大试点学院硬件投入,全方面提升实践教学条件,以"未来工程师"为培养目标,从"基于行业培养方案、真实场景环境学习、实际工程问题解决"等开展卓越工程师全场景沉浸培养实践。实现了教学模式从"知识传授,以教学为中心"向"能力培养,以创新为中心"的转变,机制从"资源投入有限导致产教分离"到"资源投入加大保障产教融合"的转变。深度实施产教融合,构建符合产业需求的人才培养体系。通过行业洞察、需求调研,围绕能力培养要求构建课程体系。通过 PBL 教学与学生指导、科学客观的评价体系进行教学评估,专家师资力量利用智慧学习空间实现教学资源的建设。

二、产教融合教学资源建设

产教深度融合的关键是激发行业产业参与人才培养的积极性和主动性。本专业先后与北京中友金审科技有限公司、江苏翔晟信息技术股份有限公司、ISACA 中国(北京阿萨卡信息技术有限公司)等企业签订合作协议,从顶层设计上明确产教双方的共同主体地位,构建企业为人才培养提供优质教学资源,学校为行业企业提供人才供给、智力帮扶、技术服务及员工培训的互利共赢合作模式。在此基础上,双方共同组建教学团队、修订人才培养方案、构建合理的产教融合课程体系、开发课程和教材、建设实习实训平台,从而促进行业企业融入人才培养各环节。

(一)把握行业产业发展趋势,重构课程资源

(1)综合实践型课程进入人才培养方案。依托校企联合攻关应用型研究项目,把生产一线的工程项目实践或审计一线的审计项目转化为产教深度融合应用实践型课程。共同开设如"计算机审计实务""创新创业教育"等综合应用型课程。

(2)行业产业工程实例进实践教学系列教材或讲义。依托审计行业特色和信息技术产业典型生产实例,启动本专业实践教学系列教材或讲义的编写和出版工程,包括以计算机审计为特色的《计算机审计》,以数据分析为特色的《大数据技术及应用》等教材 4 部。

(3)行业产业新技术方法进课堂。紧跟行业企业最新动态,新开《人工智能》《大数据审计技术与方法》等 4 门课程。在"大数据审计技术与方法"课程中新增"区块链审计技术"内容,促进审计方法和技术的变革,提升科技强审水平,使教学内容更加贴近行业规范和发展方向。

(4)生产项目课题进毕业设计。对学生毕业设计比例做出明确规定,规定毕业设计比例不低于 60%,遵循"真题真做"原则,即毕业设计题目和内容要来自企业工程实践或审计实践,且与外聘导师组成双导师指导,校内教师负责日常管理和常规性指导,校外导师负责工程设计部分。

(5)开展 CISA 职业资格认证培训。依托 ISACA 战略合作,开展 CISA 课程教材资源建设,面向审计行业开展信息系统审计培训。

(二)依托行业产业优势资源,重建实践教学平台

(1)依据实际工程项目的基本要求共建校内实验室。在一般性专业课程实验室建设中,强调加强学生对专业基础知识和基本技能的掌握和应用。在"江苏省计算机审计实验教学示范中心""大数据审计工程实验室"等实验室建设中,实验数据、模型和方法均来源于真实的审计和行业企业。

(2)与行业企业共建校外实习基地。联合企业不断完善常规实习基地。结合工程教育专业认证需求,以顶岗实习为目的,与江苏翔晟信息技术股份有限公司、粤港澳大湾区审计研究院(珠海)、北京普开数据技术有限公司等多家单位共建创新创业和实习基地,实现从实习内容、过程、考核的全流程产教深度融合。

三、产教融合师资建设

产教融合背景下,师资建设直接关系到校企合作的深度和可持续性,是建立校企长效合作的根本保障。

(一) 师资共建共享机制

(1) 校企师资融合发展,实现优势互补。坚持"资源共享,人尽其才,物尽其用,共同发展"的理念,联合江苏翔晟信息技术股份有限公司、北京中友金审科技有限公司、北京阿萨卡信息技术有限公司等单位,依托优势学科建成计算机审计特色学科专业体系;强化师资与团队建设,聘请包括建行CIO在内的多名企业专家担任兼职教师;推进教学资源共建共享,建成省级协同创新中心1个,江苏省计算机审计实验示范中心等共享实验室多个,优化共建"云计算""人工智能"等方向多门课程,加强教材建设,联合编著出版《计算机审计》等多部省级重点教材。

(2) 企业全程参与人才培养。通过聘请企业管理人员作为学院兼职管理员,聘请企业工程师作为兼职指导教师,将企业技术革新项目作为毕业设计的课题来源,实现了本科毕业设计的双导师制,初步建立了有效的校外导师指导制度。

(二) 师资队伍能力提升机制

(1) 深入企业,提高工程实践能力。教师定期到相关行业企业学习,深入了解企业生产过程、企业先进的管理模式,学习企业的新技术、新方法,善于把从生产一线获得的经验进行总结并应用到教学中,拓宽自身的视野。通过选派教师赴审计署等部门挂职锻炼,联合实务专家开展IT审计研究与实践教学创新。

(2) 加强产学研合作,全方位提升师资能力。依托粤港澳大湾区审计研究院(珠海)等平台安排专业教师进一步与相关审计机关、行业企业开展技术合作,承担行业相关的科技项目课题,运用其自身较强的基础研究水平帮助企业攻克技术难题,提供技术支撑,促进相关科研成果的转化。同时,也有助于教师理论联系实际,开展实际工程背景下的教学活动,真正做到产学研合作,达到校企双方的互助共赢。

(三) 激励机制

通过绩效考核分配制度改革建立激励机制,鼓励教师积极主动到企业培训、挂职锻炼,参与企业的生产经营和管理,对参与企业项目开发的教师给予奖励,对参与工程实践类课程任课的教师给予奖励,改革教师考核和职称评审机制,建立工程实践和科研成果并重的考核体系,在职称评审过程中,把工程实践能力的提高作为评价标准之一。学院明确了参与审计署挂职锻炼的教师优先推荐参评学校各项人才奖励。

四、产教融合基地建设

计算机科学与技术专业与北京中友金审科技有限公司、北京阿萨卡信息技术有限公司建立教育部协同育人实践基地,与江苏翔晟信息技术股份有限公司共建产业学院,与广东省审计厅、珠海市人民政府共建粤港澳大湾区审计研究院(珠海)。

本着以学生为中心的原则,从而提高学校教学质量和科研水平,同时提升企业创新能力和推进审计信息化进程,在实践中培养高素质的科技人才,促进学校、企业和社会的共同进步。合作企业共为大学生提供约1600平方米的实习实训场地,以及配套的实验设备和实验环境,支持计算机专业实践教学与理论创新。具体建设情况有四个方面。

(一) 实践教学实习实训基地

共同开发了大数据审计实验教材和审计案例库,搭建了信息系统审计、信息安全审计、互联网信息安全防控、区块链数字认证、电子签名和审计信息化课程等实践教学环境,有力支撑了专业实践实训活动(见图1-5-5)。

图1-5-5　实践教学实习实训基地

(二) 科技研发实习实训基地

共同研发了审计移动工作平台(见图1-5-6),该平台包括审计智能报表应用系统、审计数据智能管理平台、审计信息化综合管理平台、审计资源共享平台、审计大数据综合分析系统、审计地理信息GIS平台,采用的技术包括电子签章技术、卫星通信技术、数据分析技术、区块链技术,为审计现场勘查、自然资源审计和工程审计等应用场景提供了审计实务实践。共同研发大数据云审计平台,提升了大数据分析和审计效率。

 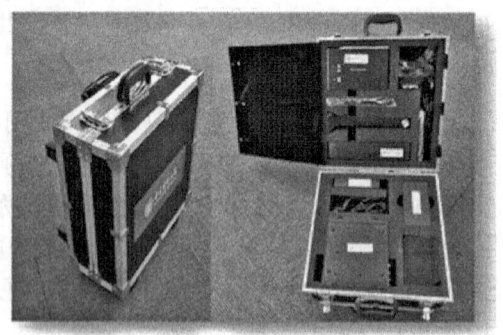

移动审计平台车　　　　　　　　　便携式移动审计作业箱

图1-5-6　产学研合作:智能移动审计工作平台

(三) 生产实习实训基地

合作企业每年给计算机科学与技术专业的学生提供50~100个实习岗位,均为技术实践岗,培养学生的专业实践动手能力。

（四）培训服务实习实训基地

围绕审计数字化转型能力提升需求，建立了面向计算机审计培训服务发展与管理的机制，打造专业培训师资团队，承担了审计署计算机审计中级培训任务，为审计系统培养了大量的大数据审计人才。依托 ISACA 战略合作，成立 CISA 培训中心，近 10 年来累计开展 600 多人次的 CISA 培训，其中 350 多人获得 CISA 认证，超过 1/3 的学生进入政府审计机关、大型金融机构和会计师事务所等单位从事 IT 审计、风险管理及咨询工作，成为国内高校 IT 审计人才培养的摇篮，人才培养质量获得审计行业及专业机构的一致好评。

五、产教融合创新创业教育建设

基于国家创新驱动发展战略，面向全球共性的智能审计前沿领域，通过跨界学习和团队实践，使学生掌握全球化背景下的智能审计理论、方法和工具，以创新智能审计产品开发为核心，拓展学生的创新力和领导力，培养学生的首创精神与企业家精神。以跨院系合作的方式将技术、工程与商业三者相融合以培养学生的多元智能审计等创新创业能力。同时，为让更多的产教融合合作成果支持大学生创新创业训练计划项目、"互联网＋"大学生创新创业大赛及其他学科竞赛，特开设"多元智能审计"微专业。

本专业采取导师制方式，教授团队将由各个学科、各个行业、各个领域的教授、企业家、技术专家、成功创业者组成的创业导师库，解决创业团队在创业过程中遇到的问题，创业导师可以采用咨询、沙龙、讲座、课程等形式为创业团队提供支持。

学生组建团队，授课团队将指导学生团队获得大学生创新创业训练计划项目、创业实践项目和社会资助基金给予立项项目初始资金。同时，授课团队还将为学生团队的项目演练提供场地和服务支持。

基于微专业的创新创业能力培养，支持"互联网＋"大学生创新创业大赛 54 项。其中，"无微不治——国际领先的矿山地下水污染微生物修复系统"获"互联网＋"大学生创新创业大赛主赛道国赛银奖；"神码工坊——全国人工智能公益基础教育领跑者"获"互联网＋"大学生创新创业大赛红旅赛道国赛铜奖；"智能工坊——全国人工智能公益基础教育领跑者"获第六届江苏省"互联网＋"大学生创新创业大赛二等奖；共计 40 项"互联网＋"大学生创新创业大赛在校级选拔赛中获奖。创新创业课程模块一览表见表 1-5-2。

表 1-5-2 创新创业课程模块一览表

学　期	类　别			
	基础模块 （12 学分）	创新模块 （12 学分）	创造模块 （12 学分）	创业模块 （12 学分）
第一学期 （16 学分）	Python 语言 （2 学分） Linux 操作系统 （2 学分）	智能审计初级应用设计 （4 学分） （人工智能基础教育及审计教具开发）	大学生创新创业训练计划项目实践 （2 学分） 创业路演言法与技巧 （1 学分） 未来自画像 （1 学分）	商业模式设计与创新 （2 学分） 创业公司人力资源开发 （2 学分）

续表

学期	类别			
	基础模块 （12学分）	创新模块 （12学分）	创造模块 （12学分）	创业模块 （12学分）
第二学期 （16学分）	智能审计技术 （2学分） 大数据中心审计及安全防护 （2学分）	智能审计装备应用设计 （4学分） （水环境检测及审计系统开发）	挑战杯课外学术作品竞赛实践 （2学分） 学术论文及规范写作实践 （2学分）	新时代的战略观 （2学分） 初创企业运营管理 （2学分）
第三学期 （16学分）	机器学习 （2学分） 知识图谱技术 （2学分）	智能审计系统应用设计 （4学分） （自然资源检测及审计系统开发）	创业计划书撰写方法与技巧 （2学分） 挑战杯、"互联网+"创业计划大赛、智能审计应用大赛 （2学分）	会计学 （2学分） 资源营销 （2学分）
第四学期 （20学分）	媒体表达（Ⅰ～Ⅵ学期）（选修1学分）、作品参展（1学分）、创新先锋个人参评（1学分）、创新创业沙龙（Ⅰ～Ⅵ学期）（1学分）、学校认可学科竞赛（国家级获奖1学分，省级获奖0.5学分）、毕业实习：科研学术实践或者创新创业实践（6学分）、毕业设计（8学分）			

第三节 专业产教融合建设成效

计算机科学与技术专业2018年通过江苏省教育评估院组织的专业综合评估，专业建设成效显著。多年来，依托审计行业资源优势，围绕审计信息化需求开展政产学协同育人，面向审计行业开展计算机审计业务培训，人才培养成效显著，计算机审计特色人才培养模式受到行业专家的肯定和其他高校的学习与借鉴。

一、毕业生人才培养质量跟踪调查

毕业生升学率逐年提高，2021年达到30%；近5年来考取硕士研究生68人，其中双一流高校14人，中国科学院2人，留学人数为12人。江苏省高校招生就业指导服务中心就业数据显示，近3年平均就业率达到95%，工作与专业平均相关度超78%，毕业生专业满意度达到93%。其中，民生银行、金蝶软件将我校作为定点宣讲单位，德勤、安永等知名审计机构每年定向从本专业招录数十人。

二、外部评价

ISACA授予南京审计大学"特别贡献奖"，副总裁Ken Kujundjic赞誉："极具特色，为IT审计的高端人才培养开创了全新的道路。"江苏审计厅人教处负责人认为，南京审计大学是数字化审计人才的摇篮。安永高级合伙人高铁峰认为，南京审计大学IT审计专业人才是安永在长三角地区业务拓展的保障。中信银行南京分行负责人认为，该专业毕业生知识复合，非常符合IT风险管理审计岗位的要求。

三、教育教学改革成果

本专业贯彻"学生中心、产出导向、持续改进"三大理念，围绕工程认证标准，开展教学改革创新。教学团队承担了教育部重点课题"教育大数据背景下高校学生学业表现建模研究"、江苏省教育科学"十三五"规划"大数据时代教师适应技术变革的策略研究"以及"个性化移动学习平台建设研究"等课题研究，加大课堂教学改革，创新教学方法，有效地激发了学生学习兴趣和潜能；主持教育部产学合作协同育人项目12项，获省部级教学成果奖4项，获批省级教改项目7项。

四、创新创业实践成果

积极组织学生参加"挑战杯""互联网＋"等各类大赛，以学科竞赛促进学生创新实践能力培养。近3年来，获批大学生创新创业训练计划项目36项，其中，"分析新时代大学生的消费现状，探究网络营销新模式""基于人工智能环境下会计行业的发展与转型"等4个项目获省级立项，其他项目均获得校级立项，其中30个项目已经顺利结题。

学生积极参与"蓝桥杯"程序设计大赛、中国大学生计算机设计大赛、全国大学生信息安全竞赛、中国大学生服务外包创新创业大赛、泰迪杯数据挖掘挑战赛、全国财经院校创新创业大赛、"挑战杯"大学生课外学术科技作品竞赛、"领航杯"江苏省青少年网络信息安全应用能力竞赛、"链战风云"全国大学生智慧供应链创新创业挑战赛等学科竞赛和创新创业竞赛。其中，获得"挑战杯"国家级奖项11项，省级奖项27项；在中国大学生计算机设计大赛、全国大学生信息安全竞赛、泰迪杯数据挖掘挑战赛等竞赛中也获得多个国家级奖项。

第二篇
产教融合型一流课程

建设省级产教融合型一流课程是江苏省教育厅深入贯彻党的二十大精神,推进产教融合、科教融汇,引导高校主动面向区域、面向行业、面向产业办学,深入推进省本科高校产教融合协同育人,加强一流本科课程建设应用,推进"四新"建设的重要举措。通过建设产教融合基础好、产教联动深入、教学成效显著的课程,促进人才培养供给侧和产业发展需求侧结构要素全方位深度融合,提高创新型、应用型、技术技能型人才培养质量。2022年9月,《省教育厅办公室关于做好2022年本科高校产教融合型一流课程立项建设工作的通知》发布,组织开展产教融合型一流课程立项建设工作,要求参与遴选课程要校企共同开展课程建设,组织实施教学方法、教学评价改革。产教融合改革与课程建设取得实质性成效,在课程思政、创新创业教育、劳动教育、数字化转型等方面建设基础良好,在同类课程中育人与教学效果突出,有效支撑了专业人才培养目标及毕业要求。全省共立项建设了200门,南京审计大学叶邦银教授主持的"审计学(CPA)"、徐超教授主持的"信息系统审计"、金晶教授主持的"智慧政府与治理创新(电子政务)"3门课程获批为省级产教融合型一流课程建设点。

第六章

审计学(CPA)

第一节 课程的定位与目标

一、课程简介

(一) 课程建设基础

"审计学(CPA)"课程是"江苏省本科高校产教融合型品牌专业"审计学专业的核心课程。自2016年开始纳入中审学院审计学专业(CPA精英班方向)人才培养方案。截至2022年6月30日,已完成六轮课程教学的本科课程,建设基础良好。课程充分考虑了传统的审计本科教学普遍存在的短板,强化产教融合,与实际工作关联性紧密的内容由合作单位实践导师讲授,实施产教融合人才培养模式改革。南京审计大学审计学专业为国家级一流本科专业建设点,多年来审计学教学团队不断努力,充分考虑合作企业及注册会计师行业存在的痛点、难点问题,消化吸收再创造,在审计学(注册会计师方向)专业培养上形成了全国最丰富的课程体系,在国内审计学科中独树一帜。

(二) 产教融合现状

2016年5月,南京审计大学和中审众环、中兴华会计师事务所(特殊普通合伙)等单位先后开展合作,成立中审学院,学院设审计学专业(注册会计师方向)。合作单位选派名誉院长或副院长,提供办学资金和实习实训基地,学生就业保底,会计师事务所合伙人和企业高管担任学生导师。以产业教授张舸为总负责人,校企共同研制课程目标、培养标准、教学计划,共同开展课程建设、开发课程模块、完善教学内容,并提供了 CPAS 审计模拟实训平台,有效支持了多方协同的审计学(CPA)课程教学。

(三) 开课情况

本课程采用产教融合和线上线下混合式教学。线上教学由学生自主学习理论知识,并完成线上随堂测验、单元作业等,教学团队成员及时进行在线答疑和指导,线上总评成绩作为本课程平时成绩的一部分。线下课堂采用产教融合教学,包括学生说课、案例分析、审计实务操作等方式。案例分析采用以下两种形式:① 合作单位老师负责提供案例,学生分析讨论,老师总结点评;② 学生分小组搜集与编写案例,进行案例分析,并进行课堂展示、研讨,最后由教师进行点评总结。实务操作则是学生参与合作企业的审计项目,锻炼学生审计操作技能。

二、课程定位与目标

"审计学(CPA)"是省产教融合型品牌专业建设点审计学专业的核心课程。本课程定位于打造一门符合 OBE 理念、立足产教融合、彰显审大特质、追求卓越品质的课程。坚持以学生为中心,关注学生的能力和素质培养,确保课程内容与实际需求相匹配,帮助学生全面发展,实现专业培养目标。

(一) 系统掌握审计知识体系

通过校企双方教师的共同培养,学生完成本课程的学习后能掌握审计的基本原理和运用,独立完成财务报表项目的审计。这包括掌握企业财务报表审计中风险评估、风险应对的方法;审计工作底稿的编制;熟知注册会计师职业道德及执行的重要性等内容。学生能够储备相关的知识以应对中国注册会计师考试,取得相应的执业资格。

(二) 具备专业胜任能力

专业胜任能力是指注册会计师行业人才能够根据相关法律法规从事职业活动的能力,包括技术胜任能力、职业技能以及管理能力。本课程紧紧围绕注册会计师专业胜任能力要求,学生在完成本课程的学习后应达到相应的技术胜任能力水平,以便能够在日益复杂、不断变化的职业环境中胜任工作;将来从事职业活动时,能够合理有效地运用智力技能、人际关系和沟通技能、个人技能、组织技能和办公技能;在工作中充分地利用人力和客观条件以最小的成本达成目标,以提高整个审计项目团队办事效率的能力,包括自我认知、自我管理、自我发展、团队管理、组织管理、战略管理等能力要素。

(三) 提升综合素质

本课程在专业教学和课程内容中融入思政元素,在传授专业知识的基础上,引导学生将所学到的审计知识和技能转化为内在德性和素养,注重将学生个人发展与社会发展、国家发展结合起来。实现"教书(知识)"和"育人(素养)"的双支柱人才培养教学目标,并实现教学相长,师生共同成长。通过课程学习,第一,使学生能够知道审计工作在推动党中央政令畅通、助力打好三大攻坚战、维护财经秩序、保障和改善民生、推进党风廉政建设等方面发挥着重要作用。第二,使学生能够知道具有优秀的道德品质是从事审计职业的前提条件,是审计事业发展的根基。第三,学生能够领会作为一名审计人员的职业道德基本原则——诚信、独立、客观、公正、专业胜任能力以及应有的关注、保密、良好的职业行为。

第二节 产教融合建设

一、课程内容建设

本课程在充分考虑传统的审计本科教学普遍存在短板的基础上,进行改革创新,创立产教融合下的人才培养模式。其具体做法包括:合作单位参与制定教学大纲和培养方案;合作单位实务专家上讲台,讲授审计学课程中有关实务的部分内容;学生参与合作单位审计项目,锻炼学生审计实务操作技能;提供经典案例,学生完成案例分析、讨论;充分利用在线网络课程、MOOC和"翻转课堂",将线上与线下教学有机结合。针对课程内容建设,我们的工作如下:

(一) 以审计项目为平台,产教融合建设教学内容

合作双方不断优化专业建设方案和人才培养方案,加快实现专业培养与审计会计行业的需求对接、专业课程内容与从业能力对接、教学过程与实践对接。每年选派1～2名教师去审计署、地方审计机关和合作单位挂职锻炼,建设学校双师型教师队伍,实施企业学校"双导师"制,每年安排10名左右合作单位实务专家为本专业学生授课,丰富师资供给。充分利用合作单位的行业资源、校友资源,采用多渠道合作方式开发审计教学软件、审计实验和审计案例。加快现有的公共工程审计实验室、数据式审计实验室、审计信息工程与技术协同创新中心等平台建设,力争建成国家级社会审计实验教学平台。

(二) 以行业典型案例为载体,产学合作培养学生审计责任担当

社会审计对于维护国家财经纪律、规范资本市场起到了重要作用。最近几年不断有一些注册会计师和会计师事务所因审计失败受到惩处,实务专家通过分享这些案例,剖析诸如康美药业、康得新等公司财务造假事件及造成的影响。

审计学专业的学生未来主要的就业方向是企业和行政事业单位的财务会计工作和会计师事务所的审计师(注册会计师),也是未来财务总监、总会计师或会计师事务所合伙人的后备人选,是资本市场财务会计信息的"守门人"。因此,在教授学生审计专业知识的同时,对于学生的政治思想教育、职业道德教育、法律意识教育和"三观"(世界观、人生观、价值观)教育将是非常重要的一环。

"审计学(CPA)"课程在专业知识教学中融入思政教育,厚植学生热爱审计事业、爱党爱国的根基,确立审计在国家事业发展中的监督责任意识。结合课程个性特点,以"知识细化设计""内容深度融合""教法自然引入"为原则,挖掘了11个课程思政元素,遵循专业育人的内在逻辑,将专业明线与思政暗线相结合,落实课程立德树人任务。即审计是党和国家监督体系的重要组成部分,从事审计工作要有家国情怀,诚信、专业胜任能力是审计职业道德基本原则的一部分。

(三) 以劳动教育为切入点,产学合作培育学生劳动能力和意识

合作单位为本专业学生提供实训、实习基地,学院安排学生参加劳动教育,参与合作单位的审计项目。学院成立以来,合作单位深度参与本专业人才培养过程。选派名誉院长和副院长,已向学院提供教学发展资金750万元,提供充足优质实习实训基地,实行就业保底。课程老师带领学生共同开发会计案例、大数据审计软件。学院教师、学生组建团队,参与合作单位审计项目,为合作单位解决会计审计工作中的技术难点,学生在参与审计项目实践中得到了锻炼,逐步形成了学院与合作企业互利共赢的局面,有利于校企双方的合作持续深化。

(四) 以行业热点为素材,产学合作动态更新课程内容

中兴华会计师事务所承接了将近50家上市公司的审计,并且在持续拓展。必须紧密贴近国家经济政策以及资本市场的规则变化,这些变化必然会对从业人员提出知识更新的要求。具体做法如下:会计师事务所的专家每年根据审计实务发现的热点问题在学院发布不少于3项研究课题,促进行业高质量发展;每年召开师生座谈会研讨教学大纲和培养方案不少于两次,将行业最新动态、热点问题融入教学中,如合同资产的审计等;和会计师事务所的专家共同申请、完成中国注册会计师协会和江苏省注册会计师协会课题,教学相长。

(五)以实践教学为依托,产学合作实施产教融合式人才培养

本课程实践课时17个,占总课时的30%。实践教学由张舸教授带领中兴华会计师事务所的实务专家完成,教学方式包括专题讨论、审计案例分析、进入项目组实务操作等。

二、课程资源建设

本课程以"国家级一流本科课程"建设目标为标准,在已开发建设并应用良好的网上作业系统、论文指导系统等资源的基础上,利用爱博平台进一步开发建设数字化课程教学资源,将网络作为辅助教学手段,提升教学效果。该课程已形成了合作单位实务专家给本专业学生授课,本专业教师帮助合作单位共同解决实务中的疑难问题的有效机制。

(1)数字资源建设及应用情况。本课程2018年建设完成在线开放课程,包括:70讲教学视频、PPT课件、在线讨论题、随堂测验题、单元测验和作业题、结课考试等。

(2)课程教材和辅助资料建设情况。本课程教材采用了中国注册会计师协会组织编写的全国统一考试辅导教材,并不断更新。教学团队结合辅导教材编写完成课程案例和题库(爱博平台),制作并不断完善图文并茂且深受学生喜爱的多媒体课件等。

(3)课程教学文件等资源建设情况。本课程根据审计准则的最新变化和教学改革的要求,及时修订课程教学大纲,使教学大纲反映最新会计改革成果和课程思政等要求。

(4)审计虚拟仿真实验室建设情况。为提高学生财务报表审计实际操作能力,中审众环会计师事务所联合用友软件公司开发了CPAS模拟实训软件,并指导学校设立了审计虚拟仿真实验室1个。

三、课程教学改革

(一)实务专家进课堂

会计师事务所合伙人、高管和学院联合制定和修订教学大纲,共同讲授实务课和案例课。合作企业选派知名实务专家如都晓芳、李云彬、张舸等担任学院的兼职教授,走进课堂为学生讲授实践课程、创新创业课程和案例分析课程等,将理论教学与案例分析研讨有机结合,实现了线上线下、校内校外相结合的混合式教学。这不仅丰富了学院第一课堂的理论教学,也提高了实务专家的理论水平。每个学期,会计师事务所实务老师讲授的内容基本上达到了课时量的30%。

(二)推进教学模式改革

为促进教师主动适应信息化、人工智能等新技术变革,推进微课、"翻转课堂"等课堂教学新模式。学院要求授课老师围绕学生学习,就课堂礼仪、课堂教学组织、教学设计、师生互动、考核评价等教学环节开展教学改革,并组织了多次比赛。通过洽谈,中华会计网校提供在线配套的在线课程,学校图书馆提供阅读资料库和延伸阅读链接,实现在线课堂基本知识学习和研讨性课堂教学相结合的课堂教学创新,优化教学管理改善教学条件。获批省在线开放虚拟仿真实验教学项目1项。

(三) 实践教学体系重构

加大实习、实训、案例教学的比例,实训和案例教学采用合作式、任务式、项目式、企业实操等形式,以提高教学效果。优先安排"双师双能型"教师指导和讲授,通过模拟实训培养学生们会计审计大数据挖掘与分析能力,以及会计审计软件的实际操作能力。

(四) 建设一支理实合一的"双师型"教师队伍

学院每年选派3~5名教师参与合作企业(会计师事务所)的审计项目,选派青年博士教师到企业挂职锻炼。教师通过在审计署特派办、中审众环会计师事务所和中兴华会计师事务所等单位的挂职锻炼,直接全程参与审计项目工作,一方面,能够服务企业的产业发展;另一方面,通过与实务导师合作进行课题研究,真正实现了理论与实务的完美融合,也提升了学院专任教师的实践教学能力与理论教学水平。

四、课程考核评价改革

自2016年开始,本课程实施考核评价改革,强化过程性考核,实务导师参与成绩评定。具体方案如下:

(一) 提高平时成绩的比重

将平时成绩由原来总成绩的40%提高到总成绩的60%,期末考试成绩占比降为40%。全班成绩按学校要求成正态分布,本门课程平均分在75~85分之间,标准差一般在6~10之间。

(二) 改革平时分记分方式

平时成绩构成如下:① 平时成绩由作业、实务老师评定成绩、课堂表现和考勤四部分组成;② 作业分数由班级考评组和老师综合评价得出,占平时成绩的30%;③ 合作单位实务老师负责提供案例,要求学生在规定时间内完成并展示,实务老师评定分数,占平时成绩的40%;④ 课堂表现部分的成绩由授课老师根据学生课堂上回答问题的次数及准确率给予分数,占平时分的20%;⑤ 考勤分数由班级学习委员每节课考勤,学期结束汇总报送给授课老师进行评分,占比为10%,但缺勤超过4次课的学生取消期末考试资格。

课后作业的布置要有深度和广度,对基本理论的掌握主要使用爱博平台的客观习题进行评判,对"高阶性、创新性、挑战度"的考核主要采用案例研究方式进行。

(三) 改革期末考试题型和知识点分布

本课程期末考试由审计学(CPA)教学团队集体命题,分A、B卷并由课程负责人选定考卷。考试题型与中国注册会计师全国统一考试《审计》科目成绩保持一致。适当减少了客观题题量,但增加了针对审计过程中审计程序方面的案例分析题,综合题紧贴实际工作,针对财务报表审计及注册会计师职业道德等相关知识出题(包括专业知识的应用和课程思政要求)。总体来说,期末考试题型重点考核学生分析问题、解决问题和实物操作的能力。

改革后的课程考核方案,充分体现了这门课程的产教融合优势,实现了过程化的考核。考核评价客观公正,通过过程化考核,提高了学生主动学习的积极性。课堂讨论、案例分析等的参与度,强化了学生的能力和素质的评价。

第三节 产教融合的建设成效与特色

一、课程建设成效

(一) 教学效果优秀

本课程深受学生的欢迎和好评,每年学生评教的分数均在 90 分以上,在学校名列前茅。

(二) 人才培养成效显著

学院对入职中审众环会计师事务所、中兴华会计师事务所和国际"四大"会计师事务所等国内外影响力较大的会计师事务所从事审计工作的毕业生进行跟踪调查,用人单位总体满意度在 99% 以上,普遍反映学生审计学专业知识掌握到位,实务操作能力强,综合素质较高。

(三) 科研成果丰富

近 3 年来,承担本课程的老师基于教学和合作单位的案例发表审计相关论文共 9 篇,承接了中审中环会计师事务所浙江分所横向课题《注册会计师行业高质量发展研究》,课题经费为 15 万元。

(四) 为合作单位员工提供培训

自 2016 年合作以来,学院提供场地、师资先后为合作单位培训 10 次,培训人员近 900 人,大幅度提升了合作单位员工的理论水平、研究能力。

(五) 双创实践成绩斐然

由本课程衍生的本专业学生双创实践成果斐然,共获得国家级奖项 10 项,省部级奖项 6 项。

二、课程特色与创新

(1) 校企合作、产教融合、协同教学。本课程采用校内校外教师协同教学,理论教学与实践教学紧密结合,在使学生掌握理论知识的同时提升其实务动手能力。

(2) 建设资源、成效显著、助力教学。本课程注重资源建设,校企合作共建课程教学案例,编写课程教学大纲、教案及制作 PPT 课件等。

(3) 线上线下、同频共振、立体教学。本课程一直采用"线上线下混合式"教学,线上学知识,线下提能力;课前导学、线上先学、线下研学、线上线下同频共振。

(4) 过程化考核、全面评价、促进教学。本课程采用过程化的考核方式,平时成绩采用线上线下多点考核;期末考试融入课程思政,使知识、能力和素养的考核及教学与评价融为一体。

(5) 两线相嵌、两点相交、育才育人。本课程将知识传授的育才线和课程思政的育人线两线相嵌,结合课程内容,将"诚信、守则、实事求是"等课程思政元素嵌入课程的教学中,将知识点与思政点两点交融,并通过案例分析、讨论等方式予以呈现,实现育人育才的统一。

第七章

信息系统审计

第一节 课程的定位与目标

一、课程简介

"信息系统审计"是国家一流本科专业建设点、江苏省产教融合型品牌专业计算机科学与技术(计算机审计方向)以及国家一流本科专业建设点信息管理与信息系统专业(信息系统审计方向)高年级开设的专业核心课程,也是江苏省精品课程。课程围绕"科技强审"战略与数字化时代国家治理体系与治理能力现代化建设需求,基于信息技术与审计交叉融合,重点讲述信息系统审计的基本概念、理论方法、技术工具以及信息系统审计实务等内容。依托学校"大审计"平台学科与行业优势,面向审计行业IT治理与审计鉴证人才能力需求,培养学生信息系统风险评估、安全管理与控制、IT审计评价等信息系统审计专业综合素养。同时,围绕数字经济安全需求融入课程思政元素,强化学生国家安全战略意识,在传授审计技术方法的同时,培养学生审计职业伦理和工匠精神,在信息系统审计实践教学中加强劳动教育意识培养。

课程依托国际信息系统审计协会(ISACA)战略合作,"信息系统审计"课程融入国际注册信息系统审计师(CISA)职业资格认证内容体系,强化学生IT审计职业能力培养,面向审计机关和IT风险控制机构开展CISA认证培训工作,专业已成为全国审计系统IT审计人才培养的重要基地。基于产教融合开展国民教育与职业教育深度融合的双证人才培养模式,被国内多所财经院校学习借鉴和ISACA全球高校推广应用。

课程与江苏翔晟信息技术股份有限公司合作,组建专兼结合、结构合理的"双师"型课程教学团队,围绕信息系统审计人才能力需求共同研制课程目标和培养标准,确定校企合作授课计划,围绕IT治理与审计实务前沿发展持续优化授课内容。校企联合开发虚拟仿真实验教学项目,加强课程实验实训平台建设,围绕专创融合强化学生创新实践能力培养。积极构建常态化、混合式教学支撑环境,实现线上线下混合式教学;加强包括线上慕课、微课等数字化课程资源与信息系统审计案例库建设。

经过多年的课程建设,本课程在服务本科专业教学与审计行业人才培训方面发挥了积极作用,特色明显,成效显著。相关教材获批2020年江苏省高校重点教材建设项目。学生的工程实践能力、岗位适应能力不断增强,在支撑引领区域产业发展、服务数字化审计实务与国家治理体系现代化建设等方面富有成效,课程受到社会广泛赞誉。

二、课程定位与目标

"信息系统审计"是南京审计大学计算机科学与技术(计算机审计方向)和信息管理与信息系统(信息系统审计方向)两个国家一流专业建设点的核心课程,同时也是江苏省精品课程(见图 2-7-1)。

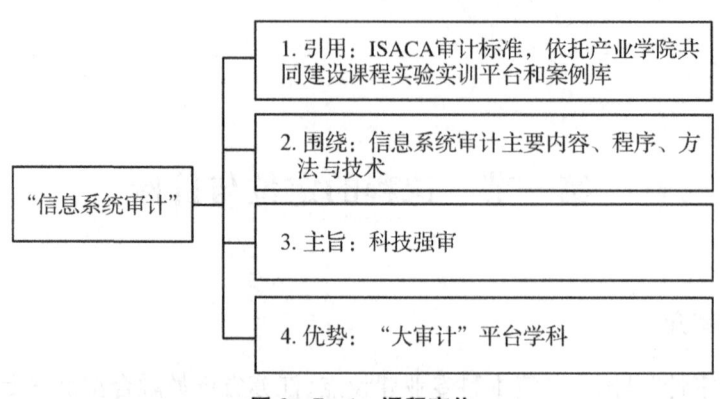

图 2-7-1 课程定位

党的二十大报告指出,要加快发展数字经济,促进数字经济和实体经济深度融合。作为数字经济运行的第一道防线,信息系统审计显得尤为重要。近年来,随着以计算机和网络技术为核心的信息系统的广泛应用,信息系统已经成为社会经济运行的重要支撑,成为组织最重要的资产,确保信息系统安全、可靠、有效运行至关重要。本课程围绕"科技强审"战略与数字化时代国家治理体系与治理能力现代化建设需求,紧密结合学校"大审计"平台学科与行业优势,构建"思政引领、科技赋能、审计特色、学科交叉、产教融合、国际视野"的信息系统审计人才培养模式。面向审计行业培养具有良好系统思维与信息管理技术基础,掌握信息系统开发建设、运营管理、风险控制、审计鉴证能力的复合型 IT 治理与审计人才。

以管理科学与工程类专业教学质量国家标准为依据,基于 OBE 理念优化专业人才培养方案,围绕 IT 审计实务需求和国际 ISACA 协会信息系统审计标准,动态调整课程培养目标和能力要求,通过理论讲授、案例研讨、项目实训等方式,培养学生信息系统风险评估、安全管理与控制、IT 审计评价等信息系统审计专业能力素养。同时,与江苏翔晟信息技术股份有限公司等开展合作,依托产业学院共同建设课程实验实训平台和案例库。

通过本课程的学习,要求学生在国家安全治理框架下掌握网络与信息系统风险、控制与审计相关知识,培养学生维护与保障国家安全的意识、审计职业伦理和审计工匠精神,具备信息系统安全保障、可靠运行以及风险控制审计相关的技术能力和审计专业素养。具体包括:

思政目标:了解国家安全战略和 IT 治理体系、法律法规与制度建设,确立维护与保障国家安全的意识。

知识目标:掌握信息系统审计基本概念,熟悉信息系统审计内容、程序、方法与技术。

能力目标:掌握信息系统风险评估、安全控制测试以及审计鉴证常用技术方法,具备特定审计目标要求下开展信息系统审计实践的能力;熟悉信息系统审计实务,培养学生审计职业能力,具备大型信息系统审计项目组织实施能力。

第二节 产教融合建设

一、课程内容建设

围绕课程建设目标和一流课程"两性一度"要求,整合"大审计"平台行业资源,与江苏翔晟信息技术股份有限公司开展合作,围绕产业需求和技术发展持续动态调整教学实践大纲,优化课程内容体系,联合开发数字化智能审计系列微课程,共同建设课程实验实训平台和案例库(见图2-7-2)。

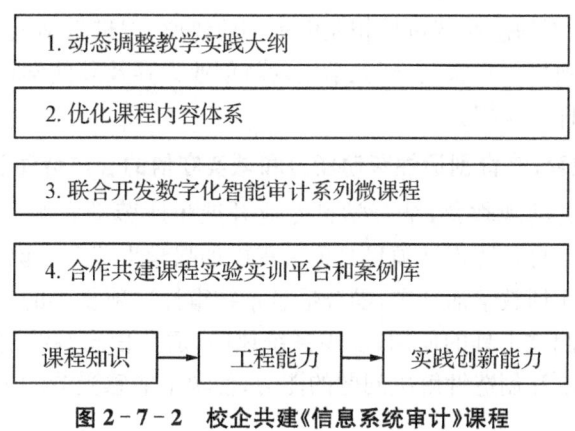

图2-7-2 校企共建《信息系统审计》课程

(一)加强课程思政建设,培养"国家安全战略"意识和"科技强审"使命担当

依托"信息系统审计"校级课程思政示范课建设,基于OBE理念修订课程教学大纲,确立培养"国家安全战略"意识和"科技强审"使命担当的课程思政教学目标;深入挖掘信息系统审计与国家安全、IT治理体系建设、审计职业伦理教育结合的思想政治元素,开展审计实践和信创教育,强化学生系统安全意识和审计职业能力素养培养,树立服务国家审计、守护国家治理安全的责任担当,培养精益求精的大国工匠精神,激发科技报国的家国情怀与专业学习热情,实现知识传授、职业导向和价值引领的深度融合。

围绕红色审计史学习与国家审计领域信息系统审计项目实践案例研讨,思考科技强审的核心意义,体会审计公正、法治的重要性以及敬业、诚信的必要性,培养"公正、法治、敬业、诚信"的公民精神;依托政府审计机关的资源共享,联合建设课程思政实践基地,组织课程思政实景教学,加强信息系统审计"课程思政"教学资源库(包含图片、文档、视频等多种形式素材资源)建设;依托产业学院"翔晟信息技术学院"开展信息系统审计项目实践教学,在审计实务中通过审查系统资料的合规性和业务的真实性,发现违规行为、错误系统配置等审计问题,培养学生良好的职业操守、契约精神和守法意识。

综上,课程思政建设上,从宏观层面上涉及国家安全战略与国家安全治理机制,从中观层面上涉及国民网络与信息安全意识及技术能力的培养,从微观层面上涉及培养信息系统审计人员的审计职业伦理、审计技术能力和审计工匠精神。

（二）加强专创融合，以学科竞赛为引领强化学生创新创业能力培养

基于国家创新驱动发展战略，面向信息系统审计前沿领域，通过跨界学习和团队实践，依托 ISACA 协会人才培养战略支持，以数字化环境下的 IT 风险与治理需求为导向，培养学生掌握全球化背景下的信息系统审计理论、方法和工具，以创新智能审计产品开发与 IT 审计鉴证为核心，拓展学生的创新力和领导力，培养学生的首创精神与企业家精神。

通过融入 ISACA 协会 CISA 认证课程，加强信息系统审计职业准则、执业标准与实务教学，围绕信息系统风险控制、审计开展创新创业教育，培养学生信息化环境下审计创新能力。依托 ISACA 协会，通过"ISACADay"及"IT 审计协会"等学生社区活动，促进学生及行业人员的知识分享及经验交流；聘请江苏翔晟信息技术股份有限公司企业高管担任兼职教授与创新创业导师，开展信息系统审计相关创新创业讲座，促进教学成果孵化支撑学院大学生创新创业训练计划项目、"互联网＋"大学生创新创业大赛及其他学科竞赛，获得多项省级及以上竞赛奖项和软件著作权。

（三）加强劳动教育，培育创造性劳动能力和诚实守信的合法劳动意识

强化马克思主义劳动观教育，结合学科专业开展生产劳动和服务性劳动，积累职业经验，在审计实践案例、信息系统审计项目管理过程中加强学生劳动意识和能力培养。

在校企联合实验实训教学活动中，围绕信息系统审计这项复杂的生产劳动，通过熟练掌握相关信息系统审计测试工具的使用，发现系统风险，避免信息系统的脆弱性带来的损失，提高在审计中发现问题和创造性解决问题的能力，使学生能感受劳动创造价值，体会平凡劳动的伟大。

信息系统审计也是一项服务性劳动，通过校企联合开展实验实践教学进一步提高学生的服务意识、服务技能；面对重大信息系统问题，通过体验信息系统灾难带来的重大损失，提高发现信息系统脆弱环节的能力，提升面对重大信息系统危机主动作为的奉献精神和责任担当。

（四）加强科教融汇，促进教学科研协同发展

基于教学科研相互促进、协同发展的理念，依托产教融合积极开展产学研合作，加强教育部产学合作协同育人项目建设，将信息系统审计、IT 治理、IT 风险管理等领域最新的理论研究及实务研究成果融入课程教学内容，适时反映信息系统审计最新的标准准则与技术方法。通过汲取产业实践中的最新理念、技术、方法，促进信息系统审计理论与实践的相互促进与发展，确保课程内容的先进性和引领性。

作为国际 ISACA 协会在中国大陆首个高校战略合作伙伴，在 ISACA 专委会的指导下，积极与信息系统审计产业界开展学术研究交流与 IT 审计人才培养方案研讨，基于审计实务合作编写信息系统审计教学案例，确保课程内容每年保持 15% 的内容更新，以反映当前审计行业发展与应用的主流和前沿。

（五）加强实践教学，培养学生的实践创新能力

学院拥有"江苏省计算机审计实验教学示范中心""江苏省审计大数据工程实验室""江

苏省省级信息工程重点实验室""江苏省审计信息工程与技术协同创新中心""教育部产学合作协同与育人项目大数据技术与教育研究中心"等审计教学科研平台,实验数据、模型和方法均来源于真实的审计和行业企业,为专业综合实践教学提供有力支撑。依托相关平台,为"信息系统审计"课程开设包含验证性、设计性、综合性等多个层次的实验项目,覆盖信息系统审计的流程、一般控制与应用控制测试、审计项目综合实训等内容,实践教学课时占比达到50%。

依托产教融合基础,与江苏翔晟信息技术股份有限公司、粤港澳大湾区审计研究院(珠海)共建实践教育基地,围绕信息安全审计开展实验项目开发建设和企业实习实训工作;与ISACA协会、安永会计师事务所等审计机构合作,建设信息系统审计综合实训案例库,覆盖个人隐私保护、网络安全审计、信息系统内部控制检查等多个专项实验。

除传统综合性实验教学外,还积极开展虚拟仿真实验教学项目建设,通过虚拟仿真技术模拟产业真实应用场景和信息系统审计实务规范和流程。"金融机构信息系统审计虚拟仿真实验项目"获得校级立项建设,平台已上线完成4轮实验教学,满足了信息管理专业课程教学与审计系统行业培训需求,取得了良好的教学效果。

二、课程资源建设

与江苏翔晟信息技术股份有限公司、ISACA协会等企业共同组建教学团队,结合信息系统审计理论研究、审计技术方法创新与审计项目应用实践成果,构建IT审计特色课程体系,联合修订课程教学大纲,开发课程教材和案例库,建设实践教育平台,促进行业企业融入人才培养各环节(见图2-7-3)。

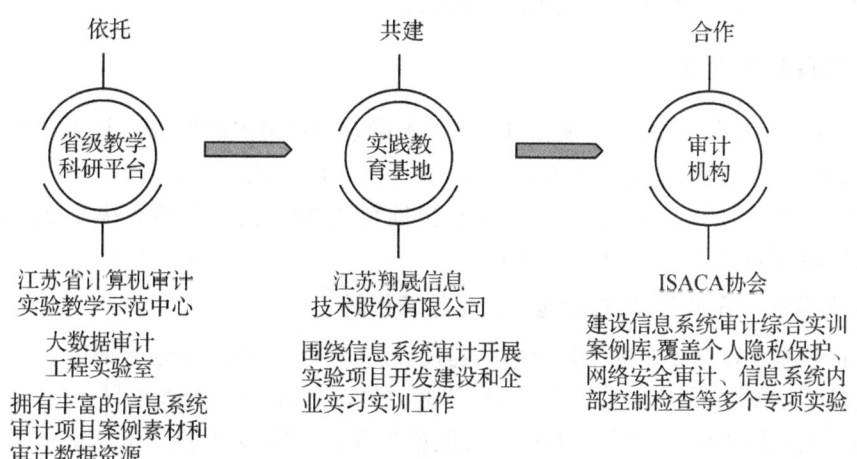

图2-7-3 基于产教融合建设课程资源

(一)课程资源建设情况

1. 基于OBE理念优化人才培养方案和课程大纲

围绕专业人才培养目标和毕业要求,紧密结合信息系统审计实务前沿,邀请审计机关、社会审计机构等合作单位进行课程大纲修订研讨,动态调整课程教学目标,优化课程内容,明确教学要求及考核要求。其中,课程中的行业内容占比40%左右。

2. 加强信息系统审计特色教材和案例库建设

依托审计行业信息系统审计项目实践,启动审计特色教材、实验讲义的编写和出版工作,《审计技术方法》《现代信息技术前沿概论》《管理信息系统》《审计信息化》等4部教材获批江苏省重点教材。选取政府审计、社会审计、内部审计等不同领域的信息系统审计项目案例,构建课程典型案例库,服务本科教学与审计干部培训。

3. 加强信息系统审计虚拟仿真实验项目等数字化资源建设

联合ISACA专委会、联合国外部审计师、CISA专家等合作开发慕课、微课等线上教学资源,基于虚拟仿真技术构建校级虚拟仿真实验建设项目——"金融机构信息系统审计虚拟仿真实验",打造虚拟化信息系统审计实践创新平台。

(二)数字化资源开放情况

1. 服务学校相关专业本科和研究生教学工作

围绕信息系统审计能力培养,开设了"信息安全内控实务""信息系统审计工具的建设与应用""网络安全/个人信息保护审计""IT审计中的审计工具和审计方法""内控框架下的信息系统审计实务及新技术手段"等相关实训课程,通过线上慕课形式为相关专业学生提供在线教学资源。

2. 服务CISA职业资格认证与审计行业人员培训

依托ISACA战略合作,开展CISA课程教材资源建设,面向审计行业开展CISA职业资格认证,成为国内重要的信息系统审计人才培养基地;同时,为审计署计算机审计中级考试培训、地方审计机关IT审计培训提供课程资源支撑。

三、课程教学改革

践行"以学生为中心"的教学理念,构建"产教融合全环境沉浸"模式,基于校企合作师资团队协同组织课程教学,创新教学方法手段,实现教学模式从"知识传授,以教学为中心"向"能力培养,以创新为中心"转变,努力培养学生批判性思维方法、分析解决复杂问题的能力以及创新精神、创业意识与创新创业能力。

(一)加强教学团队建设,持续推进教学改革创新

加强信息系统审计校级优秀教学团队建设,近3年,3位教师入选省部级人才工程或专业委员会,2位教师入选审计干部教育学院优秀教师;主持省部级教改项目7项,教育部产学合作协同育人项目4项;主持新文科研究与改革实践项目"新文科背景下信息系统审计特色人才培养模式探索与实践",校级课程思政示范课项目"信息系统审计"。

(二)重视学科交叉融合,加强特色教材资源建设

组建跨学科和领域交叉的课程体系,制定和实施审计署计算机审计培训方案,开发建设"信息系统审计"等省级精品课程,6本相关教材入选江苏省精品教材或重点教材。

(三)加大课堂教学改革,促进教学方法手段创新

大力开展教学改革,研究学生专业能力培养与思政育人融入的有效模式,探索信息化与课堂教学融合的新途径,构建一体化在线课程平台,建立线上线下混合式教学模式,主要包括以下几点：

(1) 审计案例引入。通过引入不同行业真实的信息系统审计项目案例,开展案例式教学和研讨,让学生了解信息系统审计实践中的审计准则与程序规范,熟悉审计技术方法的应用,理解审计职业伦理的重要内涵。

(2) 项目任务驱动。基于信息系统审计项目综合实训,围绕审计项目实施过程,以任务完成情况为评价依据,按审计计划、审计准备、审计实施和审计收尾等步骤将复杂任务分解为若干简单任务,通过概括、分析、评价、创造等多个策略来培养学生高阶思维,提升学生的综合能力素养。在完成任务的过程中获取知识和锻炼技能,培养学生的团队协作、创新精神和工匠精神。

(3) 互动体验教学。基于虚拟仿真实验平台,学生自由分组、合理分工,结合实际应用进行具体实验流程的安排,模拟信息系统环境下的风险评估、控制测试及审计评价活动,体验审计师的具体操作和职业判断,激发学生的学习兴趣。以信息系统审计任务为主线,培养学生的诚实守信、爱岗敬业等职业道德和职业精神。

(四) 深化产学合作基地建设,培养高端应用人才

联合共建校企合作实验教学平台,吸收学生参与相关信息系统审计项目实践,将理论知识和实际应用结合起来,在实际审计实务中提升并加强理论联系实际的能力,培养实践创新能力素养。与审计行业签约建立16个实习基地,与江苏翔晟信息技术股份有限公司共建产业学院"翔晟信息技术学院",联合培养IT审计高端人才。

(五) 推进创新创业教育,提高学生实践创新能力

积极组织学生参加"挑战杯""互联网＋"等各类大赛,以学科竞赛促进学生创新实践能力培养。近3年,获国家级竞赛奖3项,省部级及以上竞赛奖5项;全国大学生数学建模竞赛二等奖(H奖)1项;江苏省优秀本科毕业设计三等奖1项;校优秀本科毕业设计奖10项;国家励志奖学金5人;学生发表论文7篇,其中SSCI收录1篇,CSSCI收录1篇;获批软件著作权5项,授权国家发明专利1项。

四、课程考核评价改革

(一) 形成性评价改革举措

面向学生和产出的课程考核形成性评价,实质是以促进学生全面发展为目的的多样化评价体系。将"知识传授、能力培养和素质提升"融为一体贯穿到课程教学的全过程,通过多个阶段、多种方式科学评价课程目标的达成情况,确保课程评价工作的规范化、制度化、多样化,增强课程评价工作的客观性、科学性和可操作性。

基于工程认证"学生中心、产出导向、持续改进"理念,推进课程形成性评价改革,坚持过程评价与结果评价相结合。其中"学生中心"强调遵循学生成长成才规律,以学生为中心配置教育资源、组织课程和实施教学;"产出导向"以学生的学习效果为导向,对照信息系统审计核心能力素质要求,评价课程培养质量;"持续改进"通过各级督导和行业专家对教学进行全方位、全过程评价,并将评价结果应用于教学改进,推动课程教学质量的持续提升。

（二）课程考核方案

创新课程考核方式，基于OBE理念强化对课程专业教学目标和思政教学目标达成度的评价，通过平时作业研讨、小组审计实践、案例分析、期末考核等形式考查学生信息系统审计专业能力、职业伦理、国家安全意识的培养效果。

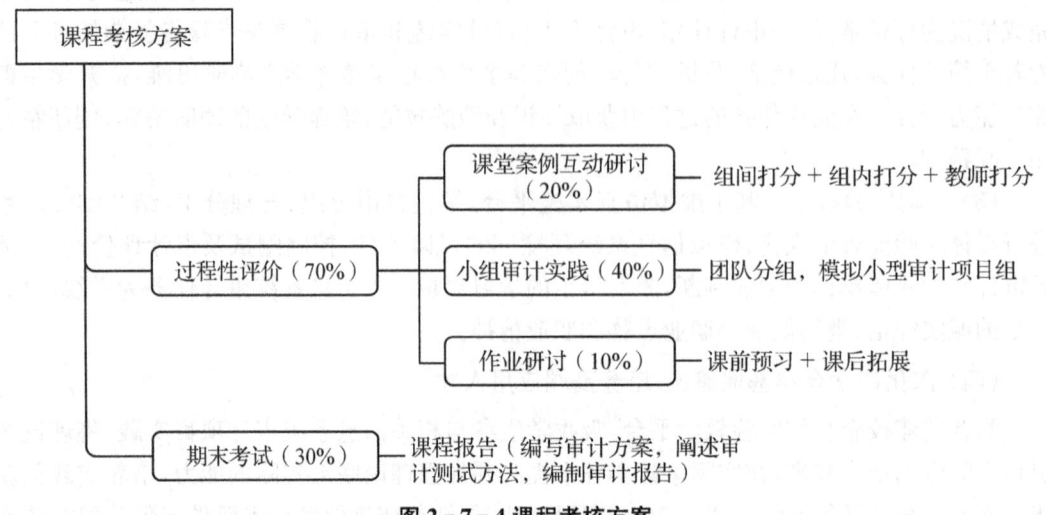

图 2-7-4 课程考核方案

具体课程考核成绩计算规则如下：

总评＝过程性评价(70%)＋期末考试(30%)

过程性考核方案如下：

(1) 作业研讨（课前预习作业、课后拓展作业），占总评的10%。

(2) 小组审计实践，占总评的40%。采用团队分组形式，每个团队视为一个小型审计项目组，分别由审计组长、审计人员、主审等角色组成，参与审计项目全过程，进行合理分工，并根据不同阶段提交成果的情况进行综合评价。

(3) 课堂案例互动研讨，占总评的20%。将全学期平时课堂任务分解，并在开展每一次活动后，让每一名学生对每一小组的表现进行打分（包括PPT的制作、内容的合理性、表现性等方面），同时组内学生也互相打分，然后结合教师对每一小组表现的打分，最后按照比例计入最后期末成绩当中的平时活动参与情况模块。即平时活动参与情况＝组间打分＋组内打分＋教师打分。

(4) 期末考试，占总评的30%。采用课程报告形式，围绕审计项目编写审计方案，阐述审计测试方法，通过编制审计报告来考查学生对信息系统审计实务问题的理解和综合分析判断。

（三）课程考核改革成效

基于课程形成性评价改革后，学生课程参与积极性有了较大提升，学习热情高涨，各阶段审计小组任务完成度较高，对审计项目真实业务场景有了更加充分的理解。基于课程考核结果，课程组从知识、能力和审计素养等多个维度进行课程自评，不断优化课程考核方式，推动课堂教学质量与人才培养质量不断提升。

第三节　产教融合的建设成效与特色

一、课程的建设成效

经过近几年的产教融合协同育人模式创新实践，信息系统审计人才培养成效显著，学生的工程实践能力、岗位适应能力不断增强，毕业生就业率和就业层次不断提升。依托课程建设成果服务于审计署及地方审计机关计算机审计培训工作，为政府审计机关、各类企事业单位和社会审计机构的信息系统风险控制、审计咨询等岗位培养了大批急需人才，在支撑引领区域产业发展、服务数字化审计实务与国家治理体系现代化建设方面富有成效，受到社会广泛赞誉。本课程的产教融合模式，为新文科背景下创新人才培养改革提供了全新路径借鉴，示范引领作用明显、影响力较强。

（一）学生评价

基于课程讲授，进一步培养学生国家安全意识，主动学习信息系统审计专业知识，强化"科技强审"的使命担当。让学生能够掌握现代审计方法和先进工具的运用，在实践中体会"科技强审"的真实意义，增强对专业的自信心和自豪感，课程评教效果良好。近10年来，依托课程建设累计开展600多人次的CISA培训，其中350多人获得CISA认证，近2/3 CISA认证毕业生进入审计机关、知名会计师事务所、银行从事IT审计、风险咨询等工作。

（二）同行评价

依托审计行业资源优势，以课程建设为引领，进一步强化信息系统审计专业人才培养特色，为国家审计事业与IT治理体系建设提供人才培养保障，并辐射审计机关、会计师事务所等审计行业人才培养，成为国内信息系统审计培养的基地，具有一定的行业影响力和示范效应。信息系统审计特色人才培养模式受到行业专家的高度肯定和其他高校的学习与借鉴。

二、课程的特色与创新

（一）课程的主要特色

1. 产教融合与学科交叉特色培养

依托信息管理与信息系统国家一流专业，围绕"科技强审"战略与国家治理体系治理能力现代化建设需求，依托"大审计"平台基于产教融合视角加强政产学协同育人，构建交叉复合的"双师"型IT审计教学团队、系统全面的IT审计特色课程群和教材，以及层次丰富的IT审计创新实践教学平台，基于新文科理念加强审计与信息技术学科交叉融合，培养复合型数字化审计人才。

2. 国民教育与职业教育深度融合

依托ISACA协会，融入CISA职业资格认证课程，强化学生IT审计能力培养，面向审计机关及企业风控部门开展 CISA 培训，赢得了行业良好声誉。作为审计署计算机审计中级培训班、国际注册信息系统审计师（CISA）培训核心课程，"信息系统审计"课程及配套的相关数字化教学资源已累计服务 5 000 人次的审计行业人员培训与 CISA 职业资格认证教学，课程质量得到业内专家的高度认可。国民教育与职业教育深度融合的双证人才培养模式，受到 ISACA 中国专家委员会高度赞誉，并被浙江财经大学等多所国内高校学习与借鉴。课程产教融合模式特色明显，示范推广价值高，为"四新"专业建设背景下的交叉复合课程建设与教学改革提供了参照。

（二）教学改革创新点

（1）创新深度融合的线上线下混合式教学和科学的过程性评价方式。通过课前的回顾导学、课中的互动、课后的讨论等教学流程融入 OBE 教学理念，优化课程知识体系，合理分配线上线下教学内容。重视提高学生的逻辑思维能力，使学生能够综合应用所学到的信息系统审计相关的理论和知识，掌握信息系统审计实践能力，领悟信息系统审计在推动法治政府建设、守护国家安全、提升国家治理中的重要价值与显著功能。

（2）创新任务驱动式审计项目实践与审计职业能力培养模式。通过不同领域案例的实景式分析和实践，进一步加深了学生对国家审计价值的认同，培养了审计团队协作、精益求精的 IT 审计工匠精神，为服务国家审计事业、强化 IT 审计能力培养提供了重要保障。

第八章

智慧政府与治理创新(电子政务)

第一节　课程的定位与目标

一、课程简介

"智慧政府与治理创新(电子政务)"课程是"互联网+"时代政府治理变革的重要产物,符合国家治理体系和治理能力现代化的时代需求,顺应打造高效智慧政务、建立数据化决策驱动、实现精细化服务管理的行业需求。自2007年开设以来,以"电子政务"课程为基础,"智慧政府与治理创新(电子政府)"课程目前为两个国家一流专业(行政管理、劳动与社会保障)基础课程,已列入专业人才培养方案。

(一)课程以"立德树人"为根本,注重核心价值引领课程思政内生演化

全面贯彻习近平总书记提出的"数字中国"战略思想,构建课程思政、学术思政、实践思政多渠道相融合的育人体系。本课程项目负责人是校级首届课程思政育人奖获得者,课程案例被新华网课程思政案例库收录,课程获校级课程思政示范课立项,并已完成建设任务。

(二)课程以"产教融合"为载体,依托科技创新资源发挥协同育人功能

积极与企业共建"公共治理虚拟仿真实践教学中心",聘请产业导师担任课程负责人、公共管理项目总监担任实践导师,面向公共管理类专业学生开课;共建课程"智慧政府与治理创新(电子政务)"已获得江苏省在线课程(双创课程),在中国大学慕课平台运行3年;共建教材已获得江苏省重点教材立项,即将由北京大学出版社出版;课程子模块"新时代精准扶贫政策审计虚拟仿真实验"2021年获得江苏省虚拟仿真一流本科课程,依托课程开发配套软件获得计算机软件著作权。

(三)课程以服务"国家治理与国家审计"为宗旨,科教融合发挥辐射效能

积极开展"产—科—教"融合研发,合作项目"公共政策审计虚拟仿真平台建设"获得2020年教育部协同育人项目立项,"大智移云时代高校教师信息化教学能力提升路径"获江苏省"十三五"教育科学重点项目;课程微课获江苏省微课竞赛二等奖2项、三等奖1项;围绕课程指导学生获得江苏省"挑战杯"竞赛一等奖、二等奖、三等奖各1项,指导学生获得国家级社会实践创新项目4项、获得省级优秀毕业论文等多项荣誉,有力助益审计人才培养和审计系统治理能力现代化建设。

二、课程的定位与目标

依据产业发展、技术进步和专业人才培养规格设定,坚持以"立德树人"为根本、以"产教融合"为载体、以"科技赋能"为路径、以服务于"国家治理与国家审计"为宗旨,引导学生掌握智慧政府与治理创新的理论知识和专业技能。培养具有家国情怀和社会责任以及"晓民生、通技术、精管理"的复合型应用人才,助力江苏"强富美高"经济社会发展和审计系统治理能力现代化建设(见图2-8-1)。

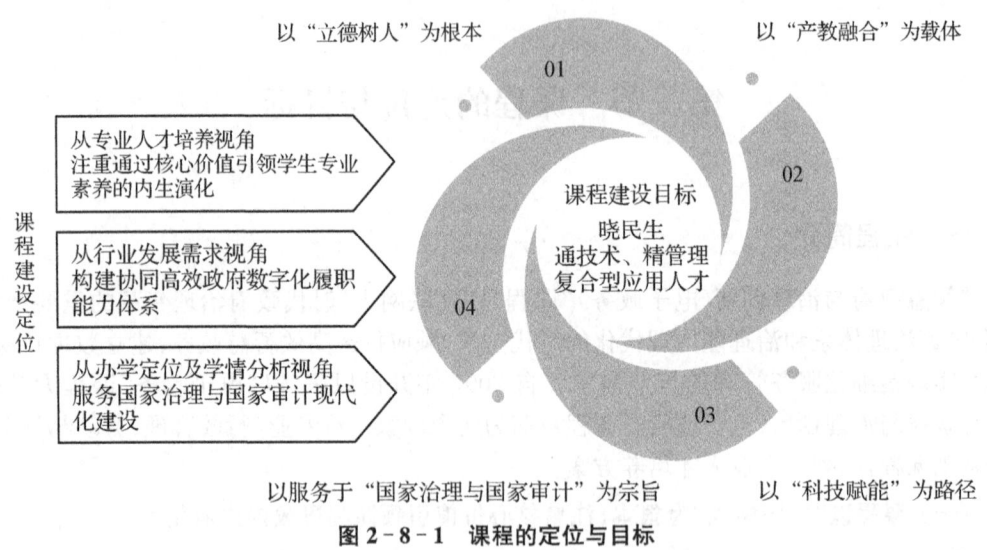

图2-8-1 课程的定位与目标

(一)从专业人才培养视角

全面贯彻习近平总书记提出的"数字中国"战略思想,注重通过核心价值引领学生专业素养的内生演化。嵌入校企联建思政案例,培养学生准确认知信息素养与信息技能、信息理论与信息技术、信息管理思想与信息组织方法的关系,构建课程思政、学术思政、实践思政多渠道相融合的产教协同育人体系,培养具有社会责任感与使命感的高素质数字化应用人才。

(二)从行业发展需求视角

根据2022年国务院印发的《关于加强数字政府建设的指导意见》(国发〔2022〕14号),构建"协同高效政府数字化履职能力体系"。引导学生掌握智慧政府发展的历史背景、基本概念、理论模型和前沿动态,实训政府办公自动化、政府行政并联审批、政务微博微信管理、政府信息门户建设、政府电子招标采购、智慧政府与政策审计等8个模块,提升经济调节、市场监管、社会管理、公共服务等7项数字化履职能力,助益学生适应"互联网+政务服务"的时代要求。

(三)从办学定位及学情分析视角

服务国家治理与国家审计现代化建设,提供"沉浸式"智慧政府模拟体验,解决学生知识串联应用能力和创新分析能力薄弱等问题。运用线上线下课堂相结合,解读课程内涵、特征和理论难点;运用虚拟仿真教学项目加强公共政策决策模拟、舆情民意调查等新知识更新迭代,使学生对创新行政管理方式、优化工作流程、严格绩效管理、突出责任落实的现代智慧政府治理体系有更加深刻的认识,在技术赋能的应用场景中创造性解决实际问题。

第二节 产教融合建设

一、课程内容建设

"智慧政府与治理创新(电子政务)"课程建设过程中,注重构建课程的思政的引领性、创新创业教育的先导性、劳动教育的融入性、专业教育的与时俱进性、实践教学的创新性"五位一体"的建设体系(见图2-8-2)。

1. 课程思政的引领性	构建课程思政、学术思政、实践思政多渠道相融合的产教育人体系
2. 创新创业教育的先导性	以"学、育、悟、行"教育理念为基础,推进"互联网+政务服务"教育
3. 劳动教育融入性	实施"基础理论学习—典型案例分析—业务流程操作—政府流程再造"互联网+政务优化
4. 专业教育的与时俱进性	推进专业人才培养方案、教学内容和教学资源的完善与更新
5. 实践教学的创新性	探索"认知—体验—思考—创新"的智慧政府产教融合实践路径

图2-8-2 课程内容建设体系

(一)课程思政的引领性

课程秉持产教融合"大思政课"建设理念,以"社会主义核心价值观"引领产教融合课程建设,构建课程思政、学术思政、实践思政多渠道相融合的育人体系。

(1)显化产教融合课程思政元素,以协同育人机制提升人才培养成效。产教融合是促进思政课与时代同频共振的最佳路径,通过智慧政务嵌入"国家治理能力与治理体系现代化"教育,培养具有社会责任感与使命感的高素质数字化人才。

(2)植入思政元素于课程实践中,凝聚家国情怀和社会责任。引导学生树立正确的社会主义核心价值观,激发学生的家国情怀和社会责任,通过实践教学深化学生对数字经济的认识。

(3)开辟校企联合思政教育第二课堂,引领学生参与科研项目和学科竞赛。培养学生学术兴趣,拓宽学生的专业视野,提高团队合作能力和科研学术素养,培养新时代智慧政务管理者的创新精神、科学精神、合作精神以及奋斗精神。

(二)创新创业教育的先导性

课程遵循"学、育、悟、行"教育理念,以"互联网+"背景下的政府服务创新发展为方向,积极推进"互联网+政务服务"创新教育。

(1)联合组建产教融合创新实践教育导师队伍,促进学界和产业界创新教育结合。充分利用业界创新实践资源,组建专业与实务、创新与创业相结合的师资队伍,形成"互访—助教—共研"的交流机制,推进协同培养"互联网+政务服务"创新人才。

(2) 协同构建有针对性和实效性的产教融合创新创业课程教育体系。促进教学资源数字化和教学方式数字化,共同开展数字课程开发、教材建设及人才培养方案修订,联合培养适应数字经济时代的创新人才。

(3) 积极拓宽产教融合创新平台建设,搭建有效的产学互动桥梁。充分利用智慧政务龙头企业的先进技术和数字资源优势,搭建数字化产教融合创新平台,有效发挥科技进步在产教融合创新平台建设中的支撑作用。

(三) 劳动教育的融入性

课程采用操作型、分析型、设计型3种实训模式,开展"基础理论学习—典型案例分析—业务流程操作—政府流程再造"的"互联网+政务优化"设计,拓展产教融合中的劳动教育。

(1) 劳动教育融入产教融合课程学习过程,引导劳动意识从"被动"到"主动"。课程采用"线上+线下"相结合的教学方式,学生通过慕课平台和网络资料检索学习教学知识,进行反客为主的劳动教育融入过程,增强自主学习的效果。

(2) 劳动教育融入产教融合案例分享过程,引导劳动能力从"弱化"到"强化"。通过充分调动学生参与智慧政务案例收集、分类和整理,培养学生共同参与校企共建智慧政务案例分享,让劳动实践充分融入智慧政务的教学过程中。

(3) 劳动教育融入产教融合社会实践,引导劳动实践从"掌握"到"创新"。建立校外智慧政务劳动教育实践基地,创新产教融合劳动教育内容、途径和方式,大力支持学生开展研究式学习和创造性劳动,引导学生增强解决实际问题的能力。

(四) 专业教育的与时俱进性

课程根据专业发展需要和行业发展需求,探索专业人才培养方案、教学内容和教学资源的完善与更新,与时俱进地推进产教融合发展路径。

(1) 完善数字化人才合作培养机制,实现产教融合人才培养方案的与时俱进性。支持产学研创新联合体建设,将产教融合课程的总体方案和实践方案落实到人才培养的各个环节,确保课程内容更新符合时代发展要求。

(2) 加强新知识体系的更新迭代,促进产教融合课程内容的与时俱进性。适时更新包括公共政策决策模拟、舆情民意调查、政务融媒体中心等模块知识,使学生更加了解创新行政管理方式、优化工作流程和严格绩效管理的现代智慧政府治理体系。

(3) 推进数字化赋能产教融合课程,激发产教融合课程资源的与时俱进性。结合智慧政务课程教学要求及实际发展情况,合作开发建设慕课、微课、案例库、虚拟仿真实验教学项目等优质数字教学资源,实现有效支持多方开展课程教学和实践。

(五) 实践教学的创新性

课程践行由"认知—体验—思考—创新"的实践教学理念,积极促进产教融合课程实践教学模式创新,形成循序渐进、潜移默化的产教融合协同育人实践路径。

(1) 确保实践课时占比的科学性,实现产教融合实践教学理念更新。课程高度重视实践教学课时占比,实践实验类课程在人才培养方案中享有同等学分双倍课时,课程在2学分下实现64学时,其中实践课时占比50%,达32学时。

（2）提升实践教学内容的高阶性，实现教学内容由"验证型"向"设计型"转变。邀请企业产品总监亲自参与教学和研发政府业务流程的创新与设计，联合企业合作破解长期掣肘课程的难点问题，培养学生创新精神和创新能力。

（3）提供"沉浸式"智慧政府模拟实践体验，实现产教融合实践教学方法创新。充分运用企业行业资源优势，开发虚拟仿真、VR 等真实智慧政务应用场景，生动再现政府业务流程规范，营造出生动活泼的课堂互动氛围，提升课程目标达成度。

二、课程资源建设

2018 年，公共管理学院与奥派股份有限公司达成协议共建"公共治理虚拟仿真实践教学中心"。奥派公司提供实验教学平台和实验集群环境服务，将产教融合课程的总体方案和实践方案落实到人才培养的各个环节（见表 2-8-1）。

表 2-8-1 课程资源建设成果

近 3 年课程资源建设及社会影响	完成情况	主要成果
制定行政管理、劳动与社会保障、PPE 专业学生实验实践管理制度，全程监督实习实训过程，智能化考评学生实习实训成绩	优秀	行政管理、劳动与社会保障均为国家一流专业建设点，课程已经纳入人才培养方案
"智慧政府与治理创新（电子政务）"获批江苏省在线课程（双创课程），在中国大学慕课平台运行 3 年	优秀	江苏省在线课程（双创课程）
《智慧政府与治理创新》获批江苏省重点教材	优秀	江苏省重点教材
课程子模块"新时代精准扶贫政策审计虚拟仿真实验"获批江苏省虚拟仿真一流本科课程	优秀	江苏省虚拟仿真一流本科课程
联合建立公共政策审计虚拟仿真实验软件管理平台，服务学生达 3 000 多人次，形成良好的教学示范	优秀	公共政策审计虚拟仿真实验软件管理平台
课程开发配套软件获得国家计算机软件著作权（2020SR0886851）	优秀	国家计算机软件著作权
课程微课江苏省微课竞赛获奖	优秀	江苏省微课竞赛二等奖 2 项、三等奖 1 项
课程案例 2 项被新华网课程思政案例库收录	优秀	新华网课程思政案例库收录
"智慧政府与治理创新（电子政务）"获批校第三批课程思政示范课建设项目，已结项	优秀	校级课程思政示范课

（1）产教融合课程及其教材建设。2019 年，双方共建课程"智慧政府与治理创新（电子政务）"获批江苏省在线课程（双创课程、已在中国大学慕课平台运行 3 年）、江苏省重点教材（实验实训类）立项，即将由北京大学出版社出版（已签约）。

（2）产教融合虚拟仿真课程研发。课程子模块"新时代精准扶贫政策审计虚拟仿真实验"于 2021 年获批江苏省虚拟仿真一流本科课程；课程开发配套软件获得国家计算机软件著作权（2020SR0886851）。

（3）产教融合教改项目建设。课程开发衍生项目"公共政策审计虚拟仿真平台建设"于 2020 年获批教育部协同育人项目；课程教改项目"大智移云时代高校教师信息化教学能力提升路径"获批江苏省"十三五"教育科学重点项目立项。

（4）产教融合课程思政案例库、微课及成果展望。课程微课获得江苏省微课竞赛二等奖 2 项、三等奖 1 项；课程案例被新华网课程思政案例库收录；国家审计治理案例库正在同步建设中，已申报 2022 年教育部协同育人项目。

三、课程教学改革

课程突出学校审计学科与公共管理类国家一流本科专业优势，从知识、能力、素质三个层面，激发学生发现问题和解决问题的能力、数据分析的能力以及自主学习探究的能力，培养"晓民生、通技术、精管理"的专业人才。课程教学改革思路见图 2-8-3。

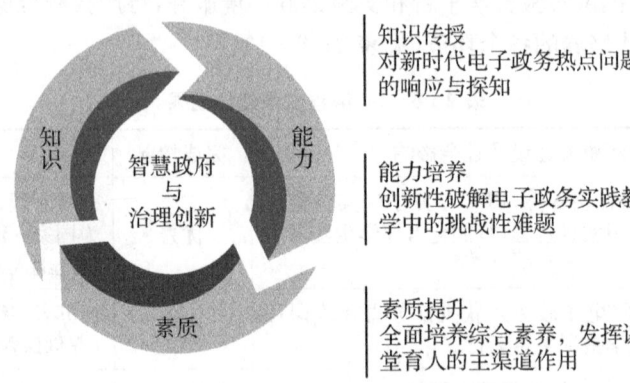

图 2-8-3 课程教学改革思路

（一）知识传授

对新时代电子政务热点问题的响应与探知。在课程实施方面，课程以"学、育、悟、行"教育理念为基础，注重多元化教学方法的运用，通过"线上互学、课堂破题、企业问诊、小组实践"四个环节，让学生在"基础理论学习—典型案例分析—业务流程操作—政府流程再造"中进行训练，实现"认知—思考—体验—创新"循序渐进、潜移默化的学习过程，拓展启发式互动教学空间，强化学生自主学习和终身学习意识，培养人文社会科学素养、职业道德规范和社会责任感（见图 2-8-4）。

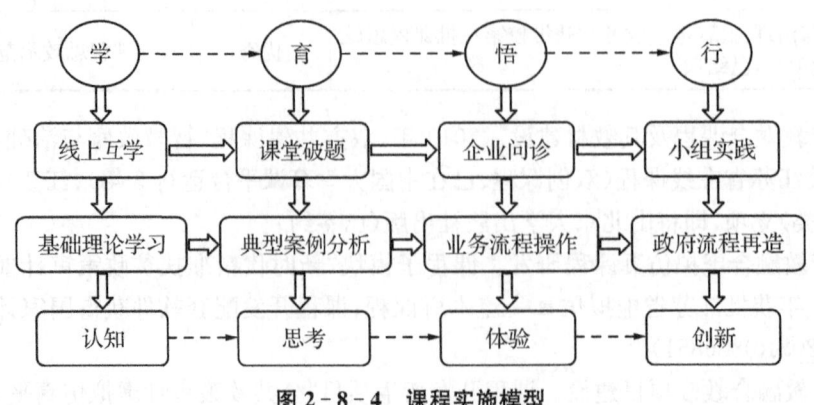

图 2-8-4 课程实施模型

（二）能力培养

创新性破解电子政务实践教学中的挑战性难题。突出学校审计特色，进一步加强国家治理与国家审计的信息技术交流与合作，校企联合探索复合型、实用型智慧政务人才培养。对于智慧政务的内涵、成因、特征等学生容易掌握的认知性知识，线上教学通过导言、目标、前测、参与式学习、后测、总结六个步骤的自主学习加以巩固。对于政务融媒体建设、政府数字资源开发利用等学生难以自学的高阶性、综合性知识点，在线下课堂中由教师深度讲授并组织研讨，引导学生聚焦应用痛点破题，就复杂智慧治理进行有效沟通和交流，履行社会责任和职业责任。

（三）素质提升

全面培养综合素养，发挥课堂育人的主渠道作用。结合专业特长和学校资源优势，从专题培训、技能认证、实习实训、课题研究和科技成果推广等方面进行产教融合服务合作。对于智慧政府门户建设、软件开发等知识迭代快的高尖端项目，通过产业教授针对性指导，完成技术升级、学习反思和拓展，强化专业实践能力和素养。对于公共政策决策、舆情民意调查等仿真实训内容，通过企业实践基地现场考察，师生间、生生间场景化讨论，在小组实践中提升创新性应用能力，促进学生职业规范的养成和团队合作意识的锻炼。

四、课程考核评价改革

课程不仅关注教学过程与实验实训本身，还注重构建完整的教学评价考核体系。教学过程既体现探究知识、解决问题和能力转化，也突出对核心知识和能力要素的实践考核，课程采用过程性考核与综合性考核相结合的方式。产业教授和校外实践导师参与课程全过程考核和评价，以便客观、科学地评价学生的达成度，实现对学生能力结构的综合性分析和测试，并达到不断持续完善改进教学目标的要求。

（一）过程性考核

强化"三大知识版块、8项实践技能、7项履职能力评价"。围绕智慧政务社会需求和行业导向，突破时间与空间的限制，弱化教与学的固有边界，将理论教学与实践训练相结合，提出以"信息素养与信息技能、信息理论与信息技术、信息管理思想与信息组织方法"等三大知识板块共8项实践技能为主要内容的考核体系。过程性考核包括两个方面：一是个人学习任务占20%，包括线上学习、线上自测、线上线下讨论；二是小组学习任务占30%，主要是团队协作实验实训，着力培养和造就学生提升经济调节、市场监管、社会管理、公共服务等7项数字化履职能力，助益学生适应"互联网＋政务服务"的时代要求（见图2-8-5和表2-8-2）。

（二）综合性考核

突出"四大实践能力评价"。基于智慧政务教学在学科建设和专业发展中的地位与方向，构建"业务技能操作能力、社会实践协调能力、应急事件处置能力、政务数字化创新能力"四大实践教学能力评价体系，综合性考核主要是期末综合测试，占50%，旨在考查学生系统分析能力和实践创新能力（见表2-8-2）。

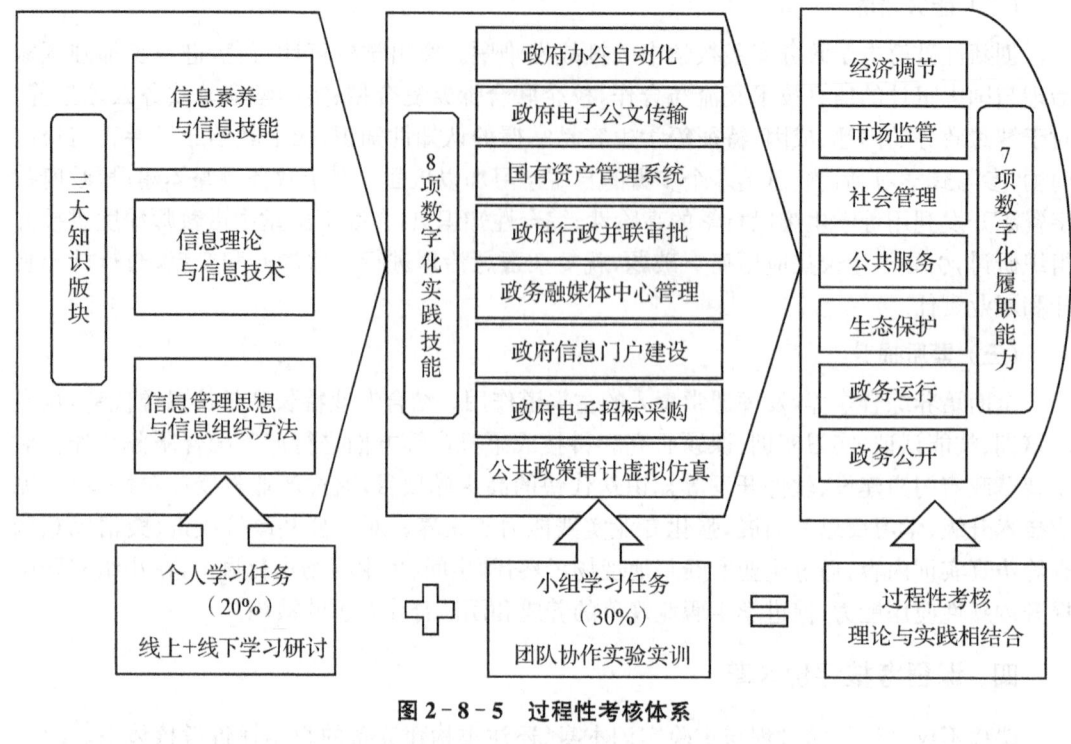

图 2-8-5 过程性考核体系

表 2-8-2 课程考核结构

过程性考核	个人学习任务:20%	线上学习与测试40%+线下课堂练习与热点研讨60%
	小组学习任务:30%	实验实训操作80%(8个板块)+综合实训测试20%
综合性考核	期末综合测试:50%	业务技能操作30%+社会实践协调25%+应急事件处置25%+政务数字化创新20%

第三节 产教融合的建设成效与特色

一、课程建设成效

(一) 学生评价效果优秀

课程近3年的学生测评均居全校前10%。学生反馈课程理论教师和实践导师具有敬业奉献精神、师德高尚;师资力量较强、教学管理规范;课程内容遵循教学规律,遵守实践操作规范,突出课程思政特色,教学效果好。通过理论与实践相结合的教师团队指导,提升了新时代智慧政务数字型人才的专业素养。

(二) 同行评价效果优良

公共管理领域专家在课程论证中一致认为,课程采用校企合作育人模式,紧密结合社会发展需求,以学生治理能力与创新思维培养为目标,推进新兴技术在公共管理教育教学中的应用,实践"翻转课堂"、混合教学、师生互动等教学模式,积极响应新文科建设所具有的高阶性、创新性和挑战性的内在要求,构建产教融合实践教学共同体,推进了产业发展、信息技术与教育教学的深度融合。

(三) 社会影响和辐射效果

共建的"智慧政府与治理创新(电子政务)"课程获批江苏省在线开放课程,在中国大学慕课运行,20余所知名高校共3 000多名学生受益。共建的"新时代精准扶贫虚拟仿真项目"获批江苏省一流本科虚拟仿真课程,《精准扶贫政策审计虚拟仿真软件V2.0》(2020SR0886851)获得计算机软件著作权,服务学生达到近千人次,形成良好的教学示范和引领效应。

二、课程的特色与创新

(一) 课程的特色

(1) 以"社会主义核心价值观"为引领,推进产教融合课程思政建设。结合虚拟仿真、大数据、区块链、"互联网+"、人工智能等新技术助力教学内容和课程体系改革,以凸显课程思政元素的融入和深化,推进产教融合课程思政建设。

(2) 以"大审计平台"为基础,凸显服务国家治理与国家审计特色。建设高质量、可共享的课程教案和教学改革方案,为在校学生提供智能化、数字化实验实训软件平台,重构相关课程实验教学内容,服务国家治理与国家审计行业发展与建设。

(3) 以"科技创新实践"为先导,筑牢产教融合协同育人体系。联合企业共创实训实验教学中心,通过专业课程人机互演、互动竞赛、实景演练、虚拟仿真、智能AI、区块链、大数据分析等课程体验模式,优化实践体系,丰富协同育人培养模式。

(二) 教学改革创新点

(1) 协同育人教学理念创新。坚持"协同与融合"发展路径,通过技术融合、产教融合和区域融合,培养具有家国情怀和社会责任,以及"晓民生、通技术、精管理"的复合型应用人才。

(2) 产教融合课程改革举措创新。通过课程技能实训、资源平台搭建、移动化、泛在化教学以及仿真模拟实验教学,建设高质量、可共享的课程教案和教学改革方案,促成课堂教学改革的理念、方法、技术、评价的全新设计与实践。

(3) 校企共建协作体制机制创新。与相关企业共同创建实训实验教学中心,为在校学生提供智能化、数字化实验实训软件平台,让学生能够在课程体验的基础上进一步提升相关的技能,引领学生深入思考,提升育人质量,推动高校培养出知识更复合、学科更融合、创新更持续、实践能力更强的新型人才。

第三篇
优秀课程思政示范课

2016年12月，习近平总书记在全国高校思想政治工作会议上的讲话中强调，高校要坚持把立德树人作为中心环节，把思想政治工作贯穿教育教学全过程。要用好课堂教学这个主渠道，思想政治理论课要坚持在改进中加强，提升思想政治教育亲和力和针对性，满足学生成长发展需求和期待，其他各门课都要守好一段渠、种好责任田，使各类课程与思想政治理论课同向同行，形成协同效应。2018年9月，《教育部关于加快建设搞好碎屏本科教育全面提高人才培养能力发的意见》发布，要求把思想政治教育贯穿高水平本科教育全过程，高校要强化课程思政和专业思政，在每一门课程中有机融入思想政治教育元素，推出一批育人效果显著的精品专业课程。2020年5月，教育部印发《高等学校课程思政建设指导纲要》，强调全面推进课程思政建设是落实立德树人根本任务的战略举措，教育部将选树一批课程思政建设先行校、一批课程思政教学名师和团队，推出一批课程思政示范课程，推动建设国家、省级、高校多层次示范体系，推广课程思政建设先进经验和做法。

南京审计大学2018年启动课程思政建设，出台指导性文件和实施方案，实施课程思政"十千万"工程，每门课程不少于10个思政点融入点，全校千门课程即为万个思政融入点，以此开展课程思政教学大纲修订，覆盖所有课程。通过课程思政微课竞赛、课程思政说课竞赛等方式遴选立项了一批校级课程思政示范课建设项目，周期性地开展研讨、交流、检查、验收和竞赛评比，有效推进了示范课建设，产生了一批优秀课程思政示范课。董必荣主持的"会计学"、易先忠主持的"中国经济专题"、金晶主持的"城市管理学"和严伟祥主持的"证券投资学"4门课程在2020年校级课程思政建设优秀成果评比中获得课程思政优秀示范课一等奖。中国红色审计史课程组负责的"中国红色审计史"和秦康美主持的"法律诊所"2门课程在2022年校级课程思政示范课验收暨优秀课程思政示范课竞赛中获得一等奖。"会计学""中国经济专题"2门课程于2021年获批首批江苏省高校课程思政示范课程，会计学专业获批首批江苏省课程思政示范专业，"会计学"课程获批国家级课程思政示范课、教学名师和教学团队。

第九章

会计学

第一节 示范课简介及课程思政目标

"会计学"课程团队经过长期探索,确立了培养"实事求是、讲诚信、守规则"的新时代高素质经济管理人才的课程思政目标,建立了符合课程特点、特色鲜明的课程思政建设内容体系和方法体系。

该课程对传统课程内容进行了创新与优化,以会计信息的生成、解读与分析来组织课程的教学内容,符合零基础学生学习会计知识的认知特点和规律。以会计专业知识体系为明线,以价值观塑造为暗线,不断优化课程思政内容供给,深入挖掘思想政治教育资源,编撰课程思政案例,运用案例阐释、情境展示、视频图片、影视资料等多种方式呈现思政元素,将价值塑造、知识传授和能力培养有机融合;积极推进教育教学改革,突出学生中心地位,改进教学方法,采用线上线下相结合的"翻转课堂"教学模式,进行考核方法改革,将慕课测验、案例研讨、学生互评、爱博作业、慕课考试等有机结合,强化过程性考核。"会计学"慕课受到了国内外高校学生的广泛认可,学员覆盖南京大学、厦门大学、东北大学、上海财经大学、同济大学、美国南加州大学、加拿大约克大学等国内外150多所高校,累计修学7万余人。

课程团队教师政治立场坚定,师德师风良好,建立了周期性教研机制,推进课程建设和改革不断深入。课程主持人董必荣教授为教育部会计学专业教学指导分委员会委员、财经类高校课程思政联盟副理事长,多次受到江苏省教育厅和省内外兄弟院校的邀请,在相关会议上做课程思政理念和方法宣讲,相关成果被教育部会计学专业教指委、江苏省教育厅推荐为优秀思政育人案例并上报教育部。该课程及团队教师获批国家级课程思政示范课、教学名师和教学团队,该课程被评为国家级线上一流课程,以及江苏省课程思政示范课。

第二节 课程思政建设思路

一、凝练课程思政建设的方向和重点

南京审计大学人才培养目标是培养富有创新精神,品格和学养并蓄,知识与能力并重,

有社会责任感,具有良好职业道德和基本理论素养的经济监督类人才。结合学校办学定位、专业特色和人才培养要求,"会计学"课程思政的建设方向和重点为:

(1)建设方向。树立学生讲诚信、守规则的价值观,培养学生遵纪守法、不触碰法律的法治观念以及实事求是的思想方法、工作方法与领导方法,培养具有坚定理想信念、家国情怀和德才兼备的经济管理类人才。

(2)建设重点。破解"专业教育"与"思政教育"两张皮问题,解决课程思政全覆盖不足问题,以及课程思政不能做深做实做细问题。

二、优化课程思政内容的供给

(1)课程思政由本课程团队、马克思主义学院教师顾问团队、宣传部门、校内外思政教育专家顾问团队等多方共同研发设计。

(2)思政内容植根于三个层面。第一,国家层面。以马克思主义基本理论、习近平新时代中国特色社会主义思想、社会主义核心价值观和中华优秀传统文化引领课程思政。第二,行业层面。将职业理想、职业道德教育、职业操守和商业诚信文化融入课程思政。第三,学校层面。将"诚信、求是、笃学、致公"的南京审计大学文化与课程思政有机融合。

三、强化价值塑造、知识传授和能力培养的融合

"会计学"课程思政育人体系的总体设计见图3-9-1。

两线相嵌。布设明线(专业知识)和暗线(思政育人),将两线嵌为一体。

两点相交。知识点和思政点相交融。

思政呈现方式多元化。运用案例阐释、情境展示、视频图片等多种方式。

过程考核多样化。慕课测验、爱博作业、课堂提问、慕课考试、学生互评、案例展示与讨论等多种方式相结合。

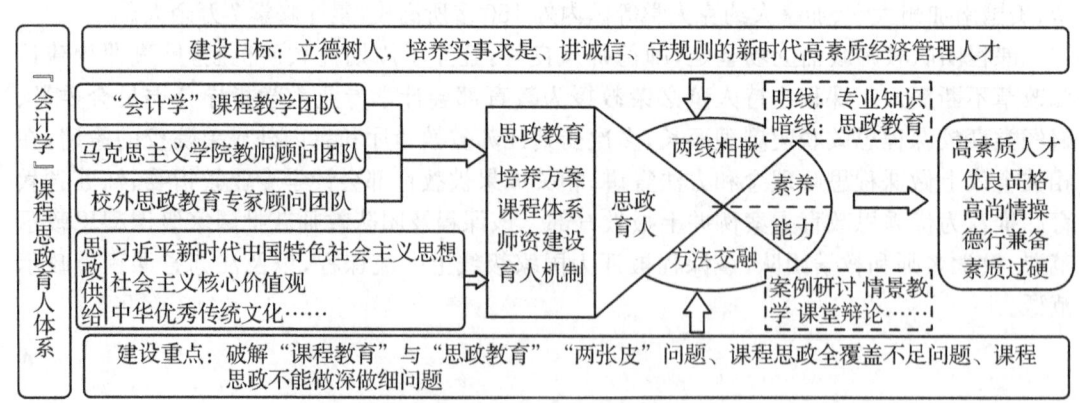

图3-9-1 "会计学"课程思政育人体系的总体设计

四、课程思政教学实施思路

(一)挖掘思政教育资源

(1)以习近平新时代中国特色社会主义思想为核心铸魂育人。深入贯彻习近平新时代

中国特色社会主义思想,培育和践行社会主义核心价值观,探索如何运用辩证唯物主义和历史唯物主义分析专业理论问题。

(2) 传承和发展中国优秀传统文化。深度研究中国优秀传统文化的内涵与价值,厚植家国情怀,树立文化自信。

(3) 依托行业案例塑造正确的职业观。运用瑞幸咖啡、琼民源、安然事件等行业案例,加强对学生的法治与职业道德教育,引领学生遵纪守法、树立诚信观和正确的职业价值观。

(4) 特色校园文化助力课程思政教育。践行"诚信、求是、笃学、致公"的南京审计大学校训,深挖校园文化中的思政资源,强化学生的政治认同、思想认同和情感认同。

(二) 完善课程内容

(1) 重构"会计学"课程的架构体系。本课程以"会计信息的阅读与分析"为逻辑起点,对原有课程体系进行瓦解,重新构建了以"会计本质——一个信息系统""会计循环——会计信息产生方法""会计核算——会计信息的产生过程"以及"财务报表——会计信息的解读与分析"4个篇章为一体的全新框架体系。

(2) 嵌入新时代思政教育元素。将马克思主义基本理论、习近平新时代中国特色社会主义思想、社会主义核心价值观、中华优秀传统文化等思政元素全方位融入"会计学"课程内容之中。

(3) 融合大数据、云计算、移动互联网、区块链等新技术。将大数据、云计算等现代智能科技融入课程体系,补充财务共享方面的理论知识,以此促进学生对未来会计发展的认知、理解与把握。

"会计学"课程内容的完善路径图 3-9-2。

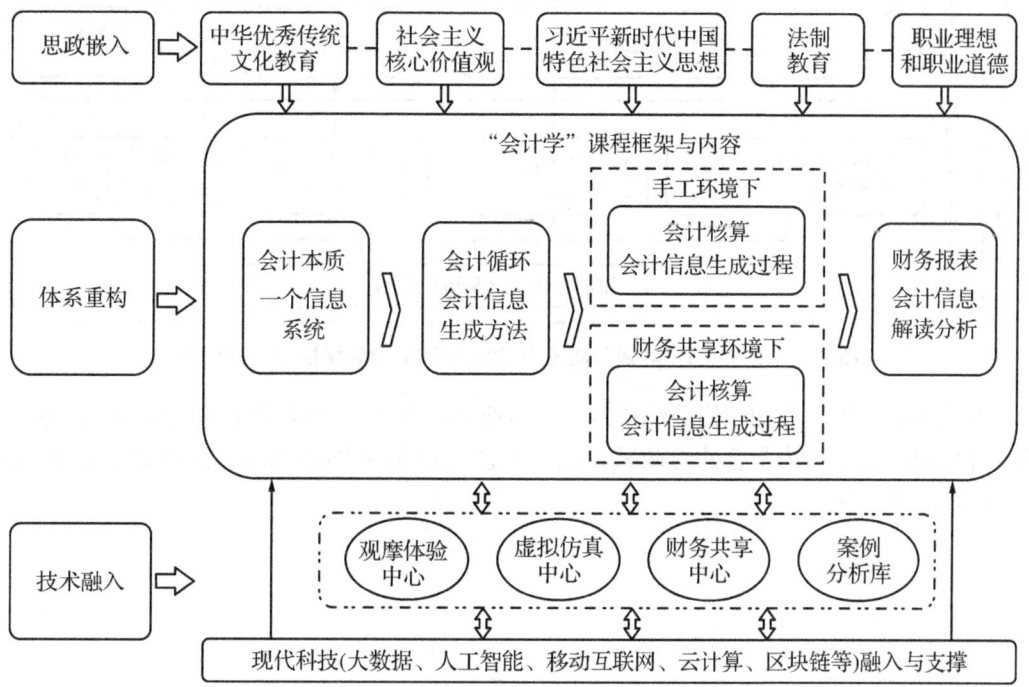

图 3-9-2 "会计学"课程内容的完善路径

(三) 改进教学方法

多种方法有机结合。课程教学采用翻转课堂、线上线下混合式教学、行动学习和研究性教学等各种教学方法相结合。多种手段综合并用。紧密结合上市公司的最新业务案例和真实财务报表,采用问题导向的教学设计和 TED 模式的线上教学形式,收集丰富的在线资源供学生参考,团队教师进行全过程在线辅导和答疑。

(四) 探索创新课程思政建设模式和方法路径

两线相嵌。在课程设计中布设明线和暗线,明线是专业知识线,暗线是以知识体系为依托的思政育人线,力求知识点的内容设计、素材选取、呈现方式全方位体现课程思政,努力实现思政教育的润物无声,打造思政育人的精准滴灌机制(见图 3-9-3)。

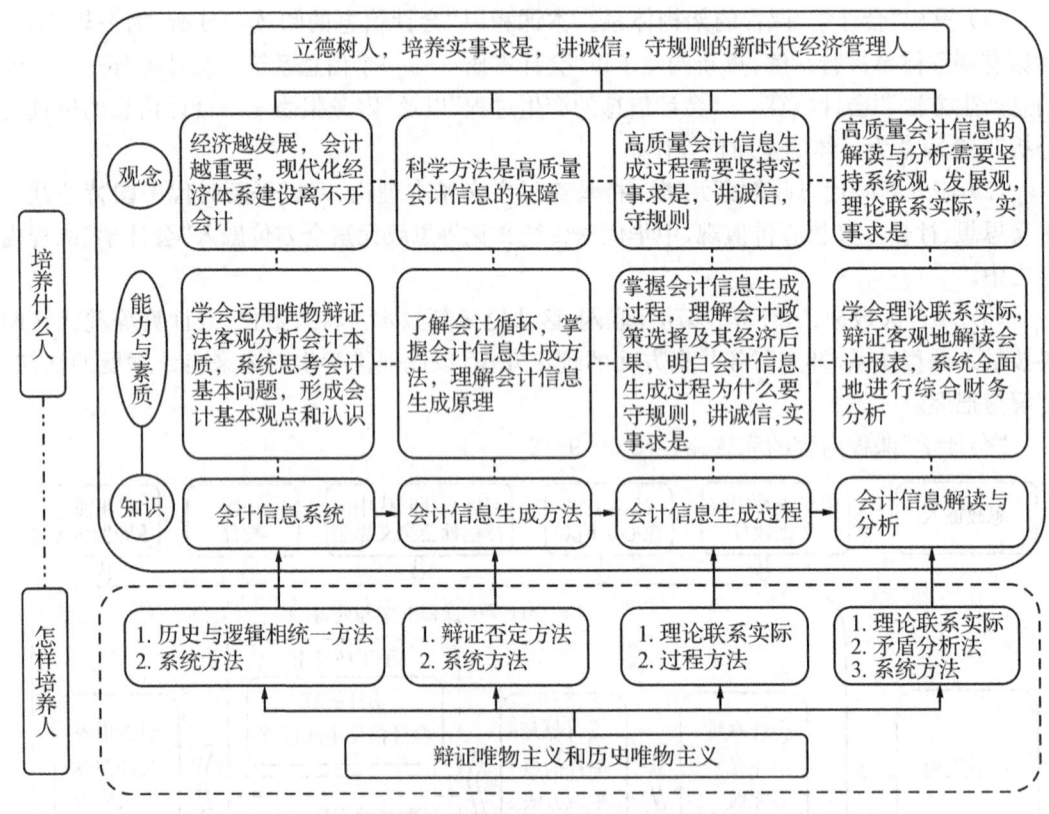

图 3-9-3 "会计学"课程建设中"知识线和思政线相嵌"的路径设计

两点相交。将专业知识线分解成若干个专业知识点,通过巧妙设计和精心布局,为具体的专业知识点打造最为契合的思政教育点,通过"两点相交"实现知识点和思政点的有机融合(见表 3-9-1)。

表 3-9-1 "会计学"知识点和思政点相交融的路径设计——以第一篇为例

篇 章	知识点	思政融入点	思政展现形式	思政内容
第一篇 会计本质——一个信息系统	第一讲 为什么要会计？	会计与企业、会计与宏观经济发展、会计与"一带一路"倡议	会计在我国著名企业华为中的作用案例、会计在我国改革开放40年来取得成就过程中的作用、会计与"一带一路"倡议的成功等案例	爱国主义、道路自信、制度自信
	第二讲 会计从哪里来、往何处去？	古代会计阶段中国会计的地位和贡献、近代会计阶段山西晋商的"龙门账"	史籍记载、国外第三方专家评述	爱国主义、文化自信
	第三讲 会计的本质是什么？	会计的职能	《人民的名义》影视资料	实事求是，讲诚信、守规则
	第四讲 哪些人需要会计信息？	—	—	—
	第五讲 会计能够提供哪些信息？	—	—	—
	第六讲 会计信息如何生成？	—	—	—
	第七讲 如何保障会计信息质量？	会计信息生成过程的复杂性、会计信息质量、如何保障会计信息质量	内容陈述、逻辑推理、影视资料案例	实事求是，讲诚信、守规则
	第八讲 谁该对会计信息质量负责？	中外财务造假处罚案例、有关法律责任相关法规条款解读分析	中外财务造假处罚案例影视资料、法律责任相关法规条款陈述	实事求是，讲诚信、守规则

第三节 课程思政教学设计案例

一、本次课程基本信息

课程类别：专业基础课
授课对象：非会计、审计、财务管理专业的大一本科生
教学内容：第一章 第八讲 谁该对会计信息质量负责
授课时数：1课时

二、教学目标

（一）知识目标

熟悉会计从业人员的职业道德素养；熟悉企业管理者、会计从业人员、审计师等人员的会计法律责任；了解会计的相关法律法规。

（二）能力目标

对会计行为具有明辨是非的能力。

（三）思政目标

培养学生实事求是、讲诚信、守规则的价值观与职业理念；培养学生遵纪守法、坚守底线、不触碰法律红线的法治观念。

三、教学重点和难点

教学重点包括会计人员对会计信息的法律责任；管理人员对会计信息的法律责任；注册会计师对会计信息的法律责任。

教学难点为如何理解管理者对会计信息的法律责任；如何理解注册会计师对会计信息的法律责任。

四、教学组织与实施

（一）教学过程

本案例教学分为以下7个过程：

(1) 背景介绍，先整体介绍一下瑞幸咖啡舞弊案例的基础知识和背景。

(2) 抛出问题，即通过提问题，让学生带着问题阅读案例。

(3) 阅读材料，案例材料的形式有多种形式，本案例除了文字案例，还有相关视频和音频等与案例相关的材料。

(4) 对案例当中发生的一些事情进行讨论研究。教师将学生分成5个小组，每个小组自行讨论。教师分别到各个小组中走访，并分别参与每一小组的讨论。

(5) 请学生分别进行分享，让学生发表自己的观点，鼓励其他学生有不同的观点，并在小组之间以及学生之间展开辩论。

(6) 由老师针对学生们的观点以及案例中所涉及的知识点进行总结和归纳。

(7) 回归现实，通过案例引申出更深层次的规律，引导学生树立正确的职业观念。

（二）教学方法

本教学案例采用讲授法、问题导向法、讨论法三者相结合的教学方法。

（三）课堂教学安排

1. 课程导入（5分钟）

简要介绍本次课的主要内容，本次课程安排及要求。

2. 案例分析展示及讨论（35分钟）

向学生们介绍瑞幸咖啡舞弊案例，并提出案例分析的相关要求。

各小组同学在组间进行讨论。

由小组成员派代表,分别基于会计信息质量的法律责任主体、会计信息质量的法律责任形式、有关会计信息质量法律责任的具体规定等视角阐述对案例的认识和启示,其他学生补充,介绍完毕后由其他小组学生提问、质询或指出其中的问题或做讨论。

最后由老师根据案例展示的内容和学生们的讨论情况,做点评并就有关知识进行梳理讲解。

(四) 教学实施流程说明

1. 本教学设计实施流程的目的和初衷

一是通过学生小组讨论环节,检查学生线上理论知识学习掌握情况,激发学生自主学习、主动学习的积极性,促使学生按时按质完成线上教学活动,掌握课程的理论知识,使线上线下互联互通。同时加深对相关知识点的理解和运用,培养学生的思辨能力,同时结合相关案例分析讨论融入思政元素,塑造作为企业管理者应当具有的诚信、守则和实事求是的价值观。

二是通过小组案例分析展示环节,检查学生分工协作完成案例的情况,增强学生团队协作的精神,提升学生分析问题、解决问题的能力,并进一步加深学生对会计法律知识的理解。

2. 教学设计实施结果

通过上述教学设计的实施,发现大部分学生都能对理论知识掌握得较好,在案例分析中能运用线上所学知识对实际案例进行深入的分析,并达到了教学设计的目的,教学效果相比传统的课堂教学有较大提高,但也有少数学生的观念还未完全转变过来,还停留在原来被动学习的方式上,对线上线下混合式的教学活动还未完全适应,在未来的教学设计中将加以不断完善和改进。

五、课程思政理念和分析

本教学案例基于价值引领理念推进"会计学"课程思政建设,完善"会计学"课程思政建设的体制机制。"会计学"课程思政建设应将凸显价值引领作为首要任务,这是因为新时代的发展要求财经专业大学生在未来的工作中,不仅能够查错纠弊,而且能够参与经济监督,服务国家治理。

本教学案例将多种思想政治教育元素融入有关会计信息质量的法律责任主体、会计信息质量的法律责任形式、有关会计信息质量法律责任的具体规定等方面的案例讨论之中。本教学案例的思政元素植入是从五个方面入手,其一是以习近平新时代中国特色社会主义思想为核心铸魂育人,探索运用辩证唯物主义和历史唯物主义分析会计信息质量与会计法律责任问题;其二是通过中华优秀传统文化,挖掘各类影视资料和历史资源,厚植家国情怀,树立文化自信;其三是通过对学生的法治与职业道德教育,引领受众诚实守信、客观公正且勤勉尽责;其四是通过校园文化中的思政教育资源,引导学生践行校训精神,弘扬优良校风;其五是通过本案例引导学生树立"责任、忠诚、依法、独立、奉献"的会计价值观,引导学生在未来的工作实践中坚定信仰、崇尚法律、德行统一、坚持原则、实事求是、依法依规、客观公正、无私无畏、扎实苦干、保守秘密,使学生通过本教学案例的引导能将会计核心价值观真正"内化于心、外践于行"。

六、教学反思

会计信息质量是实现会计目标的重要保证,会计信息质量好坏会直接影响到资本市场的健康发展。在上节课中对如何保证会计信息质量进行研讨的基础上,本节课通过"谁应该对会计信息质量负责"的教学与研讨,使学生熟悉企业管理者、会计人员、审计师等人员的会计法律责任,了解会计的相关法律法规,树立学生会计信息披露的法律意识与诚信意识,培养学生遵纪守法、坚守底线、不触碰法律红线的法治观念。

教学中通过具有代表性的资本市场舞弊案例,引出会计信息应该由谁负责的问题,然后通过"会计法""刑法"课程中有关会计信息造假法律责任的介绍,厘清企业管理者、会计人员以及审计师在会计信息披露中应该分别承担的法律责任,将法治观念与遵纪守法的理念融入专业教学之中。

本教学采用案例教学法,通过资本市场会计舞弊案例,以问题为导向,引发学生对会计信息造假法律责任的思考,可以有效激发学生学习的兴趣以及会计信息法律责任的思考。教学中还插入具有代表性的会计舞弊案例视频,多种教学方法相结合,充分体现了"以学生为中心"的教学理念。

第十章

中国经济专题

第一节 示范课简介及课程思政目标

"中国经济专题"课程通过系统阐述中国经济发展的特殊性,培养学生基于科学素养和理性认识的"中国自信"。

自2015年开发以来,课程秉持和践行"社科型大学课堂是创造性提供知识、教学艺术、人文素质教育及课程思政有机融合"的立德树人综合教育教学理念,立足"以研促教",创新教学内容,凝练八大专题着重探究如下问题:① 中国经济70年的改革与中国奇迹的内在逻辑;② 中国经济体制的本质特征,与西方国家有何不同,因何不同;③ "中国模式"的挑战与方向;④ 中国经济发展的特殊优势、特殊发展模式与改革的特殊性等。课程秉持求真精神,把课程思政融于对科学问题的逻辑分析中,无刻意思政痕迹,但起到"润物无声"的良好思政效果。

课程主持人易先忠教授为南京审计大学特聘"润泽学者",长期从事"中国自信"支撑理论的教学内容研究,获得教育部高校科学研究优秀成果奖、江苏省哲学社会科学优秀成果一等奖。在长期高水平研究基础上开发的"中国经济专题"获线上"南审好课堂"、江苏省课程思政建设示范课、校级课程思政优秀示范课评选一等奖。

第二节 课程思政建设思路

一、建设理念与方向

秉持"社科型大学课堂是创造性提供知识、教学艺术、人文素质教育及课程思政有机融合"的立德树人综合教育教学理念,立足"以研促教",深刻、系统阐述"中国经济发展的特殊性"。"中国经济专题"每一堂课都努力做到:创造性提供知识,真正实现"以研促教";热情投入,不断改进授课方式,强化授课效果;全课程贯彻人课程思政,"润物无声"式塑造学生的世界观、人生观、价值观。

二、课程思政建设目标

本课程的课程思政建设的总目标是,培养学生基于科学素养和理性认识的"中国自信"。

因此,可以通过以下分目标来实现:深刻理解"中国自信"的立足点与逻辑体系;加强"忧患意识"爱国主义教育,培育"经世济民"的专业情怀;"春风化雨"式塑造学生道德品行。

三、课程思政内容供给

"中国经济专题"紧扣时代背景,以中国重大经济问题为导向,在总结70多年来中国经济发展改革与国际经验的基础上,利用多维度案例分析和经济学基本原理,系统阐述"中国经济发展的特殊性",课程思政内容与教学内容高度融合,旨在让学生深刻把握"中国自信"的学理基础,设计八大专题着重引导学生探究以下问题:① 中国经济的本质特征是什么?与西方国家有何不同?因何不同? ② 中国经济面临的主要挑战是什么?系列经济问题产生的深层原因是什么?破解系列经济问题的关键措施与发展方向是什么? ③ 支撑中国经济持续发展的特殊优势是什么?

四、课程思政融入方式

"中国经济专题"课程思政秉持"求真精神"、历史唯物观和辩证法,全课程贯彻课程思政,以科学问题为导向,以逻辑分析为教学路径,把课程思政融于对科学问题的逻辑分析中,达到无刻意思政痕迹,但每堂课都发挥"润物无声"的思政效果,"春风化雨"式塑造学生的世界观、人生观、价值观,实现价值塑造、知识传授和能力培养紧密融合。

五、课程思政教学实施

"中国经济专题"各个专题内容全程贯穿"立德树人"综合教学理念,将人文素质教育和课程思政融入课堂教学,既让学生系统把握"中国自信"的学理基础,又加深了"忧患意识"教育,培育学生"经世济民"的专业情怀和社会责任感。同时,把人文素质教育融入课堂教学,注重潜移默化地加强学生的品德修养,培养奋斗精神和家国情怀,提升学生综合素质,以达到帮助学生塑造正确的世界观、人生观、价值观的教育目的。

(一)立足"以研促教",形成极具特色的教学内容体系

针对类似课程传统教学中"教学内容无新意""学生学习无兴趣""教师教学无激情"等教学"痛点",易先忠教授以高水平研究为导向,探究"中国自信"的立足点及支撑理论,在《中国社会科学》《经济研究》等刊物上发表论文40多篇。基于高水平研究成果,"中国经济专题"设计如下八大专题来系统阐述"中国经济发展的特殊性",注重创造性提供知识,随着主讲教师的研究深入,不断提升教学内容的系统性、科学性与深刻性,真正实现"以研促教""教研互长"。

- 缘起:为什么不应错过"中国经济专题"?
- 专题一:比较优势原理与中国经济增长的阶段性特征:1950—2020年
- 专题二:市场经济精髓与中国市场经济研判
- 专题三:世界经济体制模式与中国特色社会主义市场经济体制
- 专题四:"中国模式"的形成:激进式改革与渐进式改革
- 专题五:"中国模式"与中国问题
- 专题六:新时代中国经济发展的特殊优势

- 专题七:国家规模与中国经济发展的特殊性
- 专题八:中国改革的特殊性

在"以研促教"的基础上,"中国经济专题"八大专题及其相应的思政内容都以中国重大现实经济问题为导向,每一专题紧扣中国经济发展的重大现实,既有坚实的理论基础,又以科学性为基准,还贯穿案例引导与讨论,并具有高度一致的内在逻辑,从而有效保障了"中国经济专题"课程思政与教学内容的契合性、生动性、科学性与深刻性。

(二)与教学内容高度融合的全课程思政内容

(1)"中国经济专题"从学理上系统阐述中国经济发展的特殊性,把握"中国自信"的立足点与逻辑体系。通过历史分析和国际比较,培育学生对中国重大经济问题的认知与理解,引导学生了解世情国情党情民情,坚定中国特色社会主义道路自信、理论自信、制度自信、文化自信。课程设计了深刻理解"中国自信"立足点与逻辑体系的十大关键问题(见课程教案)。融入的教学内容有:中国经济的本质特征是什么;与西方国家有何不同,因何不同;中国经济的特殊优势、特殊发展模式与改革的特殊性等(专题二、三、四、六、七、八,以及专题一部分内容)。

(2)"中国经济专题"注重"忧患意识"的爱国主义教育。"中国经济专题"并不避讳中国经济发展的重大问题,相反,却是客观理性分析新时代国内外形势,让学生深刻领会中国正面临的历史性机遇和挑战,从学理上分析这些问题的根本原因及其破解方向,加强"忧患意识"的爱国主义教育,培育经济学人应有的"经世济民"专业情怀。融入的教学内容有:中国经济的主要问题是什么,系列经济问题产生的深层原因是什么,破解系列经济问题的关键措施等(专题五,以及专题一和专题八的部分内容)。

(3)"中国经济专题"教学中注重把人文素质教育融入课堂教学。注重在潜移默化中坚定学生理想信念、加强品德修养、培养奋斗精神,培养学生积极向上的进取精神等,以达到帮助学生塑造正确的世界观、人生观、价值观的综合教育目的。融入的教学内容有:自由竞争是市场经济精髓,比较优势原理等(专题二和专题一的部分内容)。

(三)把课程思政融于对科学问题的逻辑分析,实现"润物无声"的思政效果

(1)课程思政融于对科学问题的逻辑分析,实现"润物无声"式思政。课程思政秉持"求真精神"、历史唯物观和辩证法,立足"以研促教",以科学问题为导向,以逻辑分析为教学路径,无刻意思政痕迹,却发挥了"润物无声"的思政效果。

(2)"中国经济专题"全程贯穿课程思政,让学生系统把握"中国自信"的学理基础,同时客观理性分析新时代国内外形势,让学生深刻领会中国正面临的历史性机遇和挑战,从学理上分析这些问题的根本原因及其破解方向,加强融入"忧患意识"的爱国主义教育,培育经济学人应有的"经世济民"专业情怀。

(3)以学生为中心,多形式"师生互动"强化思政效果。课堂上,每一个专题都有师生交往互动内容,全部课程共设计42个"思考与讨论",将学生参与讨论的表现作为课程成绩的重要参考。课堂外,通过课程微信群讨论和多次专题讲座,将"中国经济专题"的核心内容与学生们进行广泛交流,扩大课程思政的影响。

(四)实施有效激发学习兴趣的多种教学模式,强化学习过程管理,深入挖掘思想政治教育资源,强化课程思政效果

(1) 实施以激发学生兴趣为导向的多种教学方式。本课程思政教学方式以启发式教学和开放式讨论为主,融合案例教学、情境教学、研讨式教学、互动式教学等多种教学方式,激发学生学习和进一步研究的兴趣。"中国经济专题"以线下课堂教学为主,同时采用学校直播平台进行讲座式教学。在课程教学的基础上,一方面通过腾讯会议和微信群进行即时讨论和资料共享交流;另一方面也通过讲座形式进行教学(近 3 年讲座授课学生达 6 000 人次),形成师生充分互动的混合教学模式。

(2) 强化对学习过程的管理,提升教学效果。强化对学习过程的管理,将学生参与讨论的表现作为课程成绩的重要参考,激发学生参与讨论的积极性。课前考核学生的预习情况,课中检测考核学生随堂听课的情况,课后作业重在考查学生对知识体系的梳理和总结以及对知识的综合运用能力。

(3) 形成思想政治教育资源的系统资料库,保障课程思政的时效性。"中国经济专题"系统挖掘党的十九大和二十大精神与《中共中央关于制定国民经济和社会发展第十四个五年规划和二〇三五年远景目标的建议》以及各类专题网站,如习近平系列重要讲话数据库、中国共产党思想理论资源数据库、新时代中国特色社会主义思想政治课程数据库、中国共产党新闻网以及中华人民共和国中央人民政府官方网站等。

第三节 课程思政教学设计案例

一、本次课程基本信息

课程类别:专业课
授课对象:经济学专业三年级本科生
教学内容:专题六 第二节 社会主义市场经济体制优势
授课时数:0.5 课时

二、教学目标

当前时代背景下,建立基于科学素养和理性认识的"中国自信",不仅需要深刻理解中国经济体制的特殊性,也需要把握中国经济体制持续推动中国经济增长的内在机理。为实现这一教学目标,需要深刻理解如下三个问题:第一,社会主义市场经济体制的本质特征是什么?它有什么特别?第二,社会主义市场经济体制为什么成为经济持续发展的内在优势?第三,社会主义市场经济体制面临的挑战与完善的方向是什么?

三、教学重点与难点

(1) 重点一:中国特色社会主义市场经济体制的内涵与本质特征。深刻理解中国特色社会主义市场经济是同社会主义基本制度结合在一起的市场经济,是中国特色社会主义的伟大创举,其本质特征是"中国共产党领导"和"公有制与市场经济的结合"。其中的难点是,为什么说中国共产党领导、以公有制为主体是中国特色社会主义市场经济体制最为突出的本质特征?

(2) 重点二:中国共产党领导优势的内在逻辑。从"中国共产党领导通过强大的协调能力推动经济发展""共产党领导优势的源泉"以及"共产党领导保障了发展稳定性、一致性"三个方面把握中国共产党领导优势的内在逻辑。其中的难点是,中国共产党领导为什么构成经济持续发展的特殊优势?

(3) 重点三:公有制与市场经济结合的特殊优势。从"重塑政府与市场新型关系的特殊优势""市场效率与社会公平有机统一的特殊优势""抵御风险实现经济平稳发展的特殊优势"和"关键领域集中力量办大事的显著优势"四个方面把握公有制与市场经济结合的特殊优势。其中的难点是,社会主义市场经济下的政府与传统市场经济下的政府有什么不同?为什么?

四、教学组织与实施

(一) 教学过程

1. 问题导入(2分钟)

问题引导:关于中国经济体制的国际争论。当前中国特色社会主义进入新时代,但与此同时,"中国特色社会主义制度"受到西方国家的质疑,并引发了严重的国际冲突。在此时代背景下,建立基于科学素养和理性认识的"中国自信",我们须深刻理解中国经济体制的特殊性。

问题引导:中国经济发展实践的视角。从中国经济发展实践看,1992年,邓小平同志南巡讲话后才明确"社会主义市场经济"的发展方向,自此中国经济才进入高速平稳增长轨道。那么,社会主义市场经济体制究竟有什么内在优势能持续推动中国经济增长呢?

2. 内容框架介绍(1分钟)

为解答上述问题,引出如下课程框架:

第一,社会主义市场经济的本质特征。
第二,本质特征一:中国共产党领导优势的内在逻辑。
第三,本质特征二:公有制与市场经济结合的特殊优势。
第四,进一步思考:挑战与方向。

3. 三大核心内容讲解(14分钟)

核心内容一:社会主义市场经济的本质特征。① 从国际比较视角把握社会主义市场经济体制的本质特征。② 理解中国共产党领导、以公有制为主体为什么构成中国特色社会主义市场经济体制最为突出的本质特征。③ 基于社会主义市场经济的本质特征,深刻理解"为什么说社会主义市场经济是中国特色社会主义的伟大创举"。

核心内容二:本质特征一,中国共产党领导优势的内在逻辑。① 中国共产党领导通过强大的协调能力推动经济发展。② 中国共产党领导优势的源泉:先进性,优良传统,组织制度。

③ 以人民为中心的中国共产党领导保障了发展的稳定性、一致性。

核心内容三：本质特征二，公有制与市场经济结合的特殊优势。① 重塑政府与市场新型关系的特殊优势。② 市场效率与社会公平有机统一的特殊优势。③ 抵御风险实现经济平稳发展的特殊优势。④ 关键领域集中力量办大事的显著优势。

4. 深化讨论与课后思考学习（2 分钟）

结合十九届五中全会精神，提出目前构建高水平社会主义市场经济体制的核心问题——如何推动"有效市场"和"有为政府"更好结合？鼓励学生们课后结合前沿文献，探究这一重大问题。

5. 课程总结（1 分钟）

最后总结课程的 3 个基本结论。

（二）教学方法与教学活动设计

课程教学紧扣中国重大现实问题，以科学问题贯彻全课堂，以"理论逻辑的一致性，理论与现实的一致性"为基本教学路径，强调逻辑分析，采用启发式与案例教学，紧密结合历史分析与国际比较，开阔学生视野，启发学生思考，引发学习兴趣。

1. 启发式教学，以科学问题贯彻全课堂，启发思考，引发兴趣

开篇提出问题"社会主义市场经济体制有什么内在优势能持续推动中国经济增长"引出本节课讲解的主题。激发学生对所讲解内容的兴趣，让学生带着问题学习。并以问题贯彻全课堂，启发学生思考，同时引发学生对相关知识进一步学习和研究的兴趣，例如：

社会主义市场经济体制有什么特别？

为什么说社会主义市场经济是中国特色社会主义的伟大创举？

中国共产党领导通过什么途径推进经济持续发展？

为什么中国共产党具有强大的协调能力和领导能力？

为什么世界上几乎没有其他政党能像中国共产党一样制定两个一百年的长期奋斗目标？

如何推动"有效市场"和"有为政府"更好结合？

2. 强调逻辑分析，以"理论内部逻辑的一致性"为准则，对科学问题进行理论阐述

本课程非常注重逻辑分析能力的训练。经济问题的产生大都有其背后的深刻逻辑，以"理论内部逻辑的一致性"为准则，对科学问题进行理论阐述，并通过启发式提问与讨论，引导学生回归到这些问题产生的根源上，培养学生的逻辑分析思维能力。例如：

为什么说社会主义市场经济是中国特色社会主义的伟大创举？对这一重要问题的逻辑分析是，马克思经典理论和亚当·斯密经典理论分别指导了社会主义和资本主义两条截然不同的发展道路。马克思经典理论认为，公有制是社会主义的基本经济制度，主张消灭私有制；亚当·斯密市场经济理论则强调私有产权下的自由竞争。而社会主义市场经济是要实现社会主义制度与市场经济的融合，在共产党领导、公有制为主体等基本社会主义制度的基础上，发挥市场的决定性作用。其目的是，既要发挥市场机制的优越性，又要发挥社会主义制度的优越，这是社会主义市场经济与传统市场经济的最根本区别，也是前无古人的伟大创举。

中国共产党领导有什么内在优势能推进经济持续发展？对这一重要问题的逻辑分析

是,价值创造是通过社会分工来实现的,分工就意味着合作、协调,而政府是一个非常重要的协调主体。中国共产党领导的政府具有强大的协调能力。进一步地讲,中国共产党强大的协调能力来源于共产党的先进性及优良传统和组织制度。

公有制与市场经济结合如何重塑了政府与市场的新型关系?对这一重要问题的逻辑分析是,政府和市场的关系长久以来是世界性难题。在传统市场经济条件下,政府作用定位于"守夜人"角色,政府调控力度因受制于私有制而弱化,政府调控依据和手段限于市场失灵、"逆经济风向而动"财政与货币政策。而社会主义市场经济下的政府作为生产资料公有制与人民利益的总代表,政府调控具有雄厚的物质基础,不再限于财政货币政策,调控依据也并不仅限于市场失灵,而是以人民利益为中心,促进经济全面协调可持续发展。

3. 紧扣中国经济重大现实,以"理论与现实的一致性"为准则,采用丰富案例教学

在对科学问题的逻辑分析中,紧扣中国经济重大现实,以"理论与现实的一致性"为准则,采用丰富案例教学,让学生愉快地接受教学内容,加深学生对知识点的理解。本次课中的案例如下:

中国政府的强大协调能力体现在产业政策、"招商引资"、开发区建设以及推进制度改革等诸多方面。

社会主义制度的重要优势是实现社会公平,突出表现在新农村建设、脱贫攻坚等方面,使得广大人民群众确实享受到了经济发展的好处。改革开放以来,我国 7.7 亿农村人口摆脱贫困,减贫人口占同期全球减贫人口的 70% 以上。

党的决策和政策的稳定性、一致性。正如澳媒文章《如果到头来是中国共产党给我们都上了一课,那可咋办》的观点。

在关键领域集中力量办大事的独特优势是中国奇迹的重要原因。例如,三峡工程、高速铁路、"神舟"飞天、"蛟龙"入海等一大批标志性成就;应变局、平风波、战洪水、防 SARS、抗地震、化危机等。

4. 历史分析与国际比较,提升课堂内容、开阔学生视野

通过历史分析和国际比较,在开阔学生视野的同时,培育学生对中国重大经济问题的认知与理解能力。例如:

从国际比较视角,比较分析世界四种典型的市场经济体制模式,把握社会主义市场经济体制的本质特征。

从历史角度,梳理我们国家对社会主义市场经济进行的长期艰苦探索。从 1984 年"商品经济"的提出,到 1992 年"社会主义市场经济体制"的确立,再到 2020 年"构建高水平社会主义市场经济体制",社会主义市场经济体制的本质内涵与基本特征逐步明晰。

从历史角度,厘清从江泽民时期的"三个代表",到胡锦涛时期的"创先争优",再到习近平"以人民为中心"的发展思想、中央八项规定、大力反腐,一脉相承的党的建设及其意义。

从国际比较视角,分析中国共产党和西方党派的不同,服务的利益群体不同,从而导致了政策的稳定性与一致性的差异。

从历史角度,梳理 1997 年的亚洲金融海啸、2008 年的全球金融危机、2020 年全球新冠疫情,中国经济总能一枝独秀。

五、课程思政理念及分析

(一) 课程思政理念

课程思政融于对科学问题的逻辑分析与论证"中国经济专题"课程,通过系统阐述中国经济发展的特殊性,培养学生基于科学素养和理性认识的"中国自信",课程全程贯穿课程思政。作为本课程的一个教学案例,遵循本课程思政的基本方法和理念,课程思政融于对科学问题的逻辑分析,以"理论逻辑的一致性,理论与现实的一致性"对科学问题展开论述,真正实现价值塑造、知识传授和能力培养紧密融合,无刻意思政痕迹,实现"润物无声"式思政。

(二) 课程思政分析

首先提出课程的总领性问题:社会主义市场经济体制有什么内在优势能持续推动中国经济增长?为解答这一问题,依次系统解答如下科学问题:

问题一,社会主义市场经济体制的本质特征是什么?为什么?通过这个科学问题的解答,课程思政的落脚点是,从社会主义市场经济本质特征的视角,深刻理解"为什么说社会主义市场经济是中国特色社会主义的伟大创举"。特别是,深刻把握社会主义市场经济与传统市场经济的最根本区别:社会主义市场经济是要实现社会主义制度与市场经济的融合,其目的是,既要发挥市场机制的优越性,又要发挥社会主义制度的优越。

问题二,中国共产党的领导是社会主义市场经济体制的一个本质特征,那么中国共产党领导为什么构成经济持续发展的特殊优势?通过这个问题的解答,课程思政的逻辑是,从经济发展的逻辑看,中国共产党全面领导通过强大的协调能力推动经济发展,进而成为经济持续发展的特殊优势。因为价值创造是通过社会分工来实现的,分工就意味着合作、协调,政府是一个非常重要的协调主体。而中国共产党领导的政府具有强大协调能力。进一步地讲,为什么中国共产党具有如此强大的协调能力和领导能力呢?因为领导优势来源于中国共产党的先进性、优良传统和组织制度。并且,以人民为中心的中国共产党领导保障了发展的稳定性、一致性。

问题三,公有制与市场经济结合是社会主义市场经济的第二个本质特征,那么公有制与市场经济结合有何特殊优势?通过这个问题的解答,课程思政的逻辑是,从"重塑政府与市场新型关系的特殊优势""市场效率与社会公平有机统一的特殊优势""抵御风险实现经济平稳发展的特殊优势"和"关键领域集中力量办大事的显著优势"四个方面把握公有制与市场经济结合的特殊优势。并深刻理解公有制与市场经济结合的特殊优势产生的内部逻辑机理。

问题四,社会主义市场经济体制有什么内在问题?应该如何破解?秉持"求真精神",明晰社会主义制度与市场经济的结合有内在的优势,但也有内在的两难冲突。课程思政的落脚点是,理解社会主义市场经济体制的特殊性决定了其完善的艰难性,探索"如何实现社会主义制度与市场经济更有效融合"是未来中国经济面临的重要任务。同时,鼓励学生们课后结合最新研究文献,进一步思考这个关系到中华民族伟大复兴的重大问题。

综上,本课程思政的基本理念和方法是,把课程思政融入对科学问题的逻辑分析,以"理论逻辑的一致性,理论与现实的一致性"为基本教学和思政路径,真正实现价值塑造、知识传授和能力培养紧密融合。

六、教学反思

中国特色社会主义市场经济体制的特殊性,决定了本课程教学的挑战性,也决定了这一教学内容的重要意义。社会主义市场经济是中国特色社会主义的伟大创举,这一伟大实践迫切需要从理论上积极探索完善社会主义市场经济的内在逻辑与特殊优势,"加快构建中国特色哲学社会科学"。因此,为完善本课程教学,迫切需要通过进一步深化研究,从理论上深刻阐述和总结"中国故事"的逻辑机理。在深化研究基础上,优化课程内容,形成更加完善、科学的教学内容体系。

第十一章

城市管理学

第一节 示范课简介及课程思政目标

"城市管理学"课程以"思政融入课程价值引领创新"为原则,结合中国城市化发展进程,从历史和现实层面引导学生正确认知中国城市建设和发展中面临的问题、特点和治理方略,系统理解城市管理的行政职能,树立爱国敬业、诚信守法、公正友善的职业价值观。

本课程积极挖掘课程德育元素,建设了内容丰富的课程思政资源库,充分利用现代信息技术手段,开展基于"城市管理学"慕课的线上线下混合式教学,探索形成了课前引导预习——凝心聚力、课中"翻转课堂"——入脑入心、课后练习研讨——融汇升华,平时作业和讨论融入思政点、期中期末考试考核思政点的全过程育人模式。开展"课程思政+实践创新"探索,在实践中内化价值观,落实立德树人任务。学生调研报告《苏南地区城市民营养老机构服务现状及提升策略》等获第十六届江苏省"挑战杯"大赛一等奖、二等奖。

课程团队教师政治立场坚定,具有强烈的家国情怀。课程主持人金晶教授是江苏省"青蓝工程"中青年学术带头人、优秀青年骨干教师,南京审计大学"校长奖教金""南审好课堂"获得者,主讲的"什么是城市"获省级微课大赛二等奖,主讲的"中国城市化进程的思考"获省级微课大赛三等奖。该课程在学校课程思政建设成果评选中荣获优秀示范课一等奖、课程思政育人奖。

第二节 课程思政建设思路

一、课程定位与教学目标

(一) 课程定位

"城市管理学"是研究城市公共事务管理的基础性学科,是高等院校公共管理专业的主干课程。课程以经济学、管理学为基本视角,阐释城市管理学的有关概念、基本原理和方法,介绍城市管理体制、城市各项具体管理内容,综合反映了国内外城市管理领域的理论成果、研究动态和前沿观点。课程平时成绩占40%,期中成绩占10%,期末成绩占50%。选用主教材为杨宏山编著、中国人民大学出版社出版的《城市管理学》第三版,以及姚永玲编著、北京师范大学出版社出版的《城市管理学》第二版。

(二) 教学目标与要求

课程教学目标将知识目标、能力目标与思政目标深度融合。知识目标聚焦了解城市管理的主要内容和基本原理,掌握城市管理的基本方法,孰知本课程国内外最新研究成果和动态。能力目标聚焦系统理解城市管理中的行政职能,解决城市管理中的实际问题,适应时代发展对城市公共事业管理的需求。在此过程中,思政目标为培养树立正确的职业价值观,具备新时代城市管理者的基本素养。

二、课程思政资源建设

本课程思政资源包括 2014 年版的《习近平谈治国理政》、2019 年版的《习近平新时代中国特色社会主义思想学习丛书》,以及戴维·R.摩根和罗伯特·E.英格兰编著、2019 年出版的《城市管理学:美国视角》,加里·布里奇和索菲·沃森编著、2015 年出版的《城市概论》,郑焕庸编著、2019 年出版的《城市管理学》等参考书,中国大学慕课《城市管理学》、新型城镇化——中国政府网等网络资源。

三、课程思政融入点

(一) 各章课程思政融入点(见表 3-11-1)

表 3-11-1 "城市管理学"课程思政融入点

授课主要内容	思政元素融入点	课程思政教学方法
第一章 导论 第一节 什么是城市	(1) 世界早期城市的起源与发展; (2) 习近平眼中的城; (3) 全球城市:国际关系研究新视角	案例分析; 启发式研讨
第二章 城市发展与城市化 第二节 逆城市化的思考	习近平对深入推进新型城镇化建设做出重要指示	案例分析; 启发式研讨
第二章 城市发展与城市化 第三节 中国城市化进程的特点	奋勇迈上城镇化新阶段——党的十八大以来深入推进以人为核心的新型城镇化纪实	研究性分析; 启发式研讨
第五章 城市管理中需要处理的关系 第一节 城市中的利益相关者	(1) 用党建引领城市基层治理; (2) 为城市基层治理"铸魂赋能"	案例分析; 启发式研讨
第七章 城市环境管理 第二节 预防整治型环境治理模式	(1) 关于全面加强生态环境保护,坚决打好污染防治攻坚战的意见; (2) 全国"无废城市"建设试点工作启动	案例分析; 研究性分析; 启发式研讨
第八章 城市土地管理 第一节 城市土地的经济特性	(1) 努力实现让全体人民住有所居——我国住房保障成就综述; (2) 楼市调控:更严更细更精准	案例分析; 研究性分析; 启发式研讨
第十章 城市基础设施管理 第一节 城市基础设施概述	国务院关于加强城市基础设施建设的意见 《人民日报》:城市共享单车须精细运营合作共治	案例分析; 启发式研讨

续 表

授课主要内容	思政元素融入点	课程思政教学方法
第十二章 城市经营与城市品牌 第三节 城市经营	(1) 重视中心城市在经济高质量发展中的引领作用； (2) 如何打造全球城市"夜间经济"升级版	案例分析； 启发式研讨
第十三章 城市危机管理 第一节 城市危机管理概述	"一带一路"防灾减灾《北京宣言》：构建灾害风险防范协同机制	案例分析； 启发式研讨
第十四章 数字城市管理 第一节 数字城市概述	(1) 数字城市让县域经济发展"有生命会思考"； (2) 浙江：打造"多元参与成果普惠"的数字治理"杭州模式"	案例分析； 启发式研讨

（二）课程思政融入点举例（见表 3-11-2）

表 3-11-2 "城市管理学"课程第一章思政融入点举例

章节内容	教学目标	教学要求		思政素材及元素
		具体知识点	讲授重点	
第一章 导论 第一节 什么是城市：城市的多元化内涵	思政目标： 从历史和现实层面全面认知城市内涵，树立正确的城市价值观。 知识目标： 了解城市的多元化内涵及其特点。 能力目标： 正确认识城市的综合性特点，全面认知管理对象的复杂性	城市的起源：发生学定义	从世界城市起源，引出城市的发生学定义	爱国主义：了解中国在世界城市发展史中的作用和地位，激发热爱祖国大好河山、灿烂文化的爱国主义情怀
		城市经济特性：区域经济学定义	从世界经济发展中的城市作用，理解城市的区域经济学定义	时代精神：结合《全球城市：国际关系研究新视角》，理解中国城市化进程在世界经济发展中的作用和地位，激发解放思想、求真务实的时代精神
		城市系统特性：系统生态学定义	从系统生态学视角，理解城市的生态环境定义	环保主义：了解城市是人与自然的复合生态系统，激发热爱自然、保护环境的环保主义情怀
		城市行政特性：行政学定义	从行政管理学视角，理解城市的行政学定义	职业精神：结合《习近平眼中的城》，理解城市管理者的行政职责，培养职业责任感和使命感

四、课程思政教学方法与考核

（一）教学全过程育人探索

（1）课前引导预习——凝心聚力。运用中国大学慕课平台和对分易平台，进行课程思政融入点引导预习。

（2）课中翻转课堂——入脑入心。引导学生正确认识课程热点问题，把握中国特色城市管理的理论和实践方法。

（3）课后练习研讨——融汇升华。慕课堂研讨和对分易练习相辅相成，引导学生树立正确的世界观、人生观、价值观。

（二）教学考核"软硬"相结合

（1）平时成绩——软实力较量。运用中国大学慕课平台和对分易平台，在平时作业和讨论中进行课程思政点融入和引导。

（2）期中期末考试——硬实力比拼。运用期中测试和期末考试，进行课程思政融入点学习考核。

（三）教学拓展与探索（见表 3-11-3）

表 3-11-3 课程思政资源建设成果与多形态教学情况

序号	名称	教学拓展与探索	作者	成果
1	城市管理学	课程思政示范课	金晶、杨钰、蔡霞、鹿斌	2019 年校级第二批课程思政示范课立项建设
2	城市管理学	在线课程	金晶、杨钰、蔡霞、鹿斌	2019 年校级在线课程立项已在中国大学慕课运行
3	城市管理学	教学竞赛	金晶、左昌盛、后小仙、赵军锋	2023 年获得江苏省第三届教师教学创新大赛一等奖
4	城市管理学	一流课程	金晶、鹿斌、姜海、蔡霞	2024 年获得江苏省线上线下混合式一流课程立项
5	城市管理学	慕课西行	金晶、左昌盛、蔡霞、鹿斌	2023 年开展慕课西行，获得"学习强国"等多家媒体报道
6	什么是城市	微课	金晶、鹿斌	2020 年江苏省微课大赛二等奖 2020 年校级微课大赛二等奖
7	中国城市化进程的思考	微课	金晶	2017 年江苏省微课大赛三等奖 2018 年校级微课大赛一等奖
8	城乡统筹背景下农村养老保障模式选择与对策分析	学科竞赛	金晶、蔡霞	2019 年第十六届江苏省大学生课外学术科技作品竞赛暨"挑战杯"全国竞赛江苏省选拔赛一等奖
9	苏南地区城市民营养老机构服务现状及提升策略	学科竞赛	金晶、蔡霞	2019 年第十六届江苏省大学生课外学术科技作品竞赛暨"挑战杯"全国竞赛江苏省选拔赛二等奖
10	为民办"食"事助老享时光——江苏省基层党建"多重嵌入"助力银发助餐服务	学科竞赛	金晶、蔡霞、姜海	2023 年第十八届江苏省大学生课外学术科技作品竞赛暨"挑战杯"全国竞赛江苏省选拔赛二等奖
11	后疫情时期城市社区养老服务供给及提升策略	大创项目	金晶、蔡霞	2020 年大学生创新训练计划重点项目
12	城市社区银发助餐服务优化路径研究	大创项目	金晶、蔡霞	2021 年大学生创新训练计划重点项目

第三节　课程思政教学设计案例

一、本次课程基本信息

课程类别：专业课
授课对象：行政管理、劳动与社会保障专业大三本科生
教学内容：第一章　第一节　什么是城市：城市的多元化内涵
授课时数：3课时

二、教学目标

（一）知识目标

从城市的起源、经济特性、生态特性和行政特性四个方面，了解城市的发生学定义、区域经济学定义、系统生态学定义和行政学定义，充分认知城市的多元化内涵及其特点。

（二）能力目标

全面理解管理对象的综合性与复杂性，树立正确的城市价值观，培养学生具备新时代城市管理者求真务实的学习能力、与时俱进的思维能力和客观科学的分析能力。

（三）思政目标

了解中国在世界城市发展和经济建设中的作用与地位，激发爱国主义情怀和求真务实的时代精神；理解城市的自然复合生态系统特性，激发环保主义情怀，培养职业责任感和使命感。

三、教学重点与难点

教学重点包括了解城市的发生学定义、区域经济学定义、系统生态学定义和行政学定义，进而从不同学科视角兼容并包地理解城市的多元化内涵。其中教学难点为既能够从不同学科视角理解城市的多元化内涵，又能够充分掌握城市所具有的复杂特性，为后期"城市管理学"课程的学习奠定基础。

四、课堂组织与实施

（一）课前引导预习——凝心聚力

运用中国大学慕课平台和对分易平台，进行课程思政融入点引导预习。引导学生课前预习中国大学慕课"什么是城市"，并在对分易平台课程资料中预习阅读文章《习近平眼中的城》《全球城市：国际关系研究新视角》，激发学生自觉学习的主观能动性，前置思政元素的课程嵌入，获得课堂学习的主动权。

（二）课中翻转课堂——入脑入心

引导学生正确认识课程重点、难点问题，把握中国城市的多元化内涵和特性。

1. 城市的历史起源——城市的发生学定义

观察《世界早期城市分布图》,思考两个问题:第一,图中字母代表的世界早期产生城市的五个区域分别是哪里?第二,为什么是这些区域,而不是其他区域产生了世界早期的城市?引导出城市产生的两个重要的条件:一是优越的自然条件,为人类生息提供了物质基础;二是社会生产力的发展,出现剩余农产品,导致社会分工,产生商品生产和交换,最终促进了集市的发展,并形成了城市。

由此可见,城市是社会生产力发展、社会分工细化到一定阶段的产物,是人类社会三次大分工的产物,是社会经济、文化发展的结果。这也是基于城市的起源得出的城市的内涵,即城市的发生学定义。

2. 城市的经济特性——城市的区域经济学定义

观察北宋画家张择端的《清明上河图》片段,体会北宋京师汴梁城繁华昌盛的城市景象。结合中国古代文献《墨子·七患》《古今注》《周易》《说文解字》中对"城"与"市"的概念,理解随着人类社会的不断发展,"城"与"市"的概念逐渐融合,形成了"四周围绕城墙、城墙内外有比较活跃的交易活动的人类居住聚落,即城市";进而强调城市是一个有限地域范围内的经济实体。

由此可见,城市是区域的中心,集聚多种功能,通过辐射吸引影响广大区域,是工商业活动以及从事工商业活动的人群居住的场所,是人口、产业、资金、技术、文化、建筑物密集的场所。这也是从城市的经济属性出发,对城市区域经济学定义的阐述。

3. 城市的系统特性——城市的系统生态学定义

领读我国著名科学家钱学森先生在《钱学森论山水城市》中的名句:"所谓城市,就是一个以人为主体,以空间利用和自然环境利用为特点,以集聚经济效益、社会效益为目的,集约人口、经济、技术和文化的空间地域大系统。"理解钱学森先生的阐述,强调城市是一个复杂的自然与社会复合系统,是在有限空间地域内各种要素相互交织的网状系统,是与周围区域不断进行交流的开放系统,是一个各系统协同发展、和谐共生的整体。

由此看出,城市以自组织人群为主体,以一定空间和自然环境为客体,以集聚经济社会效益为目的,以集约人口、经济、科学文化为特点,与周围环境进行物质、能量、信息交流的空间地域大系统。这是基于城市系统特性的城市系统生态学定义。

4. 城市的行政特性——城市的行政学定义

城市是人类社会发展与文明进步的产物,包含着巨大的物质、能量和信息。随着人类进入文明社会,城市的经济性、系统性、复杂性特点也为城市管理提出了挑战。根据世界各国城市管理和建设的经验:通过行政区划的方式构建城市管理的区域和范围,以明确管理的责任和边界,并逐步形成了丰富的城市管理理论和方法。

由此可见,从行政学视角,城市是一种行政建制,是根据国家规定的标准和条件,按照法定程序设置的地方行政建制。它为城市管理提供了基本的区划依据和政策标准。

5. 知识点小结

通过对城市的发生学定义、区域经济学定义、系统生态学定义、行政学定义的阐释,从不同的视角认知城市,更加全面综合地了解城市的内涵。

(三)课后练习研讨—融汇升华

慕课堂研讨和对分易练习相辅相成,引导学生通过课后研讨的练习回顾并巩固课程重点、难点问题。布置课后研讨题:结合《习近平眼中的城》《全球城市:国际关系研究新视角》,从不同视角阐述什么是城市?引导学生领会中国在世界城市发展和经济建设中的作用与地位,激发爱国主义情怀和求真务实的时代精神;帮助学生理解城市的自然复合生态系统特性和行政学特性,激发环保主义情怀,培养职业责任感和使命感。

五、教学反思

课程采用启发式情景教学方法,通过系列问题的引入,促使学生结合课堂内容展开思考,让学生"在学习中思考、在思考中学习",强化理论知识与实践应用的有效结合,提升学生作为新时代城市管理者求真务实的学习能力、与时俱进的思维能力和客观科学的分析能力。

(一)课程内容集理论性、现实性、实践性于一体,课程思政元素自然呈现

本讲课程始终突出理论与现实的结合,知识与实践的统一,既要兼顾课程的理论深度,又要注重学生对现实状况的了解。引导学生通过分析问题、解决问题的方法,掌握城市的多元化内涵,使学生能够在系统理论知识的基础上,具有学习视角的前沿性、分析的缜密性、见解的独到性。

(二)教学方法运用启发式情景教学,解决课程重点与难点问题

借助多媒体教学手段,密切关注学科热点问题,结合本课程启发式、情景式、研究式等灵活多样的教学方法,体现以学生为中心,教师起组织者、指导者和促进者的作用,利用情境、协作、会话等学习环境要素,充分发挥学生的主动性、积极性和首创精神,最终达到使学生更有效地消化所学知识并有创新性的思考的目的。

(三)课程学习以"培养学生学习习惯"为主旨,指导性地开展学生课后复习与延伸学习

通过课后思考题和相关学习资料的分享,落实本讲重点内容,引导学生动手动脑,自己发现问题、解决问题,促进学生自我学习能力的培养,帮助学生把握知识点,深刻领悟教学内容,提高综合学习能力。

第十二章

证券投资学

第一节 示范课简介及课程思政目标

"证券投资学"课程秉持"高度相关、有机融合、易于教学"三原则,在培养学生作为社会主义事业建设者和接班人极强的责任感和使命感的同时,培养过硬的专业技能和创新能力,为国家多层次资本市场建设服务。

课程从"党和国家政策方针、习近平总书记重要讲话精神、辩证唯物主义思想、科学认知、中国好故事、传统经典思想"六个方面撷取思政素材融入证券投资理论与实务教学,抓住课堂教学、慕课、教材、习题库、虚拟仿真实验、模拟股市大赛等环节,全方位、立体化地系统落实课程思政育人思想和任务。课程强化教学方法改革,根据知识要点和思政元素的特点、性质和要求,针对性地选择讲授法、讨论法、计算演示法、案例分析法和对比法与之匹配,形成多元混合、高效互动的教学方法,全方位提升教学效果。

课程形成了一支年龄、学历、职称结构合理,崇尚教学钻研的教学团队,团队建设的"投资学"获首批国家级线上一流课程认定,主持人严伟祥副教授曾获学校首届教师教学创新大赛一等奖、好试卷奖和线上"南审好课堂"。该课程荣获校级课程思政优秀示范课评选一等奖。

第二节 课程思政建设思路

一、课程定位与思政育人目标

(一) 课程性质与定位

证券投资学依托国家级一流专业(金融学)建设点、首批国家级线上一流课程"投资学",是金融学类专业的必修课程,同时也可以作为经济、管理类专业的选修课程。课程3学分,共计51学时。

"证券投资学"是一门交叉性强的课程,通过系统的专业知识学习和实践训练,掌握金融资产投资、固定资产投资、国际投资等方面的理论基础和熟练的业务技能,面向金融机构、各类企事业单位以及政府金融监管部门,培养从事投资管理及相关业务的高级人才,服务国家多层次资本市场建设。

(二) 思政育人目标

顶天——将党和国家的政策方针、社会主义核心价值观以及传统经典文化融入课程,培养学生具有责任担当和历史使命,为国家服务意识。

立地——培养学生过硬的专业技能,扩展自身发展机会。

知行合一——培养学生在道德情操、健全人格和优秀智力等方面知行合一。

二、课程思政元素与设计

(一) 课程思政融入点设计原则

坚持高度相关性、有机融合、易于教学的原则,从党中央政策方针、习近平总书记重要讲话精神、科学事实、辩证唯物主义原理、中国好故事、传统经典思想中撷取契合课程特点的思政元素和思政融入点。根据教师自身禀赋、学生专业差异,选择不同的内容开展思政教学。

(二) 课程思政融入点设计示例(见表 3-12-1)

表 3-12-1 "证券投资学"课程思政融入点示例

教学要点	思政设计	思政案例
我国证券市场发展史	我国制度的优越性: (1) 新中国仅用了 30 年的时间,证券市场发展成为世界第二大规模; (2) 国有银行股无偿划转社保基金,防范老龄化带来社保资金缺口	(1) 通过中国与美国、日本、英国、德国证券市场对比; (2) 2019 年和 2020 年国家多次划转工行、农行、交行国有股至社保基金,累计高达上百亿市值
融资融券交易	(1) 维护国家金融安全的重要性,以及如何防范系统性金融风险; (2) 量力而行:根据自身风险承受能力,决定是否使用杠杆交易	2015 年"股灾"中大量配资被强制平仓,投资者自身亏损严重,给市场造成巨大冲击
投资纪律	孟子曰:"不以规矩,不成方圆。"(出自《孟子》的《离娄章句上》)只有遵守一定的法则,才能把事情做好。要想投资成功,就必须严格执行投资纪律	军民鱼水情是解放军始终把"三大纪律八项注意"牢记在心的硕果,是解放战争胜利的重要后援力量

(三) 课程思政载体

在人才培养各环节落实课程思政,实现课程育人。具体包括课堂教学、慕课、教材建设、习题库、虚拟仿真实验、模拟股市大赛等。

三、课程思政教学方法

结合课程具体内容,采用讲授法、讨论法、计算演示法、案例分析法、对比法等教学方法(见表 3-12-2)。

表 3-12-2 "证券投资学"课程思政教学方法展示

教学要点	思政设计	思政案例	教学方法
经济周期与证券价格表现	理解供给侧结构性改革的必要性,理解国家实施刺激性经济政策的目的	新冠疫情后,国家实施刺激经济政策,对实体经济和证券市场的影响分析	讲授法;案例分析法
货币政策与财政政策对证券价格的影响机制	要有大局意识,货币政策和财政政策的调整虽然对证券价格有正向和负向冲击,但是有利于经济的稳定增长,长期来看,也有利于证券市场	如提高利率,抑制过热投资,短期股市可能因此下跌,但是达到稳定经济的目的,有利于股市长期发展	逻辑分析法
产业政策与证券价格影响	(1)国家推行新能源政策; (2)解决"卡脖子"工程的重要性,如设立国家大基金投资半导体产业,旨在突破美国牵头的《瓦森纳协定》的技术封锁,提高半导体产业的本国供给率	国家大基金(全称国家集成电路产业投资基金股份有限公司)投资兆易创新、长电科技、汇顶科技所带来股价波动	案例分析法
投资绩效分析目的与作用	事后评价的重要性	"君子检身,常若有过。"——习近平在《之江新语·做人与做官》一文中引用。 吾日三省吾身——《论语十则》	讲授法
风险调整后投资绩效分析	加强投资者教育,提高金融素养,树立正确的业绩评价理念	如何相对客观公正地评价事物	计算演示法;讨论法
有效市场假说及其应用	天上不会掉馅饼	《世说新语·道旁苦李》	案例讲解

四、课程思政考核

课程总成绩包括平时成绩 50%、期末成绩 50%,其中平时成绩包括课堂互动与表现 8%、作业 32%、实验 10%等过程性考核成绩。作业采用线上作业、书面作业、小论文、报告、实验、综合案例分析;课堂互动采用课堂参与率、课堂提问表现、线上提问率等;期末考试为闭卷考核。课程思政考核努力实现单一性向多元化发展、线上与线下混合相结合、过程性评价与终结性评价相结合、开放与闭环相融合。

第三节 课程思政教学设计案例

一、本次课程基本信息

课程类别:专业课

授课对象:投资学、金融学专业大三本科生

教学内容:第五章　第二、第三节　疫情下经济政策调整与证券市场
授课时数:2课时

二、教学目标

充分利用现代信息技术,坚持立德树人,有机融合课程思政与专业知识,积极开展线上线下相融的混合式教学,虚实相融的理论教学和实验教学,构建多维度、多形态的泛在式学习环境,形成高阶学习生态体系。通过高效的教与学,培养具有正确的政治方向、高度社会责任感、过硬的专业素质、实践能力和创新能力的金融投资人才。

三、教学重点和难点

教学重点包括货币政策调整对证券价格的影响机制;财政政策调整对证券价格的影响机制;产业政策调整对证券价格的影响机制。其中,教学难点为货币政策对证券价格的传导机制。

四、教学组织与实施

(一) 教学过程

(1) 问题引入——股市是国民经济的"晴雨表"吗?
(2) 通过列举2020年中国、美国、日本和德国的股市表现,进一步讨论疫情下的宏观经济与股市表现差异(思政融入)。
(3) 经济周期4个阶段股市表现的理论讲解(穿插互动)。
(4) 货币政策调整对证券价格的影响(举例:疫情下我国的货币政策)。
(5) 财政政策对证券价格的影响(互动)。
(6) 行业结构变化对证券价格的影响。
运用同花顺股票软件调取相关股票价格(如科技、半导体、新能源等)进行验证和互动讨论(思政融入)。
(7) 总结理论教学和实际案例后,再来回顾前面提出的3个问题,顺势归结问题。

(二) 教学方法

(1) 设问——回答,加强互动效果。
(2) 图表数据对比分析,提高逻辑性。
(3) 股价演示分析,提高可视化和直观性。

(三) 教学活动设计

将每个知识小点作为一个教学活动,每个教学活动中设有提问,通过学生的回答和互动掌握学生的学习效果。通过举例、对比、实时演示,分析经济周期、货币政策、财政政策、产业政策的变化,对证券市场价格的影响机制和路径。

(四) 课程思政理念与分析

通过疫情数据和股价表现数据对比,突出党和政府防控疫情的决心和力度,打赢抗疫之战。党和政府通过调整利率、发放贷款和补贴解决企业和居民的困难,宏观经济政策的调整对股市起到了积极作用。

五、教学反思

通过情景设置,把新冠疫情下的证券市场作为例子,分析货币政策、财政政策和产业政策的调整对证券市场的传导机制和影响,在提问—回答—讲解—对比—演示等过程中,传授知识。

第十三章

中国红色审计史

第一节　示范课简介及课程思政目标

"中国红色审计史"课程依托学校"诚信、求是、笃学、致公"校训、审计监督类人才培养定位和课程自身特点，凝练出"实事求是、讲诚信、守规则、诚心为公"的课程思政建设目标，建立特色鲜明的课程思政建设内容体系和方法体系。

课程以知识传授为明线、价值引领为暗线，实现知识传授与价值导向有机结合。课程以中国共产党领导下审计工作发展史（包括中国共产党创建之初及大革命时期、土地革命战争时期、全民族抗日战争时期、全国解放战争时期、社会主义革命和建设时期、改革开放初期、改革开放全面展开时期、社会主义市场经济体制初步建立时期、完善社会主义市场经济体制时期和中国特色社会主义新时代）中所呈现的重大事件、重要任务、重要人物、重要法规、重要组织等为载体呈现红色审计精神，实现专业教学与思政润心的"两点交融"。此外，课程借助新科技，依托视频、案例等多维教学资源，采用问题导向教学设计，多种教育教学方法综合并用，创新思政教育手段与方法。课程的开设产生了广泛的社会影响，先后被《人民日报》《新华日报》《中国审计报》以及中国会计视野网、中国江苏网、新浪网等多家权威媒体宣传报道，取得了良好的社会效果。

课程团队近五年讲授了《中国近现代史纲要》《中国红色审计史》等多门课程。通过开展"思政课程与课程思政协同发展"专题研究，从理论和实践两个维度对课程思政及其与思政课程之间的运行逻辑进行整体性探究。在《马克思主义研究》《理论建设》《江海学刊》《学术界》《学海》《财会通讯》等期刊发表课程思政相关论文。课程组教师获得过国家级优秀教育教学成果奖二等奖、省优秀教育教学成果奖一等奖、省思政课展示活动一等奖和二等奖等多项荣誉。

第二节 课程思政建设思路

一、课程目标定位

(一)课程性质与定位

"中国红色审计史"是一门通识选修课,2学分。"中国红色审计史"是审计史的有机组成部分、中国共产党党史的一门专门史、中国监察史的一门类别史。

(二)课程目标

课程通过呈现中国共产党领导下审计事业发展的历史脉络与实践逻辑,使学生在认知上掌握我国审计实践发展的规律,在情感上达成对中国共产党审计事业的认同,在行动上愿意对新时代审计事业发展做出贡献,在观念意志上对红色审计精神传承和弘扬。

(三)课程内容

本课程共10章。导论部分,继承红色基因,赓续红色血脉,争做忠诚、担当、可堪大用的审计人。第一章,中国共产党创建之初及大革命时期的审计;第二章,土地革命时期的审计;第三章,抗日战争时期的审计;第四章,解放战争时期的审计;第五章,社会主义革命与建设时期的审计;第六章,改革开放初期的审计;第七章,改革开放全面展开时期的审计;第八章,社会主义市场经济体制初步建立时期的审计;第九章,完善社会主义市场经济体制时期的审计;第十章,中国特色社会主义新时代的审计。

二、课程思政元素及其融入点的设计(见图3-13-1和图3-13-2)

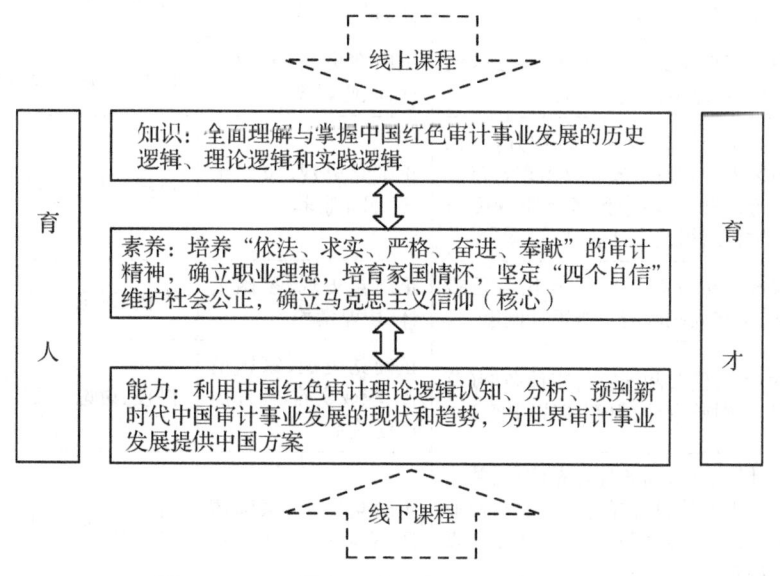

图3-13-1 课程思政元素及融入点设计思路

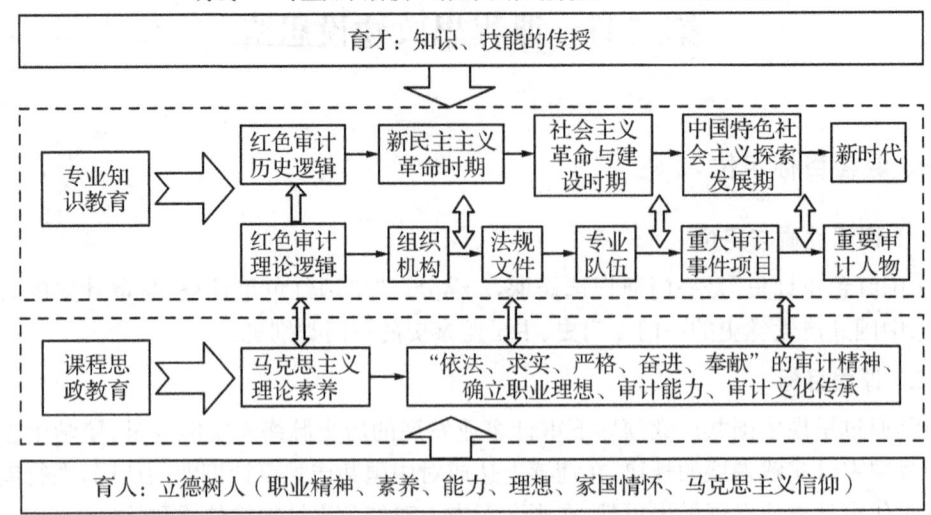

图 3-13-2 课程思政元素及融入点设计路径

三、课程思政教学方法

课程采用世界比较、案例分析、小组讨论、专题讲授等教学方法（见表 3-13-1）。

表 3-13-1 课程思政教学方法

章 节	知识点	思政点	方 法	案 例
导论	课程的定位、内容、价值、方法	联系的观点、发展的观点	讲授、讨论	
第一章	安源路矿工人俱乐部、广东省港罢工委员会的审计	正确党史观、家国情怀、职业素养	讲授、讨论	消费合作社审计
第二章	中央审查委员会成立、中央苏区的审计、革命根据地的审计	正确党史观、家国情怀、职业素养	讲授、讨论	阮啸仙审计思想
第三章	陕甘宁边区政府审计机构分与合、边区审计委员会成立、《山东省审计暂行条例》、《苏中区各级审计委员会暂行组织及审计法规（草案）》	正确党史观、家国情怀、职业素养	讲授、讨论	林伯渠的审计思想
第四章	解放区审计机构的多样化与正规化、华北人民政府三级审计制度	正确党史观、家国情怀、职业素养	讲授、讨论	《陕甘宁晋绥边区暂行审计条例》
第五章	《中华人民共和国暂行审计条例（草案）》、财政审计、内部稽核制度	正确党史观、家国情怀、职业素养、内外因辩证关系	讲授、讨论	松江省立第一医院修建工程案
第六章	审计署成立、国务院发布施行《关于审计工作的暂行规定》、企业与行业审计、国际援助贷款项目审计和审计调查	正确党史观、家国情怀、职业素养、矛盾观	讲授、讨论	审计署成立

续 表

章 节	知识点	思政点	方 法	案 例
第七章	依法审计、审计条例、审计队伍建设、审计人才培养	正确党史观、家国情怀、职业素养、内外因辩证关系	讲授、讨论	中央行政事业单位审计
第八章	反腐倡廉、经济责任审计、审计法、涉外审计	正确党史观、家国情怀、职业素养、实践观	讨论、案例分析	"二十字"审计方针
第九章	"3+1"格局、审计"八不准"、开放与审计	正确党史观、家国情怀、职业素养、四个自信	讨论、案例分析	抗震救灾和灾后恢复重建跟踪审计
第十章	成立中央审计委员会、培养审计人才、新修订《审计法》、共建"云审计"、出台领导干部自然资源资产离任审计	正确党史观、家国情怀、职业素养、四个自信、系统思维	讨论、案例分析	《中华人民共和国审计法》(2021年最新修订)

四、课程思政资源建设

课程团队共 10 人,教授 3 人,副教授 3 人,讲师 4 人,职称、年龄梯队合理。《中国红色审计史》教材正在编写之中。建设了"中国红色审计史"课程思政示范课协同创新发展研究中心,建有校内审计文化教育博物馆、校外王荷波纪念馆、红色文化广场、江苏省审计局、盱眙审计局等实践教学基地,为课程的思政教育提供资源支撑。

第三节 课程思政教学设计案例

一、本次课程基本信息

课程类别:通识教育课
授课对象:各年级各本科生
教学内容:第一章 第一讲 安源路矿工人俱乐部时期的审计
授课时数:2 课时

二、教学目标与要求

通过教学,使学生了解中国共产党创建之初与大革命时期审计的时代背景与已具有审计性质的经济审查监督活动;安源路矿工人俱乐部审计产生的背景、内容、特征、功能;使学生了解中国红色审计萌芽的实践逻辑。

三、教学内容

(1) 安源路矿工人运动爆发的背景。在风起云涌的罢工斗争中,安源路矿工人大罢工产生了重大影响。安源路矿是江西萍乡的安源煤矿和由湖南株洲到萍乡安源的株萍铁路的合称。

（2）安源路矿工人运动的过程。1921年秋冬，中共湖南支部书记毛泽东两次到安源调查，向工人进行宣传。湖南党组织派李立三等到安源开展工作。1922年2月，建立了中共安源支部。

（3）安源路矿工人俱乐部的成立。1922年5月，安源路矿工人俱乐部成立，开展维护工人合法权益的斗争，李立三被推选为俱乐部主任。

（4）安源路矿工人俱乐部的审计活动。1923年4月，俱乐部第一届最高代表会议第二十一次会议决定组织经济委员会，直隶于最高代表会议。两天后召开的第二十二次会议上通过了《经济委员会简章》，进一步明确经济委员会下设保管部和审查部。1924年8月，俱乐部举行第二次换届选举，新一届俱乐部决定将审查部从经济委员会中独立出来，单独成立经济审查委员会，与财经管理工作分立，专司审查经济职能，与执行委员会（干事会）并列，同属于俱乐部最高代表会议。

（5）思政内容包括中国共产党成立初期革命的宏观形势，进行革命工作的艰辛，中国共产党早期审计工作从业人员的精神魅力。

四、教学方法

主要包括讲授法、讨论法。通过老师对课程内容的基本讲授，使学生对安源路矿工人俱乐部的审计活动有一个清晰的了解，形成基本认知。对本章节的重点内容和难点内容进行讨论，增加学生对相关知识点的理解。

思政教学方法包括情景体验法、汇报展示法。对这段红色审计史中典型人物及其事迹以视频的方式呈现在学生的面前，使学生进入一种沉浸式的学习体会中。对红色审计模范人物和典型事件要求学生进行整理汇报。

五、课程资源

本次课主要参考书包括：中华人民共和国审计署编著，中共党史出版社2021年出版的《中国共产党领导下的审计工作史》；中国金融思想政治工作研究会编著，中国财政经济出版社2021年出版的《中国红色金融史》；江西省审计局汇编，江西省审计局1988年出版的《中央苏区审计史料汇编》；中国审计学会和审计署审计科研所编著，北京工业大学出版社1990出版的《中国革命根据地审计史料汇编》；陕西审计学会、陕西省审计研究所编著，陕西人民出版社1989年出版的《陕甘宁边区的审计工作》等。

第十四章

法学学科专业综合实验——法律诊所

第一节 示范课简介及课程思政目标

"法学学科专业综合实验——法律诊所"课程是法学专业学生的实践必修课,以培养"德法"兼修的法学专业人才为目标。课程通过实践教学激发学生形成专业服务社会价值感,建立以法治建设为己任的专业责任感和家国情怀的思想境界。凝练出"弱势帮扶""服务社会责任感""家国情怀"等思政元素。

课程积极改革教学方法,运用课内模拟实践技能。课外真实实践来检验课内理论知识。课程积极开发特色思政实践项目,创新思政教学内容,利用南京地方特色事件——东京审判创设"模拟东京审判"法治情景剧,通过公演向社会宣传爱国和民族复兴责任;同时,课程利用周边社区便利条件,创设"送法上门"法律服务,鼓励学生为弱势群体提供帮扶,激发学生立志用专业服务社会的责任感。课程利用科技赋能教学,创设校外网络实践管理平台、建设微信群,有效指导和管理校外实践,提升学生实践效果。课程构建学生、老师、社会的三方评价体系,强调以学生间的互评和第三方的评价为特色的思政评价体系构建。

课程自 2014 年开设以来,获批国家级、省级社会实践一流课程,获评校级优秀课程思政示范课。为弱势群体提供的"送法上门"实践项目获得政府连续 6 年采购,并获《光明日报》专门采访;弘扬爱国情怀的"模拟东京审判"公演被江苏教育白皮书作为特色项目专门报道,并获得央视等主流媒体的报道;课程思政成果获得校级思政成果一等奖。课程主持人秦康美教授获得江苏省"七五"普法"先进个人"荣誉称号,课程团队获得中国法学会法律诊所教育委员会"全国特色法律诊所"称号,主持人获得"法律诊所新秀"称号。

第二节 课程思政建设思路

一、课程目标定位

(一)课程性质

"法学学科专业综合实验——法律诊所"是面向法学专业本科三年级学生开设的专业实

践课,共2学分68学时。

(二)课程目标

通过教学,使得学生专业知识、专业技能获得提升,培养学生家国情怀,激发学生形成专业服务社会价值感。

(三)课程内容

课程内容包括课内演练的内容和课外实践的内容两部分。课内演练部分,知识上有审计、会计、金融领域的专业知识,法律服务八大模块专业知识,法律技能的背景知识等;能力上有综合业务能力、法学应用能力;价值观上有法律职业伦理、理论联系实际的学风、法律职业素养。

课外实践部分,知识上包括基层法治运行情况、基层民众的法治需求、法治的"本土资源"、探究法律问题的思路;能力上为团队协作能力、法学思维能力、法律服务能力;价值观上包括弘扬爱国主义精神、坚定法治信仰、培育服务社会意识。

二、课程思政设计思路

本课程思政教育的设计思路见图3-14-1。

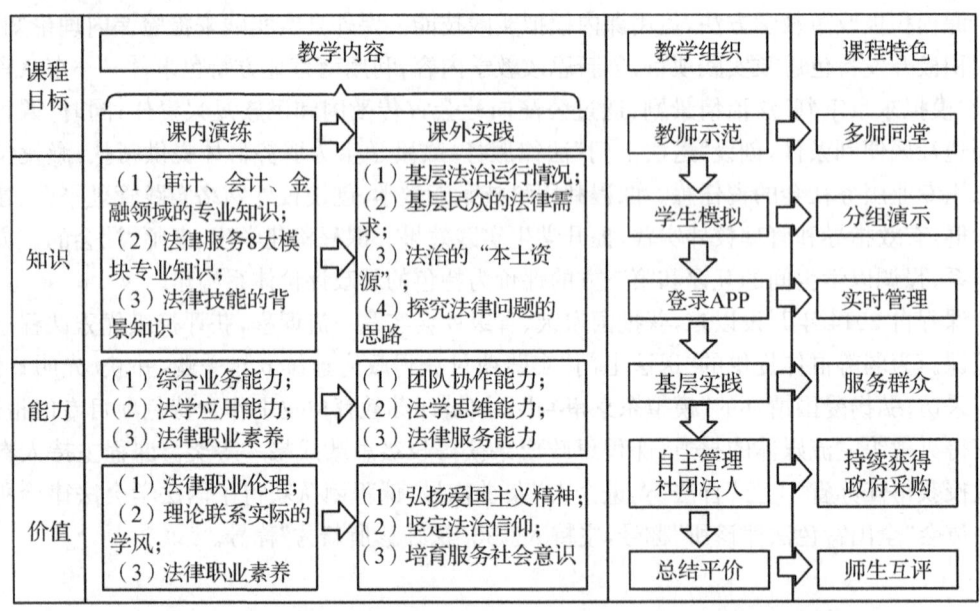

图3-14-1 "法学学科专业综合实验——法律诊所"课程思政设计思路

三、教学实施

(一)课堂模拟流程

本环节首先教师示范,然后学生模拟,教师予以指导,之后学生再模拟,接着小组互评,教师进行总结。具体流程见图3-14-2。

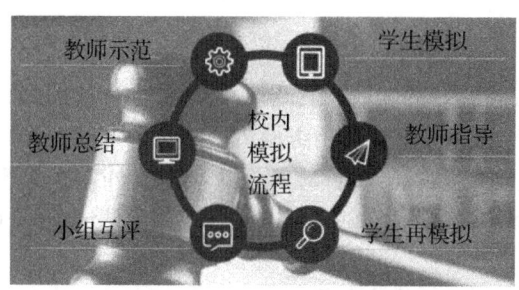

图 3-14-2　课堂模拟流程

(二) 课外实践流程

课外实践主要为送法上门。学生自主实践后,集中汇报实践中遇到的问题、思考与困惑,教师进行指导,之后进行集体讨论,最后形成对具体案件的处理方案。具体流程见图 3-14-3。

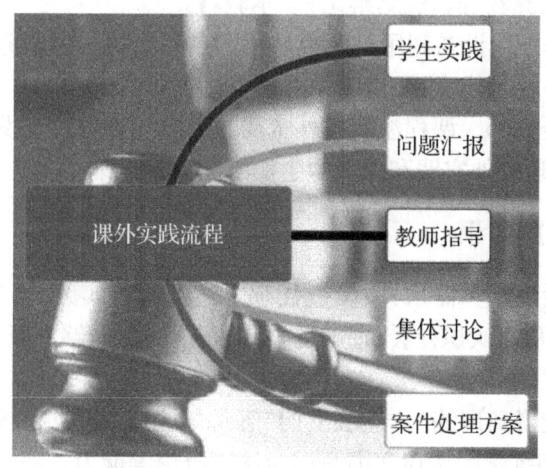

图 3-14-3　课外实践流程

(三) 教学实施具体做法与特点

(1) 双师同堂教学。由校内外老师共同指导学生课内外活动。

(2) 模拟演练与翻转课堂相结合。八大模块的模拟与实践。课内选择审计、会计、金融领域典型案件让学生分小组模拟,由教师进行技巧示范,学生演练,师生点评后再演练,促使学生对专题技巧的初步掌握。

(3) 实践 App 应用。学生每次外出实践需要登录 App 以显示实践位置、时长及展示活动内容,便于教师实时了解学生的实践情况。

(4) 师生共创。学生将遇到的法律问题在群里进行汇报,师生共同讨论并形成方案。

(5) 引导与探究。通过总结评价学生在实践活动中的知识与技能的运用效果,引导学生更深层次探究专业问题。

四、考核评价

平时、期末成绩各占总成绩的 50%,强调以小组互评为基础,教师评价只占 30%,小组评价占 70%。平时考核:理论考核包括小组课内 8 次模拟的互评、每组成员间的互评;实践考核包括校外实践平台上实践时长评价(教师评),小组校外实践表现互评。期末考核:理论考核为小组互评类型化案例梳理。实践考核包括个人实验报告评价(教师评)和小组互评校外实践活动效果。

五、资源建设

(1) 校外导师进课内。本课程实行多师同堂,将校外经验丰富且有理论功底的实践导师引进课内教学,使学生获得课内示范技巧。校外导师共有 10 名,承担学生校外的实践指导。

(2) 开发实践教材。2014—2015 年间,课程负责人组织教师编写并公开出版《法律实务综合实训教程》《模拟法庭教程》《法庭辩论》3 本教材。

(3) 常态化实践基地建设与利用。课程采用定点和上门法律服务相结合的形式开展实践活动。目前开发了 6 个定点基地和 42 个乡村、社区基地。

(4) 开发校外实践 App。课程注重校外实践的组织与管理。开发与使用校外实践 App 和建立微信群,有效管理校外实践和保障师生实时互动。

六、课程思政实施效果

(1) 了解基层法治现状和需求,激发责任感。通过课程实践,学生了解到乡村、社区等基层法治状况和需求,从而认识社会、理解社会和服务社会,能够不断提升自我,激发爱国热情和民族复兴责任感。

(2) 学生基本技能得到训练。"送法上门"训练学生接待、谈判、调解、辩论等法律职业技能。模拟东京审判训练学生法律文书写作与法庭辩论等能力。高校法庭辩论赛训练学生对前沿问题的搜集能力、现场应变能力。

(3) 法律思维能力得到提升。实践主要训练学生对法律知识的运用能力,解决问题时的逻辑思维能力。

(4) 复合型知识得到拓展。实践教学结合我校的特色专业优势,通过实践拓展学生在审计、会计、金融领域的知识。

(5) 学生创新创业能力得到训练。学生自主实践、思考、探索,师生共研、共创,形成最终解决方案,训练了学生创新创业能力。

(6) 三大实践活动品牌"模拟东京审判""法庭辩论赛"和"送法上门"在省内外有广泛的影响力,被江苏省司法厅和南京市浦口区司法局连续多年采购。

第三节 课程思政教学设计案例

一、本次课程基本信息

课程类别：专业课
授课对象：法学专业大三本科生
教学内容：接待当事人
授课时数：8学时，课内教学2学时，校外实践6学时

二、教学目标

接待当事人是法科学生掌握法律实务技巧的一个重要方面，也是法律服务者提供任何法律服务都不可或缺的重要环节。该教学共8学时，其中课内教学2学时，校外实践6学时。

（1）获得接待当事人的知识。本次课程旨在让学生在课堂内了解、模拟演练接待当事人的初步技巧，在校外走进社区真正去实践接待当事人，通过模拟和实践全方位掌握接待当事人的知识。

（2）提升接待当事人的实践技能。通过本次课的教学，使学生掌握接待当事人的相关理论和实践技巧，引领他们走进基层，通过实践来真正感知接待当事人的技巧，通过实践来检验知识的掌握程度和知识的运用能力。

（3）激发学生的学习兴趣，培养正确的人生观。通过实践，让学生感知法律服务所需要的知识与技能，使学生从内心感受到学习的重要性，激发学生自我学习的兴趣。同时，通过实践，能够提升学生在思想层面的境界。

三、教学内容

（一）课内教学

1. 思政教学内容

引导学生客观、公正地看待当事人的问题与观点，树立起在为社会提供法律服务时应始终把握公正、公平、正义的价值观。引导学生对公序良俗观念的维护和宣传。引导学生树立服务社会的人生观，通过实践让学生去认识社会、研究社会，激发他们为社会服务的责任感。

2. 理论教学内容

接待当事人的目的；接待当事人过程中应注意的问题；接待当事人的技巧：如何争取对方的信任，如何提问，如何引导当事人陈述事实，如何记录谈话内容及收集证据线索。

（二）校外实践

学生在值班点和"送法上门"进基层实践接待当事人，通过法律咨询和法律服务的实践来掌握接待当事人的技能。

四、教学过程

(一) 课内模拟流程

1. 教师示范

(1) 校内教师导入内容。校内教师提问:"律师工作的展开,首先要关注和哪些对象的关系?""在面对不同的对象时,律师要关注的首要问题是什么?"引导学生开展讨论,并得出结论:律师首先要面对的是当事人,面对当事人时所需要关注的问题与面对法院审判人员(或工作人员)、证人、其他单位人员各不相同。"当事人对律师会有很多的选择机会,那么律师会见当事人的目的是什么?""针对不同的目的,会见时应该注意什么问题?学生应该进行哪些准备工作?""如果当事人提出特殊要求,怎么应对?"让学生针对这些问题发表自己的观点。校内教师对学生的观点进行总结梳理。

(2) 校外实践导师的经验介绍与演示。校外实践导师从专业的角度向学生介绍接待当事人工作的目的、准备工作、规范要求等,让学生了解律师接待工作的规范性、专业性要求及相关技巧的运用。

2. 学生模拟演练

(1) 基本案情了解。咨询人:张某,女,23岁,住浦口区江浦街道求雨山社区,在苏果超市工作。张某,结婚一年,与丈夫婚后常因家务发生争吵,直至双方有了离婚的打算。但是是协议离婚还是诉讼离婚,双方未能有完全一致的态度。现在张某来向律师提出咨询,希望解决自己的一些疑问。

(2) 小组模拟。各组学生分为律师方与当事人方,在模拟区展示律师接待当事人:律师与当事人沟通确定会见地点、会见当事人时身份的介绍、倾听当事人对案件的陈述、律师提问、总结案件相关事实、记录有效信息,以及确定是否委托及代理。

3. 小组互评

教师引导其他小组学生对模拟演练的表现进行点评。

4. 教师指导

教师对模拟演练的表现进行点评,指出模拟演练中的问题,并提出改进的方法,指导学生进一步演练。

5. 学生再模拟

学生根据小组互评与教师指导再进行模拟演练。

6. 教师总结

教师总结与评价本次课程学生的表现。

(二) 课外实践管理流程

(1) 登录校外实践 App,确定实践的时间、地点、内容。

(2) 校外定点值班服务和"送法上门"进基层服务。

(3) 反馈。学生在实践中遇到不能处理的问题时,可以申请教师指导,校内外教师在微信群里进行指导或一对一指导。

(4) 讨论。针对实践中遇到的问题,教师及时进行指导和组织学生进行讨论,形成案件处理方案。

(5) 评价。教师通过校外实践管理平台查看学生外出实践的具体内容,评价学生校外实践的效果。

(6) 总结。学生互评及教师总结。

第四篇
优秀课程教学大纲

教学大纲是教师为即将进行的课程教学所设计、制定的规划,是实施教学的基本依据,包括确切的、可以把握与评估的课程学习目标;教师对学科知识与实践应用契合点的理解程度和具体阐释;学科知识支撑信息的来源及更新情况;教师提供给学生的相关阅读资料和查找区域;有助于培养学生主体性、创新能力,可把握的有内在逻辑的、探究性的学习任务和学习方式;契约式的学习评估的详细计划等。新文科建设背景下,OBE(Outcomes-Based Education)成果导向的教育,强调的学生中心、成果导向、持续改进理念,是专业课程建设必须遵循的基本理论。该理论强调教育系统要建立在明确的成果框架之上,课程、教学策略、绩效标准的制定和实施是为了促进关键性成果的实现,相信所有学生都能成功,要从最终的学习成果反向设计课程。OBE理念满足了当下学习范式的要求,突出学生中心地位,按照学生学习和发展需求设置学习成果目标,组织教学系统和资源,提供支持服务;强调学习成果对教学各要素和环节的导向作用,强调课程内容、方法、评价与课程学习成果的一致性,相互之间的内在逻辑关系为持续改进提供了路线图,最终保障了学习成果的有效实现。

为加强新时代新文科背景下的教学新基建,进一步提升学校课程建设的科学性、先进性,促进学校本科教育高质量发展,2022年,学校启动新一轮课程教学大纲修订工作,确定了修订工作的四项原则:第一,科学性原则。遵循教育教学基本规律,以OBE理念、布鲁姆认知教育目标分类理论为指导,增强人才培养目标、课程目标、教学内容、教学方法、课程评价等内在联系和一致性,具有科学性、系统性和逻辑性,学习成果目标明确、具体、可测量。第二,先进性原则。按照学生学习和发展需求设置学习成果目标,增强高阶性、创新性、挑战度,推进教师回归教学、学生回归学习。突出课程思政,有效落实立德树人根本任务。积极运用现代信息技术,推进教学模式改革。第三,规范性原则。确保师生、学科专家、教育专家、行业专家参与修订论证,遵循学校相关规定和要求,建立研讨、评价与审核机制。课程内容遵循国家法律法规和学科行业规范,格式规范符合学校统一的相关规定。第四,创新性原则。注重学校办学和专业人才培养特色,积极发挥教师的积极性、主动性和创造性,更新教学内容,创新教学方法,建设数字等教学资源,大力开展研究性教学、线上线下混合式教学、校企合作教学等,创新课程考核方式和学生学习模式。经过近一年的工作,完成了1 000多门课程的教学大纲修订工作,学校组织了优秀课程教学大纲评选,陆桂琴负责的公司金融、冯利伟负责的组织行为学、大学英语Ⅲ课程组负责的大学英语Ⅲ获得一等奖。

第十五章

公司金融

第一节 课程教学目标

一、课程简介

公司金融为金融学、投资学等相关专业的核心课程,3学分共51课时,面向金融学、投资学、信用管理、金融数学、金融企业管理等专业三年级开设,需要先修"微观经济学""宏观经济学""金融学""投资学""会计学""高等数学""概率与数理统计"等课程。主要研究如何通过投资决策、融资决策、净营运资本管理等相关财务决策,实现现有股票价值的最大化。具体包括:概论、估值与资本预算、风险、资本结构与股利政策、长期融资、期权、期货与公司理财、短期财务与理财专题。课程教学目标以传授公司金融理论、知识和技能为基础,帮助学生理解财务问题发展规律,提升财务问题认知水平,掌握财务问题科学研究方法。思政目标包括:帮助学生树立正确的世界观、价值观、金融观与道德观,培养学生科学素养与科学精神,尤其是批判精神、求证精神等。引导学生实践创新,提升其发现、分析与解决实际问题的能力。使学生学会自我反思、持续学习,达到自我完善。

二、课程教学目标

通过本课程学习,学生能够具备下列能力素质(见表4-15-1):

课程目标1:学生能够知道公司金融的基本理论与知识,熟练应用财务决策技能。学生能够知晓公司财务决策的基本理论、基本原理、基本方法与基本技能,初步应用财务数字化、可视化和实证化技能,具备持续学习与研究财务决策问题的素养与能力。学生能够熟练运用财务技能,发现、分析与解决实际财务问题。

课程目标2:学生能够领会财务问题发展规律,研判财务问题发展趋势。在讲解财务基本理论与知识的同时,将时间拉长、地域放宽,结合国内外经济、金融形势、政策背景、历史重大事件等理清背后演变逻辑,让学生能够领会财务问题背后的发展规律,面向未来,研判财务决策发展趋势。

课程目标3:学生能够系统化财务问题,建立独特认知。在财务问题上进行科学决策为股东创造财富,必须具有高于大众一般水平的独特认知。在教学中,通过启发教学、课堂讨论、头脑风暴、经典案例等方法,使学生能够系统化财务问题,独立思考、批判思维,建立独特认知。

课程目标 4:学生能够综合应用科学研究方法,理性分析与解决财务问题。本课程会通过理论讲解配合各金融市场实证分析结果,让学生能够综合应用逻辑推理与实证归纳两种财务问题科学研究方法,理性分析与解决各类财务问题。

课程目标 5:思政育人目标。① 学生内化正确的世界观、价值观、金融观与道德观。结合课堂教学,通过正面与负面财务案例,进行观念塑造。学生内心真正认同(内化)正确的世界观、价值观、金融观与道德观,自觉爱国爱党、遵守法律、诚实守信,深刻理解金融服务实体经济的使命,恪守高尚的职业道德等。② 学生深刻领会科学精神,具备科学素养。全方位讲解经典公司金融理论的假设、推理与实证过程,学生深刻领会批判精神、探索精神、求证精神等科学精神内涵,并具备一定的科学素养。③ 学生能够执行实践创新。引导学生关注我国公司金融的理论与实践问题。执行实践创新,发现、分析并创新解决实际财务问题。④ 学生能够持续自我完善。通过财务理论、观念的演化发展,学生能够自我反思、持续学习,并达到自我完善。

表 4-15-1 课程目标对专业毕业要求的支撑情况

课程目标	毕业要求
1	专业知识
2	理解能力
3	批判思维能力
4	分析、解决实际问题能力
5	价值评判能力

第二节 课程内容、方法与评价

一、教学内容与课程思政融入点

根据课程思政目标,挖掘课程思政元素及融入点设计(见表 4-15-2)。

表 4-15-2 "公司金融"课程教学内容、课程思政元素及融入点

课程内容	课程思政融入点
第一章 公司理财与财务经理	(1) 股东财富最大化与公司价值最大化讨论;如何贯彻社会主义核心价值观法治、公平。 (2) 如何利用社会主义核心价值观教育,处理股东经营者代理冲突,让经营者做到诚信、敬业。思政综合案例:保千里大股东掏空上市公司
第二章 财务报表、税与现金流量	用辩证唯物主义与历史唯物主义的观点与方法解读会计报表的发展历程、逻辑与结构
第三章 财务报表与长期财务计划	结合康得新财务造假案例,讨论如何识别企业财务造假与盈余操纵,促进企业诚信经营、诚信披露

续 表

课程内容	课程思政融入点
第四章　折现现金流估价	结合国务院发布的《互联网金融风险专项整治工作实施方案》，讨论利率的合理水平
第五章　净现值和投资评价的其他方法	调查我国企业资本预算方法的使用情况；党的二十大提出"增强投资对优化供给结构的关键作用"，思考科学投资决策对优化我国供给结构的关键作用
第六章　投资决策	讨论碳达标、碳中和与企业投资决策
第七章　风险分析、实物期权和资本预算	
第八章　利率和债券估值	
第九章　股票估价	用马克思资本观看待股票投资的资本利得，理解北京证券交易所成立的重大意义
第十章　收益和风险	党的二十大提出"守住不发生系统性风险底线"，思考我国面临哪些重大系统性风险，如何进行管理
第十一章　风险、资本成本和估值	如何保证证券分析师预测的诚信问题
第十二章　有效资本市场和行为金融学挑战 第十三章　长期融资简介	了解我国市场内部交易监管变革，沪港通的重要意义。《关于做好当前金融支持房地产市场平稳健康发展工作的通知》(银发〔2022〕254号)要求，"稳定房地产开发贷款投放"，"支持项目主办行和银团贷款模式"。以房地产行业为例，结合该文件讨论银行信贷对企业融资的影响
第十四章　资本结构：基本概念 第十五章　资本结构：债务运用的限制	
第十六章　股利和股利派发政策	
第十七章　资本筹集	《关于推进社会信用体系建设高质量发展促进形成新发展格局的意见》(2022年3月)要求"坚持"严监管、零容忍"，依法从严从快从重查处欺诈发行
第十八章　短期财务与计划	
第十九章　现金管理 第二十章　信用和存货管理	结合企业信用管理，理解全国金融工作会议"加强社会主义信用体系建设"的重要性

二、教学实施

（一）教学时数分配

本课程共20章51学时。第一至第十二章、第十五章、第二十章每章3学时，第十三、第十四章共3学时，第十六、第十七章共3学时，第十八、第十九章共3学时。其中，每个3学时中有2学时在教师指导下进行线上学习。

（二）教学方法

教学主要采用线上线下混合式教学，线上学生自主学习与在线讨论，线下课堂讲授、案例分析、课堂研讨等。

三、考核方式与成绩评定

（一）成绩评定

总评成绩＝平时成绩40%＋期末成绩60%。平时成绩包括作业30%、自主学习10%。

（二）考核方式

作业采用线上单元测试、案例分析、课堂测验、调查报告等形式（见表4-15-3）。期末考核采用闭卷考试方式。

表4-15-3 课程考核对课程目标的支撑情况

考核方式及成绩评定	课程目标1	课程目标2	课程目标3	课程目标4	合计
期末考试60%	15	15	15	15	60
线上单元测试30%	10	10	5	5	30
自主学习（案例分析、讨论、课堂测验、调查报告等）10%		2	3	5	10
各目标对应分值	25	27	23	25	100

四、教学要求

（一）理论教学要求

教师需具有经济学、金融学、投资学、会计学等相关学科专业背景，完善的教学大纲，教学课件和教案以及丰富的教学案例，采用启发式教学和案例教学，引导学生构建自己的知识架构。学生能够了解和掌握公司理财的基本原理和基本方法，能够理论联系实际，分析和解决企业遇到的各种投资、融资和分配决策等。

（二）课程思政教学要求

教师需要深入理解我国社会主义核心价值观；国家当前的金融发展现状；党的十九大报告以及全国金融工作会议关于未来国家金融发展与改革的政策与措施。

第三节 课程资源

一、教材

[美]斯蒂芬·A.罗斯,等.公司理财(原书第11版).北京:机械工业出版社,2019.

二、主要参考书与经典文献

(1) [英]理查德·A.布雷利.公司金融(原书第12版).北京:机械工业出版社,2019.

(2) 朱叶.公司金融.复旦大学出版社.2021(4).
(3) [法] 让·梯若尔.公司金融理论(上下册).北京:中国人民大学出版社,2014.

三、数字化教学资源

(1) 中国大学慕课公司金融.https://www.icourse163.org/spoc/course/NAU-1460486161。
(2) 中国公司治理网.http://www.cg.org.cn/。

第十六章

组织行为学

第一节 课程教学目标

一、课程简介

"组织行为学"定位为高等学校工商管理类专业的基础课程、其他专业的选修课程。"组织行为学"是现代管理科学的一门核心课程。在掌握一定组织中人的心理和行为规律的基础上,提高人的行为的预测、引导和控制的能力,以便更有效地实现预期的组织目标。通过学习,要求学生较为系统地掌握组织行为中个体行为、群体行为、领导行为和组织行为的基本概念、基本原理,包括个体心理与行为(如知觉、态度、价值观、人格、能力、情绪等)、动机与激励、群体心理与行为、团队、领导、组织文化、组织学习与创新、组织变革与发展、个人与组织的联系等内容;通过案例分析和实践练习,帮助学生增强管理的基本能力、人际关系能力以及运用所学知识分析解决问题的能力;将思政要素贯穿融入教学的过程中,正确地引导学生的人生观、世界观和价值观,使学生学会权变的思想,权变地看待问题、解决问题。

二、课程教学目标

课程目标1:知识目标。要求学生了解组织行为学的内容体系,让学生系统地掌握组织中个体行为与心理、群体行为和属性、组织系统特征的基本概念、基本原理,能够从个体、群体和组织三个层次上理解人的认知、情感、态度、价值观、工作动机等心理和行为规律等,并熟悉组织行为在管理领域的作用以及和其他领域交叉发挥的价值。

课程目标2:能力目标。增强学生对组织活动中各种行为现象的直接感受和经验。通过案例分析和讨论,帮助学生学会从行为的角度运用相关的理论和方法来描述、解释和分析组织中的实际管理问题,并寻求相应的解决对策,帮助学生增强管理的基本能力,培养学生正确处理和协调人际关系的能力,以及学生独立思考、沟通、批判、探索及运用所学知识分析解决问题的能力。

课程目标3:素质/价值目标。以学生成长成才为中心,将思政要素贯穿融入教学的过程中,正确地引导学生的人生观、世界观和价值观,引导学生逆境中乐观向上、顺境中居安思危、正确看待名利。帮助学生形成积极健康的态度和价值观,争做积极奉献服务社会的好青年,促进学生全面发展成长,为大学毕业后步入职场、走上工作岗位打下扎实的基础(见表4-16-1)。

表 4-16-1　课程目标对专业毕业要求的支撑情况

课程目标	毕业要求
1	专业知识
2	应用能力
2、3	具有良好的人际交往能力、团队合作意识,并具有良好的人际关系
3	品德修养

第二节　课程内容、方法与评价

一、教学内容与课程思政融入点

根据课程思政目标,挖掘课程思政元素及融入点设计(见表 4-16-2)。

表 4-16-2　"组织行为学"课程教学内容、课程思政元素及融入点

章　节	课程思政融入点
第一章　组织行为学导论 一、组织与组织行为学 二、组织行为学的历史沿革 三、组织行为学常用的研究方法	(1) 课程教学过程中,人生观、价值观、世界观教育内容融入课堂之中,并坚定中国特色社会主义核心价值观,端正学习态度,培养学生的人文情怀和爱岗敬业精神,加强学生社会责任感、使命感。 (2) 从组织行为学的研究内容与发展中教育学生社会发展的阶段性,增加学生对我国现行发展阶段的认知。 (3) 明确管理人员研究和应用组织行为学的意义与作用,学会运用辩证和权变的思想,辩证、权变地看待问题、解决问题,提高学生学习、独慎、思辨的能力,使其树立辩证唯物主义观念
第二章　个体心理与行为 一、知觉与行为 二、价值观与行为 三、态度与行为 四、能力与行为 五、人格与行为 六、情绪与压力	(1) 强调个体个性、态度、性格、认知等方面,培养学生全面综合的认知能力,让学生有效地了解自己,并做到自我控制,加强对自我的培养。 (2) 通过对个性与气质的了解,增强学生对不同人的个性与行为的认知能力,提升与人、社会相协相融的能力。 (3) 增加对压力的认识,塑造学生健全人格,及时排解心理压力,形成健康的心理素质,增强今后应对生活、工作压力的能力。 (4) 融合价值观的介绍,开展新时代中国特色社会主义核心价值观教育,引导学生建立社会主义核心价值观,引导学生在学习过程中深化认识、提升感悟。 (5) 了解人的能力差异性,尊重能力的差异性,强调能力越强所承担的家国责任越大,培养学生的责任担当与家国情怀意识
第三章　动机与激励 一、基本概念 二、激励的需要理论 三、激励的过程理论 四、综合激励理论 五、在中国文化背景下的激励实践	(1) 结合经典案例和企业实践,提高学生分析和解决人与工作、组织、环境要素间匹配的问题,具有解决问题的能力,引领学生对人生高层次需求的追求,激发学生内在的成就动机。 (2) 让学生建立起"以人为本"的管理理念,培养学生主动了解他人、善于激励他人的品格

续表

章　节	课程思政融入点
第四章　群体心理与群体行为 一、群体概述 二、群体发展的过程 三、群体结构 四、群体行为特征 五、群体冲突与管理	(1) 在群体决策体验中，培养学生的独立思考意识，通过研究性学习培养学生群体团队意识、群体团队合作精神和有效处理冲突的能力等。 (2) 让学生在了解我国群体本位文化的基础上，培养其主人翁意识和乐于奉献的精神
第五章　团队 一、团队的特征 二、团队的类型 三、团队过程管理 四、团队效能与评价	结合经典案例和模拟实践，培养学生的团队合作意识
第六章　领导 一、领导的内涵 二、经典领导理论 （一）领导特质论 （二）领导行为论 （三）领导权变论 三、新型领导理论 四、中国情境下的领导实践	(1) 中国情境下的领导实践是全球领导知识值得期待的增长点，特别对中国共产党建党、中华人民共和国成立以来所取得的成就中所蕴藏的领导构想，需要进一步深入发掘和提炼，增加理论自信与制度自信。 (2) 领导理论都因某些特殊领导现象而诞生，大多适合解释特定群体或特定文化背景下的领导活动及其规律。比较中国家长式领导与西方领导—成员交换关系理论，掌握中国情境下领导实践的主要观点和成就，让学生领略中国传统文化的智慧与魅力，培养学生的民族自豪感和文化自信
第七章　组织文化 一、组织文化的概述 二、组织文化的分类与测量 三、组织文化的建设	加强对中国本土企业文化的起源与发展的介绍，让学生了解我国组织文化建设的模式、理论框架和发展趋势，注重建立社会主义核心价值观，培养学生的民族自信和文化自信
第八章　组织学习与创新 一、组织学习 二、学习型组织 三、组织创新 四、学习型组织和组织创新的中国实践	让学生熟悉我国企业勇于创新和突破自我的奋斗历程，激励学生发扬探索精神、创新精神，自我超越、不断学习、追求创新与发展
第九章　组织变革与发展 一、组织变革与发展概述 二、组织变革与发展的系统模型 三、组织变革的阻力及其克服 四、组织的发展趋势和新型组织	融合中国组织变革的案例，让学生了解到事物的发展变化不是一帆风顺的，培养学生居安思危、面对困难和挑战主动担当作为的品质，让学生有危机意识、前瞻意识
第十章　个人与组织的联系 一、个人—组织匹配度 二、组织社会化与个人策略 三、组织认同与组织承诺 四、心理契约 五、组织公民行为	(1) 通过对个人—组织契合度概念的介绍，引导学生在职业选择中注重个人与组织在供给与需求、能力与需要方面的匹配以及与价值观方面的一致性，助力学生个人成长成才。 (2) 通过对组织承诺、组织认同、组织公民行为等相关概念的介绍，引导学生更加注重长期导向，强调奉献精神、集体主义，建设良好人际关系，具有"主人翁"精神

二、教学实施

本课程共 10 章 51 学时。主要采用讲授法、案例分析、体验游戏、启发性教学、实验室测试等教学方法。

(一) 理论教学要求

(1) 教师应根据基本框架注意吸收最新人力资源、心理学等研究成果。

(2) 选择大量的课外阅读材料,要求学生进行同步阅读。

(3) 本课程主要通过授课、案例分析、调查、实验室测试、课堂测试、管理游戏、体验分析、观看影像资料等相结合的方法,使学生掌握六个方面的知识与技巧:① 组织行为学的研究对象与方法;② 个体行为及规律;③ 激励理论及基本模式;④ 群体行为及规律;⑤ 领导行为及规律;⑥ 组织行为及规律。

(4) 由于组织行为学研究对象的复杂性,在组织行为学领域中,人们对许多问题的看法还存在着分歧。因此,我们还安排了相关内容的阅读材料,对学生进行一定知识内容和理论观点的拓展,目的在于对相应知识点的巩固和强化,并从目前组织行为学的争论中获得启发,学会权变的思想,权变地看待问题、解决问题,提高学生学习、独慎、思辨的能力。

(二) 实践教学内容与要求

1. 实验室测试

内容:人格测试、事业驱动力测试。

要求:提交测试报告。

2. 测试及专题讨论

内容:① 气质类型测验;② 压力测试测验;③ 其他(根据课堂进度与教学内容,老师自行安排。具体参见《组织行为学》体验集)。

要求:① 完成测试报告;② 进行小组讨论;③ 自我分析。

3. 案例讨论

内容:① 激励案例分析;② 领导案例分析;③ 组织文化案例分析(根据课堂教学内容,老师自行安排具体案例。具体参见《组织行为学》案例集)。

要求:① 以小组为单位,完成案例分析;② 进行讨论,并以小组或个人为单位提交案例分析报告。

4. 课堂体验

内容:① 群体决策:野地求生;② 团队体验。

要求:① 以小组为单位,完成体验过程;② 进行讨论,并以小组为单位提交报告。

5. 体验游戏

内容:根据课堂教学内容与进度,老师自行安排。具体内容参见《组织行为学》体验集。

要求:根据体验具体要求,积极参与。

6. 音像资料观看

内容：根据课堂教学内容与进度，老师自行安排。具体内容参见《组织行为学》影像资料目录。

要求：① 认真观看；② 小组讨论；③ 做出影评。

（三）课程思政教学要求

课程思政是新形势下的一种全新的教育理念。将课程思政与组织行为学的教学目标相融合，就是要求组织行为学的教学要以立德树人为根本，充分挖掘蕴含在专业知识中的思政元素，将思政要素渗透、贯穿于教育教学的全过程。教师在教授学生从个体、群体和组织三个层次上理解并掌握工作组织中各种行为及其相互作用的基本理论的过程中，还要引导学生采用辩证的方法看待问题、解决问题，使其树立辩证唯物主义观念，不仅要让学生认识和掌握组织中的人的心理和行为，并学会采取有效对策，高效实现组织目标，还要帮助学生全面发展。

（四）学生学习要求

（1）组织行为学是一门交叉性学科，吸收了多门学科的研究成果。知识涉及面广，学生很难在短时间内对本课程知识有深入的理解和系统完善的掌握。建议学生在掌握基本理论、基本知识的同时，增加课外阅读量，了解最新人力资源、心理学等研究成果。

（2）组织行为学是一门应用性很强的学科，学生应积极参加相关的实践性教学活动，并且在实践教学过程中感受学科的魅力，使教学内容丰富而不单调，提高学生的学习兴趣，同时可以有效地了解自己，并做到自我控制，加强对自我的培养。

（3）积极参加小组学习及实践活动，加强学生之间合作能力的培养，这样可以有助于更好地实现本学科学习的最终目标。每次小组学习安排一个轮值组长，由轮值组长组织具体的小组学习，更好地避免小组学习中搭便车的行为。

（4）从组织行为学的理论形成与发展中，学会权变的思想，权变地看待问题、解决问题，提高自身独慎、思辨的能力。

（5）积极充分利用网络的各种资源。

三、考核方式与成绩评定

（一）成绩评定

总评成绩＝平时成绩30％＋期中成绩10％＋期末成绩60％

（二）考核方式

平时成绩根据学生课堂参与互动（如回答问题、主题讨论、案例讨论等）、课堂测试与作业等情况予以评定。课堂参加与互动依据的是参与互动的积极性与发言质量（主题讨论小组讨论、研究性学习小组讨论、案例分析小组讨论）；课堂作业与测试根据书面作业（或部分线上作业）的形式，可以是针对主题讨论、研究性学习主题、案例分析等所做的个人报告或作业，或者课堂测试的情况予以评定。

期中成绩根据读书笔记或案例分析或随堂测试的质量评定。

期末考试为闭卷考试。

表 4-16-3　课程考核对课程目标的支撑情况

考核方式及成绩评定	课程目标 1	课程目标 2	课程目标 3	合　计
期末考试 60%	30	30		60
期中考核 10%		8	2	10
课堂参与互动、课堂作业或测试等 30%		10	20	30
各目标对应分值	30	48	22	100

第三节　课程资源

一、教材与参考书

（一）教材

马工程编写组（孙健敏等).组织行为学.北京：高等教育出版社，2019.

（二）主要参考书

（1）张德.组织行为学.第 10 版.北京：高等教育出版社，2019.

（2）［美］斯蒂芬·P.罗宾斯.组织行为学.第 10 版.北京：中国人民大学出版社，2005.

（3）［美］斯蒂芬·P.罗宾斯，蒂莫西·A.贾奇.郑晓明，译.组织行为学精要（原书第 11 版).北京：机械工业出版社，2011.

（4）李爱梅，凌文辁.组织行为学.北京：机械工业出版社，2011.

（5）陈维政.组织行为学高级教程，高等教育出版社，2004.

（6）周文霞，孙健敏编著.组织行为学教学案例精选.上海：复旦大学出版社，1998.

（7）窦胜功，张兰霞，卢纪华.组织行为学.北京：清华大学出版社，2014.

（8）［美］里基·W.格里芬，高里·摩海德.唐宁玉，译.组织行为学.北京：中国市场出版社，2010.

（9）［美］斯蒂芬·P.罗宾斯.组织行为学.北京：中国人民大学出版社，2016.

（10）龚敏.组织行为学.上海：上海财经大学出版社，2019.

（11）彭聃龄.普通心理学.北京：北京师范大学出版社，2001.

二、数字化资源

（一）相关网站

（1）中国人才素质测评网，http://www.powerhr.com.cn。

（2）中国人才网，http://www.Chinatalent.com.cn。

（3）人才无忧网，http://www.51job.com。

（4）大连莱恩企业咨询有限公司网，http://www.lnrcw.com。

(5) 北森人才测评网,www.beisen.com。

(6) 工业和组织心理学联合会(SIOP)网站,http://www.siop.org。

(7) 组织行为管理网,http://www.obmnetwork.com。

(8) 全球领导和组织行为有效性研究计划网站,http://www.ucalgary.ca/mg/GLOBE/Public。

(9) 中国人力资源网,http://www.hr.com.cn/。

(10) 管理世界,http://www.hroot.com/HR。

(二) 课程思政资源

(1) 学习强国,https://www.xuexi.cn。

(2) 南京审计大学"不忘初心　牢记使命"主题教育网,http://ztjy.nau.edu.cn/。

(3) 人民网,http://www.people.com.cn/。

(4) 光明网,http://www.gmw.cn/。

(5) 相关视频"中国空间站团队树立强国使命目标""任正非介绍及如何发扬企业家精神""阿里巴巴价值观建设""褚时健之匠心做褚橙""基辛格高度评价周总理""杰克·韦尔奇管理价值观""《中国企业社会责任评价准则》发布会"等。

第十七章

大学英语 Ⅲ

第一节　课程教学目标

一、课程简介

"大学英语Ⅲ"是面向二、三级起点的新入校大学生开设的 EGP 课程,3 学分共 51 学时。它衔接高中英语/"大学英语Ⅱ",对接"大学英语Ⅳ"。课程目标:① 围绕"爱国、友善、敬业"等社会主义核心价值观,通过挖掘丰富的人文内涵,让学生积极内化社会主义价值理念;② 加强听、说、读、写、译技能,巩固英语语言知识,为 ESP 课程打下坚实基础;③ 分析文化冲击现象,培养批判性思维能力和创新意识;④ 夯实应用技能和跨文化交际能力。课程共分为 5 个单元,每单元含 4 个模块,即阅读、听说、写作和翻译。教学采用线上、线下混合并翻转的课堂模式,依托分层作业(Tiered Assignment)、翻转 PPT、慕课、学习平台(iTest,Unipus 和 Welearn 等),优化教学,实现同步和异步学习并重,基础与提高兼顾,精准甚至个性化的学习体验。

二、课程教学目标

课程目标1:思政目标。围绕"爱国、友善、敬业"等社会主义核心价值观,课程通过听、说、读、写、译语言技能教学,一是挖掘丰富的人文内涵,弘扬社会正能量,让学生积极内化社会主义价值理念,树立为国家富强、民族昌盛而奋斗的志向和责任感;二是分析跨文化现象,帮助青年培养创新意识和批判式思维能力,建立健康、积极、辩证的人生观、价值观和世界观。

课程目标2:能力目标。第一,阅读能力。学生能够根据不同的阅读目标进行精读和泛读。精读的速度达到 70 字(或以上)/分钟;泛读的速度达到 110 字(或以上)/分钟。精读时,能够领会行文逻辑以及中心大意和段落细节的联系;能了解写作目的、文化背景、人文内涵;掌握行文语气、用词和修辞手法等。泛读时,能有效地使用略读和寻读的阅读策略。在课外,能够选用精度和泛读不同的阅读策略浏览文学作品(虚构或非虚构)、英文资讯、前沿的专业文献和书籍。

第二,写作能力。学生能够了解大学英语写作的基本目标、提高目标和发展目标(参照最新版《大学英语教学指南》)。熟悉一般性写作的基础知识和技巧,如文章结构、文章体裁、句子结构、标点、段落主题句和细节支撑、统一性和连贯性等。掌握英语邮件等应用文的写作方法;能陈述个人经历,描绘感官、心理和情感;能就一般性话题进行(辩证的)观点阐述。能根据一般性话题或提纲(四级难度或以上)进行写作,速度达到 360 字(或以上)/小时。结构完整、逻辑清晰、用词恰当,基本没有语法错误。

第三,翻译能力。学生能够初步判断翻译文本的体裁和功能,能从需求出发进行文本翻译。掌握和应用基本的翻译技巧,如合句、拆句、增减、直译、转译、音译和意译等。能够英汉互译四级难度(或四级以上难度,如专业文献资料、英美报刊类文章等)的题材(特别是中国故事)。汉英译速达 380 字/小时;英汉译速达 330 字/小时。译文准确、流畅,用词得当。

第四,听力能力。学生能够听懂英文授课(一般学术类讲座为 120~180 字/分钟)和日常话题的英语对话。能听懂标准语音,语速适中(140~150 字或以上/分钟),一般性话题的英语音视频材料。可以大体理解甚至掌握略带地区非标口音、话题偏专业(包含专业术语)的听力材料。熟练掌握和运用速记(Note-taking)和常用的听力技巧(Listening Skills),在听力过程中抓取主题句、关系信号词、例子、关键词、重复等,排除干扰信息,把握内容要点。

第五,口语能力。课内发言和组内讨论时,对课上所涉知识点,学生能够准确地识别(Recognize)和陈述(State)。进行解释(Explain)、归纳(Classify)、描述(Describe)、探讨(Discuss)和说明(Report)。针对一些开放式话题,通过资料查找和准备,学生能进行分析(Analyze)、评价(Evaluate)的口语陈述。在课外,就熟悉的日常话题和专业话题,能和英语国家的人士进行深入、流畅、批判性的口语交流,掌握用语策略,语音、语调基本准确。

课程目标 3:素质目标。第一,跨文化交际能力。学生能够通过学习英语语篇,丰富中外文化知识,拓宽国际视野,培养爱国情操。通过培养中外文化差异意识,分析文化冲击现象,形成批判性思维能力和创新意识。通过夯实语言输出技巧,如书信写作、英汉互译和口语交流等,切实加强跨文化交际能力,讲好身边故事、中国故事,发出中国声音。

第二,自主实践学习能力。学生能够使用各种自主学习平台,开展课后异步学习,并对个人的学习效果形成客观的评价。有效的分析英语学习资源。基于现有水平和对英语学习的期待,决定起点和目标,制作个性化的自主学习方案。有的放矢地夯实听、说、读、写不同维度的语言能力。依托校本的英语学习俱乐部和微信公众号,组织主题活动,践行社会主义核心价值,参与和解决具有现实意义的问题。广泛参与各类英语竞赛,展现南京审计大学学生的水平和风采。

课程目标 4:协作目标。大班内划分 6~10 人/组的学习小组。组内以学生为中心,定期组织检查预习、学习进度以及作业互评等,形成小组内可量化的过程性评估。开展组内问答、讨论、角色扮演、头脑风暴、口语展示等各种语言学习任务。培养组员间分工合作,增强社会交往发展能力与协作技巧(见表 4-17-1)。

表 4-17-1 课程目标对专业毕业要求的支撑情况

课程目标	毕业要求
1	思想政治素质
2	英语沟通能力
3	跨文化交流能力、自主学习能力
4	协作能力

第二节　课程内容、方法与评价

一、教学内容与课程思政融入点

根据课程思政目标,挖掘课程思政元素及融入点设计(见表 4-17-2)

表 4-17-2　"大学英语Ⅲ"课程教学内容、课程思政元素及融入点

章　节	课程思政融入点
Unit 1 Module 1 Never ever give up Module 2 Beyond limits Module 3 Getting started in translation Module 4 Getting started in writing	爱国是对祖国的依恋;爱国情感有社会历史性;个人、集体、国家在逆境中(如战争、灾害、偏见、疾病、生理缺陷等)集中体现的勇气和坚韧(Grit),是成功的重要因素;用马克思主义辩证唯物主义的方法理解坚韧与成功、失败之间的关系
Unit 2 Module 1 Swimming through fear Module 2 Stress：friend or foe Module 3 Basic translation skills (1) Module 4 English Practical Writing	友善是关爱助人;能克服自身恐惧,扶人于危难,更加可贵;了解克服恐惧、减轻压力的科学手段;用马克思主义辩证唯物主义方法看待压力对人正面和负面的双重作用
Unit 3 Module 1 Audrey Hepburn-A true angel in the world Module 2 To the rescue Module 3 Basic translation skills (2) Module 4 Sentence patterns and punctuation	友善不仅是善良意志,宽容友好,也是同理心,更是能给困境中的人伸出援助之手;国内的应急管理和 UN 慈善救援活动已形成完善且科学的体系;了解各种灾害应急技术手段及逆行者们的英雄事迹(学校在 UN 联合国行动中的审计支持等)
Unit 4 Module 1 The surprising purpose of travel Module 2 Say it your way Module 3 Basic translation skills (3) Module 4 Getting started in writing	旅行、读书、掌握新的语言都有助于培养创新意识,扩大认知输入,推动思想解放,形成开拓意识;用马克思主义辩证唯物主义方法看待创新意识和旅行、读书之间的关系;创新意识包含创造动机、创造兴趣、创造情感、创造意志;创新意识对人才素质结构有推动作用
Unit 5 Module 1 Will you be a worker or a laborer Module 2 Bringing dreams to life Module 3 Basic translation skills (4) Module 4 Developing critical thinking skills in writing	敬业是热爱工作,反映对工作、学习负责的积极态度;个人敬业上升为集体、社会行为对国家发展有推动作用;个人奋斗(本单元特别探讨了创业)过程中有可能遇到的挑战;马克思的社会分工理论和人的自由全面发展;培养和夯实批判性思维能力

二、教学实施

(一) 学分分配与教学方法

本课程共 5 章,共 51 学时。本课程主要采用讲授、研讨、线上线下混合式教学、案例分析、分层作业等教学方法。

分层作业即安排优化的弹性作业。在非弹性的作业基础上，安排一定数量且不同难度、不同学习目的的弹性作业（如参考书目、自主学习资源等），满足不同专业、不同水平的学生对专业英语学习的不同需求，为"大学英语Ⅳ"和后续课程打下基础。学情分析显示，三级起点学生的语言水平离散度较大，采用分层作业的方式具有必要性。

（二）教学要求

1. 理论教学要求

在社会主义核心价值观引导过程中，任课教师需要避免刻板式的说教，要将个人定位在引导模式和朋辈角色上，做好以身作则，能够鼓励学生大胆发表自己的意见和观点。在学生有效输出为基本目标前提下，本课程采用对话讨论的探究式教学模式，让学生在知识与价值观统一、建设性与批判性统一的思政情景下，就单元基本概念和核心问题进行小组讨论。在价值观引领过程中，课程思政教师能够从国家、社会和个人三个层面，让社会主义核心价值观内化成对事物的根本看法和评价。本课程组教师要能够在日常教学实践中，自觉完成思政教师的身份转变，力求做到：有理想信念、有道德情操、有扎实知识、有仁爱之心；要用习近平总书记对思政教师的标准要求自己：一是政治要强，二是情怀要深，三是思维要新，四是视野要广，五是自律要严，六是人格要正。教师应采用审辨思维教学方法，提高学生"创新思维、历史思维、底线思维、法治思维和战略思维"的能力。与此同时，课程思政的授课教师能够为学生提供足够的知识构架，从思想、情感、心理层面，引领学生坚定社会主义核心价值观。

2. 实践、实验教学要求

本课程的课堂教学采用4+1+1的新课型，两周共6课时，其中4课时为全体学生参与的大课，实行单向教学，以教材为依托，讲授知识性材料或接受性技能。1课时为讨论课，课堂上始终以学生为中心展开预先布置的小组讨论、辩论、角色扮演等口语活动，教师只起辅助和引导作用。学生分为A、B班，A班学生参与讨论课的同时，B班学生开展在线自主学习，完成大学英语测试与训练系统中的学习任务。随后的1课时，A、B班学生互换，由B班学生参与讨论课，A班学生进行在线自主学习。这样的课型设计要求教师合理、恰当地设计教学环节，把握教学节奏，实现角色转变，使"教"真正具有激发性、辅助性、驱动性和能动性。同时，教师要对学生的在线自主学习进行后台监测，监督并及时了解学生学习任务的完成情况、完成效果，统计高频错题，为学生提供难点解析。

3. 课程思政教学要求

作为高校通识教育的一个重要组成部分，本课程用马克思主义立场、观点、方法教育，用马克思实践智慧，设计知识、智慧、实践为一体的课程体系，要求学生在第一课堂和第二课堂的语言实践中，逐步树立国际人才语言观；用中国特色社会主义理想信念教育，本课程逐步增设自编校本大学英语课程思政手册，学生能够扎实地扩大阅读面，增加国际化东、西方思想文化知识，从而增强建设与批判相统一的思维能力；学习中国特色社会主义理论体系，党中央治国理政新理念、新思想、新战略，课程增设多元评价单元，优选中华优秀翻译作品，学生在小组项目式讨论中，增强中国特色社会主义道路自信、理论自信、制度自信、文化自信；将社会主义核心价值作为教学价值，要求学生采用社会主义核心价值观为论述立场，思考世界观、人生观和价值观，积极参与课程思政体系中第一课堂和第二课堂的交流实践，将所学知识与思想"内化于心、外化于行",从而求真务实、实践创新、精益求精、踏实严谨、勤奋好学、坚强意志、坚持不懈、追求卓越。

(三) 学习要求

学生应明晰课程教学要求,认同教学价值观,形成自主学习的主人翁意识,扎实地阅读、写作、翻译;大班授课的过程中,学生应养成记录笔记的习惯,在老师多模态的授课过程中,积极参与思政问题小组讨论和展示;讨论课上,能够积极参与小组活动,形成自己的观点,条理清晰、流畅地表达自己的观点;课后,能提炼观点和知识点,概括归纳所学的知识并融入各自学科领域中。

研究型学习课题是每位学生在学期内需要通过小组合作完成的一项重要任务,各小组成员应当在组长的有效组织下集思广益,尽职尽责地完成自己的任务。自主学习是学生考核的一个重要组成部分,要求学生充分利用"1+1"当中的自学时间,提升听、说、读、写、译的综合能力,力争达到国家大学英语 CET4 考试 520 分以上的成绩。主题性写作和课程研讨将是学生思政学习的显性表达渠道。学生应积极参与、大胆发言。

三、考核方式与成绩评定

(一) 成绩评定

总评成绩由三部分构成:平时成绩 40%,期中成绩 10%,期末成绩 50%。其中,平时成绩包括课堂综合表现 10%、作业 15%、网络平台作业 5%、iTest 在线测试 10% 等。

(二) 考核方式

平时成绩根据课堂综合表现(如课堂参与、学习小组的过程性评估、移动辅助对翻转内容考查等),6 次以上课后作业,网络平台作业(U 校园和 Wlearn)的在线学习时长,学习进度和正确率,iTest 在线测试正确率;加分如分层作业的弹性自主学习,校本英语类实践活动,英语竞赛获奖等情况予以评定(见表 4-17-3)。

期中考试为闭卷考试。期末考试为闭卷考试。

表 4-17-3 课程考核对课程目标的支撑情况

考核方式及成绩评定	课程目标 1	课程目标 2	课程目标 3	课程目标 4	合 计
期末考试 50%	5	40	5	0	50
iTest 在线测试 10%	2	6	2	0	10
课后提交作业 15%	5	6	2	2	15
网络平台作业 5%	1	1	2	1	5
课堂综合表现 10%	2	4	0	4	10
期中测试 10%	3	5	2	0	10
各目标对应分值	18	62	13	7	100

第三节　课程资源

一、教材与参考书

(一) 教材

(1) 郑树棠.新视野大学英语读写教程 3 思政篇智慧版(学生用书).北京:外语教学与研究出版社,2020.

(2) 王敏华,等.全新版大学英语视听说教程 3(学生用书).上海:上海外语教育出版社,2019.

(3) 王秀珍,谢灵敏.大学英语 4 级考试短篇新闻＋段落翻译.上海:上海外语教育出版社,2016.

(4) 郭杰克.新视野大学英语长篇阅读.北京:外语教学与研究出版社,2019.

(5) 郑树棠.新视野大学英语读写教程 3 思政智慧版(教师用书).第 3 版.北京:外语教学与研究出版社,2015.

(6) 王敏华,等.全新版大学英语视听说教程 3(教师用书).上海:上海外语教育出版社,2019.

(二) 主要参考书

(1) 教育部,《大学英语教学指南》(2020 年)、《关于全面提高高等教育质量的若干意见》(2012 年)。

(2) 国家中长期教育改革和发展规划纲要工作小组办公室.国家中长期教育改革和发展规划纲要(2010—2020 年).2010.

(3) 戴炜栋.新编英语语法简明教程(修订版).上海:上海外语教育出版社,2010.

(4) 文秋芳,韩少杰.英语教学研究方法与案例分析.上海:上海外语教育出版社,2021.

(5) 陈美华.学术交流英语.北京:外语教学与研究出版社,2017.

(6) [英] Kenneth Anderson, Joan Maclean, Tony Lynch.学术英语情境口语.北京:外语教学与研究出版社,2015.

(7) 季佩英,张颖.学术英语(社科).北京:外语教学与研究出版社,2011.

(8) 孙有中.理解当代中国——汉英翻译教程.北京:外语教学与研究出版社,2022.

(9) 孙有中.理解当代中国——高级汉英笔译教程.北京:外语教学与研究出版社,2022.

(10) [英]斯诺.跨文化交际技巧:如何跟西方人打交道(学生用书)修订版.上海:上海外语教育出版社,2019.

(11) [荷兰]吉尔特·霍夫斯泰德.文化与组织:心理软件的力量(修订版).第 3 版.上海:电子工业出版社,2019.

(12) [美] Eric B. Shiraev, David A. Levy.侯玉波,等译.跨文化心理学——批判性思维和当代的应用.北京:中国人民大学出版社,2013.

(13) [美]米尔顿 J.贝内特.跨文化交流的建构与实践.北京:北京大学出版社,2012.
(14) 龚鹏程.中国传统文化十五讲.北京:北京大学出版社,2006.
(15) 胡超.跨文化交际:E 时代的范式与能力构建.北京:中国社会科学出版社,2005.
(16) 何其莘,仲伟合,许钧:高级汉英翻译.北京:外语教学与研究出版社,2010.
(17) 何其莘,仲伟合,许钧:高级英汉翻译.北京:外语教学与研究出版社,2009.
(18) 赵孝盛,谭菁注释.牛津经济学英语图示教程.上海:上海外语教育出版社,2014.
(19) 沈素萍,黄震华,康晋,常亮亮.金融英语综合阅读.上海:上海外语教育出版社,2016.
(20) 洛希德.实用商务函电写作.上海:上海外语教育出版社,2008.
(21) 《习近平谈治国理政》第一至第四卷,北京:外文出版社,2014,2017,2020,2022.
(22) 《二十大报告》(中文版、英文版),2022.

二、数字化教学资源

(一) 课程电子资源和移动辅助教学

(1) WElearn 随行课堂(异步学习),https://welearn.sflep.com/。
(2) iTest 智慧测试云平台(测试用),https://itestcloud.unipus.cn/。
(3) Unipus 高校外语教学平台(异步学习),https://www.unipus.cn/。
(4) Rain Classroom 雨课堂(移动辅助教学),http://ykt.io/。

(二) 慕课资源

(1) 基础笔译:汉英翻译,https://moocs.unipus.cn/course/2249。
(2) 中级英语写作,https://moocs.unipus.cn/course/2314。
(3) 数字时代的商务英语写作,https://moocs.unipus.cn/course/2302。
(4) 学术英语写作,https://moocs.unipus.cn/course/2252。
(5) 学术英语视听说,https://moocs.unipus.cn/course/2185。
(6) 学术交流英语,https://moocs.unipus.cn/course/2260。
(7) 英语语音,https://moocs.unipus.cn/course/2377。
(8) 中国文化概况(英),https://moocs.unipus.cn/course/2161。
(9) 文化差异与跨文化交际,https://moocs.unipus.cn/course/2280。

(三) 英语学习网站

(1) 中国日报,https://www.chinadaily.com.cn/。
(2) 人民日报英文版,http://en.people.cn/。
(3) 中央电视台英语国际频道,https://www.cgtn.com/。
(4) 新华在线,http://www.xinhuanet.com/english/。
(5) 环球时报,https://www.globaltimes.cn/。
(6) 中国新闻周刊,http://www.newschinamag.com/。
(7) 地区英语报纸,https://www.shine.cn/。
(8) 财经新闻,https://www.yicaiglobal.com/。
(9) Ted,https://www.ted.com/。

(10) 国家地理, https://www.nationalgeographic.com/。
(11) 科普杂志, https://www.scientificamerican.com/。
(12) 沪江英语, https://www.hjenglish.com/。
(13) 可可英语, http://www.kekenet.com/。
(14) 英语听力室, http://www.tingroom.com/。
(15) 参考消息(外刊转载, 供翻译教学), https://www.cankaoxiaoxi.com/。
(16) 写作教学(议论和批判思维), https://www.procon.org/。
(17) 写作教学(文学类), https://www.sparknotes.com/。
(18) 专门用途英语拓展, https://www.khanacademy.org/。
(19) 词典工具, https://dictionary.cambridge.org/。
(20) 词典工具, https://www.merriam-webster.com/。
(21) 百科工具, https://www.britannica.com/。

第五篇
优秀教学设计

为深入学习贯彻全国教育大会精神和《中国教育现代化2035》，全面落实新时代全国高等学校本科教育工作会议精神，坚持立德树人根本任务，落实"以本为本、四个回归"的要求，以"新工科、新农科、新医科、新文科"建设理念为引领，聚焦教学创新、掀起学习革命，引导高校教师潜心教书育人，形成卓越教学的价值追求和自觉行动，打造高校教学改革的风向标，全力推进高等教育"质量革命"，由教育部高等教育司指导、中国高等教育学会主办，从2020年开始举行全国高校教师教学创新大赛（下称教创赛）。到2023年年底已成功举办3届，共有来自全国32个赛区1 195所高校的19万名教师参赛，覆盖全国本科高校的96%，参赛教师人数占我国普通本科高校131.58万名专任教师总数的15%。首届教创赛的主题是"推动教学创新打造一流课程"，第二、第三届的主题是"推动教学创新培养一流人才"，意欲通过大赛实现以下目标：

第一，落实以本为本，强化人才培养的中心地位和本科教学的基础地位，运用先进的教学理念，优化教学目标，设计教学内容，创新教学方法，改革考核方式，通过教学改革促进学习革命。

第二，推动教授上讲台。倡导教师"回归本分"，推动教授走进本科生课堂，引导教师热爱教学、倾心教学、研究教学，潜心教书育人，成为德高、学高、艺高的名师，担当起学生健康成长的指导者和引路人。

第三，推进智慧教育。提高教师现代信息技术与教育教学深度融合的能力，鼓励教师积极探索智慧教育新形态，充分利用信息技术开展教学模式改革，推动信息化手段服务高校教育教学。

第四，强化学习共同体。发挥基层教学组织的作用，鼓励高校以教研室、课程组、教学团队等基层教学组织为基础，建设学习共同体，形成传帮带机制，开展教学研究与指导，推进教学改革与创新。

第五，引导分类发展。引导各类高校顺应高等教育普及化时代的多样化发展趋势，适应信息化时代的教学新要求，结合教师教学发展的不同特点和发展实际，推动高校教师队伍建设分类发展。

教创赛江苏赛区始终锚定以教学为抓手提高人才自主培养质量、推动教授上讲台、探索教育数字化在教学中的应用、引导分类发展的四个目标，深化课堂教学改革，回归立德树人的初心与使命，回归传道、授业、解惑的教育价值。

青年教师是高校教学工作的主力军,提升他们的教学能力是高等教育质量保证与稳步发展的关键。为激励青年教师加强教学基本功和能力训练,2012年,中国教科文卫体工会主办了第一届全国高校青年教师教学竞赛(下称青教赛),时隔两年,教育部教师工作司倾力加盟,联合主办了第二届全国青教赛,从此被誉为高教界"全运会"。随着中共中央、国务院《关于全面深化新时代教师队伍建设改革的意见》的发布,以及高校立德树人根本任务的提出,青教赛的影响力和重要作用得到进一步凸显。青教赛以锤炼青年教师教学基本功、加强师德师风建设为着力点,充分发挥教学竞赛在提高教师队伍素质中的引领示范作用,弘扬劳模和工匠精神,进一步激发广大青年教师更新教育理念和掌握现代教学方法的热情,努力造就一支有理想信念、有道德情操、有扎实学识、有仁爱之心的高素质、专业化的新时代教师队伍。青教赛江苏赛区致力于培养高素质、专业化、创新型教师队伍,大力开展多种形式的教育教学竞赛,引领和激励广大教师立足岗位、立德树人、敬业奉献,为推进我省教育事业改革发展,推动江苏高质量发展走在全国前列,加快建设"强富美高"新江苏做出新的更大贡献。

南京审计大学积极组织教师参加教创赛、青教赛,周期性组织校内竞赛,强化培训、辅导和交流,获得省级及以上教创赛、青教赛奖项共16项,其中国家级教创赛一等奖1项、三等奖1项。编进本书的课程有冯彩主讲的"国际金融学"获第二届江苏省高校教师教学创新大赛一等奖,靳宁主讲的"法学专业综合实验"获第三届江苏省高校教师教学创新大赛二等奖,周敏李主讲的"注册会计师审计"获第三届江苏省本科高校青年教师教学竞赛一等奖。

第十八章

国际金融学

第一节 课程简介及目标

一、课程简介

"国际金融学"是为我校金融学专业本科三年级学生开设的一门专业必修课程,3学分共68学时,其中线下课堂教学51学时,线上学生自主学习16学时。要求的先修课程有"金融学""微观经济学""宏观经济学"等。

课程以习近平新时代中国特色社会主义思想为指导,以开放经济错综复杂的国际金融形势为背景,以国际收支为起点,以汇率为核心,研究外部均衡以及内外部均衡同时实现的政策搭配和制度安排。该课程具有理论性强、知识点多、与现实问题紧密联系、学习难度大等特点。

课程实施线上线下混合式教学,除讲授法外,在课程教学过程中还采用了专题讨论、案例教学、PBL教学、小组辩论、适度"翻转课堂"等互动式教学方法,旨在促进学生深度学习的实现。通过本课程的教学,使学生系统掌握国际金融的基础知识和主要理论,具备使用国际收支调节理论、汇率决定理论、汇率制度选择理论、蒙代尔-弗莱明模型、国际金融危机等理论和模型分析国际金融现实问题的能力,为今后的理论研究和实务工作等打下必要的基础。同时,本课程还注重对学生思维方法的培养以及价值观的塑造和引领,进一步坚定青年学生对中国特色社会主义金融制度和中国式现代化道路的自信。

二、课程目标

结合学校"培养守护国家经济安全的专业化、高素质共和国经济卫士"的人才培养定位,以及金融学专业(2019年获批"国家级一流本科专业"建设点)人才培养方案的要求,本课程旨在培养具有扎实的理论基础,既有国际视野又有中国立场,能够服务国家金融开放和金融强国战略、"专红兼备"的国际金融人才。通过本课程的学习,学生应达到相应的知识、能力和素质以及价值目标。

(一)知识目标

通过课程的学习,学生能系统掌握国际收支、汇率、外汇交易以及汇率风险防范等基础知识;能够归纳、总结和辨析国际收支调节理论以及汇率决定的主要观点和结论;熟悉国际货币体系的演变历程及其改革方向;掌握蒙代尔-弗莱明模型进行开放经济宏观经济政策分析的主要结论以及三元悖论和二元悖论、米德冲突、蒙代尔指派法则,熟悉货币危机理论、汇率制度选择理论、最优货币区理论等。

(二) 能力和素质目标

通过该课程的学习和训练,使学生形成对国际金融领域主要经济变量之间逻辑关系的判断和预见能力;具备正确应用国际金融经典理论和模型分析、评价和预测国际金融领域重要现实问题和重大事件的能力;具有持续更新国际金融学专业知识的能力。

通过对国际金融数据的查找、分析和解读,改善学生数字素养;通过对国际金融具体案例和现实问题的分析和讨论,学生逐步形成"纵横交错"的思维方式和方法。

(三) 价值目标

通过将思政元素有机融入专业知识的讲授,本课程旨在实现以下价值塑造目标:引导学生树立遵纪守法、诚实守信的职业素养;增强对党中央和国务院重要战略的政治认同、对中国特色社会主义和中国式现代化道路的政治自信,以及经世济民的家国情怀和为中华民族伟大复兴而努力奋斗的责任担当;在参与国际经济金融事务时,能具有自觉维护国家经济利益的意识和理念;增强对"金融强国"战略的使命感等。

简言之,本课程旨在培养具有扎实理论基础、"专红兼备"的国际金融人才。

第二节 课程内容及教学安排

一、课程内容及教学安排

基于学情分析的结果,以课程目标为导向,以深度学习理念为指导,依托自建的"国际金融"线上课程以及学习通和慕课堂等智慧教学软件,课程实施混合式教学。相应地,课程教学内容和教学安排分为线上课程和线下课程两大部分,二者有机分工,优势互补。线上课程满足学生基础知识学习的需要,拓展学生学习时空,缓解课时紧张;线下课程主要进行重难点讲授、案例分析和专题研讨等,提升课程的高阶性和挑战度(见表 5-18-1)。

(一) 线下课程(51 学时)

线下课程共有 51 学时,围绕外部均衡以及内外部同时均衡这一教学主线,构建了"微观—中观—宏观"三大渐进式教学模块、9 个教学章节以及 16 个研讨专题。具体如表 5-18-1 所示。

表 5-18-1 "国际金融学"课程线下教学安排

教学模块	教学章节及对应课时安排	研讨专题
模块一: 基础知识篇	第一章 国际收支(9)	专题1:短期国际资本流动研究 专题2:金融账户开放研究
	第二章 外汇、汇率和外汇交易(9)	专题3:人民币国际化研究 专题4:我国外汇相关金融衍生产品研究

续　表

教学模块	教学章节及对应课时安排	研讨专题
模块二：基本原理篇	第三章　国际收支理论(6)	专题5：美国贸易保护战：从《广场协议》到中美贸易摩擦
	第四章　汇率决定理论(9)	专题6：中国是汇率操纵国吗 专题7：中美双边汇率走势及其影响因素分析
模块三：宏观经济政策篇	第五章　国际货币体系(3)	专题8：美元化和去美元化研究
	第六章　开放经济的宏观经济政策(6)	专题9：美国货币政策的外溢效应研究 专题10：宏观经济政策的国际协调研究
	第七章　最优货币区理论和欧元区实践(3)	专题11：欧债危机研究 专题12：非洲货币联盟研究
	第八章　国际储备管理(3)	主题13：主权财富基金研究 专题14：国际金融制裁及国家金融安全
	第九章　国际金融危机(3)	专题15：东南亚金融危机25周年：变与不变 专题16：疫情冲击下的发展中经济体外债危机

注：在教学过程中，任课教师要注意将实践动态和经典理论相融合、前沿理论与传统理论相融合、本土化和国际化相融合、科研成果和教学内容相融合，提升课程的时代性、中国化、前沿性和研究性。

(二) 线上课程(16 学时)

线上课程共有16课时，以学生在线自主学习为主、教师线上指导为辅(见表5-18-2)。

表5-18-2　线上课程的内容和教学安排

学生线上自主学习的任务及要求	学时安排	教师指导
学生观看慕课平台"国际金融"线上课程的教学视频(39个)，并完成穿插在视频中的习题。最好在课前完成对应章节的此项任务	共16学时	(1) 教师导学：通过慕课堂提醒学生视频预习任务、完成单元作业和测验等； (2) 教师答疑解惑
完成"国际金融"线上课程对应章节的单元作业和单元测验		
积极参与"国际金融"线上课程讨论区的讨论		
尽心尽责地完成单元作业的互评任务		
完成线上期末考试		

二、课程思政

课程教学过程中，除了关注国际金融学知识与理论的讲授、教学过程与教学方法，还要特别重视课程思政元素的充分挖掘，并通过适当的实施方法和途径，将其有机融入课程教学过程，在潜移默化中实现对学生价值观的引领和塑造。在教学中，教师从国际金融经典案例、党中央国务院参与国际金融治理的实践(比如，"一带一路"、人民币"入篮"SDR、人民币国际化的推进等)、国际金融领域的难点问题以及热点事件(比如，美西方对俄罗斯的国际金融制裁等)等视角深入挖掘课程思政元素。表 5-18-3 为各教学章节对应的主要课程思政元素及其思政目标,供教师教学参考,需持续更新和完善。

表 5-18-3 "国际金融学"课程思政元素及其目标

教学章节及对应课时安排	思政元素	思政目标
第一章 国际收支(9)	(1) 通过对国际收支平衡表中金融账户开放数据的解读,使学生认识到我国多次避免了国际金融危机,得益于中国渐进式金融账户开放的制度安排,坚定学生对中国特色的金融开放道路的自信。 (2) 在讲授经常账户不平衡的宏观经济分析时,通过对中美双边贸易等数据的分析,使学生认识到美国贸易逆差具有内生性,进而增强学生对党中央、国务院应对贸易摩擦相关政策的理解、支持和政治认同	对中国特色社会主义的道路自信和制度自信,对党中央、国务院的政治理解和政治认同
第二章 外汇、汇率和外汇交易(9)	(1) 在讲授外汇可兑换性特征时,介绍我国外汇管理尤其是货币汇兑方面的法律法规,使学生深知在未来从业时,必须遵纪守法、诚信服务。 (2) 在介绍汇率风险及其防范时,将国家外汇管理局发布的《企业汇率风险管理指引》引入课程教学,引导学生树立汇率风险中性的理念、增强金融服务实体经济的意识	遵纪守法、诚实守信的职业素养;金融服务实体经济的理念和意识
第三章 国际收支理论(7)	在学习马歇尔-勒纳条件时,引入中美双边汇率和双边贸易的数据,使学生进一步认识到美国来自中国的贸易逆差主要是由其进出口商品结构决定的,具有结构性	进一步坚定学生对党中央、国务院应对贸易摩擦相关政策的理解、支持和政治认同
第四章 汇率决定理论(9)	通过对相关数据的分析,使学生认识到中国并没有操纵汇率,美国财政部指认中国进行汇率操纵是污蔑行为、经济问题政治化行为	使学生对纷繁复杂的国际金融事件形成正确的价值判断,树立国家利益高于一切的观念
第五章 国际货币体系(3)	(1) 通过对美元霸权的分析,使学生认识到人民币国际化以及中国崛起之路并不平坦,引导学生关注国家重要战略的同时,增强学生为中华民族伟大复兴的中国梦努力奋斗的责任担当和家国情怀。 (2) 讲授国际货币体系改革的中国贡献,包括人民币"入篮"SDR 等,为学生传递一个正在崛起的现代、富强、开放、爱和平的中国形象,坚定青年学生对中国式现代化道路的自信	引导学生关注国家重大战略,为中华民族伟大复兴的中国梦努力奋斗的责任担当和家国情怀,坚定青年学生对中国式现代化道路的自信
第六章 开放经济的宏观经济政策(6)	(1) 通过对改革开放以来中国汇率制度变迁的讲述,使学生认识到中国特色的渐进式市场化改革的汇率制度是适合中国国情的,增强学生对中国特色社会主义制度的自信。 (2) 对美元货币政策外溢效应进行分析,使学生认识到美联储货币政策的急剧调整是导致新兴经济货币危机、金融危机的重要外因,而作为霸权货币,美国却没有承担相应的责任	增强学生对中国特色社会主义制度的自信

续 表

教学章节及 对应课时安排	思政元素	思政目标
第八章 国际储备管理(3)	通过对我国国际储备规模的介绍,树立学生的自豪感;但通过美西方对俄罗斯外汇储备的冻结,也要使学生认识到维护外汇储备以及国家金融安全的重责	使学生认识到维护国家金融安全的重任
第九章 国际金融危机(3)	(1) 通过对国际金融危机内外因的分析,增强学生辩证思维的能力;通过对索罗斯攻击英镑和狙击泰铢的案例,使学生思考人生的价值和意义,进而对学生进行"三观"的塑造。 (2) 提醒学生诚信考试,严格遵守考场纪律	"三观"的正确引领

三、教学组织、策略和方法

基于课程目标导向以及学情分析的结果,教师在组织教学过程中要注意三个方面的策略和方法。

(一) 持续建设高质量的教学资源,合理组织教学内容

国际金融学知识点多、理论性强,任课教师应深入钻研课程的教学内容、课程的基本要求和教材,认真做好教学设计,写好教案和讲稿。在教学中把握好课程内容的重点、难点,合理组织教学内容,因材施教。同时,课程团队应定期改进教学内容,更新教案、多媒体课件等授课资料,同时也要对线上课程的教学资源,包括视频以及单元作业、测验进行定期更新。

(二) 优化教学过程和方法,高效开展混合式教学

为实现课程的人才培养目标,根据课程教学内容,结合学情和专业特点,本课程实施基于智慧教学工具(可以是慕课堂,也可以是学习通等)的线上+线下的混合式教学。在混合式教学开展的过程中,教师应熟悉现代信息技术手段,能实时地对学生的学习进行线上指导、答疑解惑;能熟练使用智慧教学工具高效地开展混合式教学。在开展混合式教学过程中,建议分为课前、课中、课后组织课程教学,并做好各环节的衔接,提高教学质量。

课前,教师备课,通过学习通、慕课堂或QQ群发布学习任务单,学生开展自主和合作学习。课中,教师可以采用BOPPPS教学模型、对分课堂等组织课堂内教学活动,进行重难点讲授、理论体系的系统梳理等。课后,教师安排学习任务,学生进行复习、巩固和拓展,并基于学生的学习数据进行教学反思和改进。

课堂教学应根据教学基本要求做到理论阐述准确、概念清晰、条理分明、逻辑性强、重点突出。同时,课堂教学活动应灵活运用多种恰当的教学方法,如讨论式、启发式、研究性、案例式教学方法进行教学,体现以学生为主体、以教师为主导的教育理念,强化学生自主学习、分工协作以及汇报分享的能力。

(三) 强化对学生的学习支持

教师应安排答疑时间,采用网上答疑和面对面答疑相结合的方法进行;认真批改作业,并适时对作业情况做出总结,对学生作业中出现的共性问题,教师应适时做出讲评和学习反馈。

四、课程考核

课程总成绩为百分制,由平时成绩、期中成绩和期末成绩三部分构成。其中,平时成绩占 40%、期中成绩占 10%,期末成绩占 50%。本课程采用过程性评价和终结性评价相结合的评价方法,重视过程性评价。平时成绩实施过程性评价,期末成绩实施终结性评价。课程考核方法具体有三个方面。

(一)平时成绩采用过程性评价,占总成绩的 40%

平时成绩由线上成绩(慕课平台的成绩)和线下成绩(线下课堂的成绩)两部分共同组成。

(1)线上成绩占总成绩的 20%,由慕课平台提供。线上成绩由视频学习、单元测试、单元作业、期末在线考试、参与讨论和互评的数据进行评定。单元测试为客观题,由系统按预先设置的答案来评断;单元作业为主观题,由学生互评。最终,中国大学慕课网按课程组设定的分数和权重自动生成每一位学生的线上学习得分。授课教师也可以通过慕课堂获取上述学习数据(见表 5-18-4)。

表 5-18-4 线上课程的评分标准

考核内容	占线上成绩的比例	评分标准
观看所有视频(39 个),并完成穿插在视频中的习题	15%	观看所有视频并完成习题,即可得满分,否则相应扣分;该项原始数据由慕课堂提供,然后由任课教师进行计算得分
单元测验	25%	客观题,答对得分,答错扣分
单元作业	30%	简答题,教师事先在系统录入答案,学生互评。未参与互评的学生,所得分数为应得分数的 50%;参与互评,但互评作业分数少于 5 分的,所得分数为应得分数的 70%
在线期末考试	20%	客观题,答对给分,答错扣分
讨论	10%	在线上课程讨论区被赞的数量超过 5 个,即可得到满分

(2)线下课堂成绩占总成绩的 20%,由慕课堂的随堂测验、线下作业、课堂互动等构成。其中,慕课堂的学习表现主要由多种形式的习题和讨论构成,由慕课堂按照课程设定的分数和权重自动形成评分。

本课程共安排 6 次线下作业,6 次作业的平均得分即构成学生的线下作业得分。

课程互动成绩由教师互评和小组互评共同产生,教师互评得分和小组互评得分各占 50%。其中,小组互评得分为各小组互评得分的平均。教师在课前应该根据课程互动内容,设计合适的评价标准。表 5-18-5 中所示的评分量表仅供参考,教师可根据实际情况进行调整。

表 5-18-5　小组课堂互动的评分量表

评价指标	比例	优秀 90～100 分	良好 80～90 分	中等 70～80 分	及格 60～70 分	不及格 60 分以下
数据查找和分析	50%	查找到了全部目标数据，数据整理规范，能深入地分析数据	查找到了 80% 的目标数据，能正确分析所查找的数据	查找到了 80% 的目标数据，能正确分析大部分数据	查找到了 50% 的目标数据，可以分析某些数据	缺少大部分目标数据
观点和结论	50%	结论合理，表达较为清晰	结论合理，表达基本清晰	结论合理，表达不完善	结论不清晰，表达不完善	无法得出结论

(二) 期中成绩占总成绩的 10%

可采用小论文、调研报告、期中测验或开放式作业等形式，由任课教师根据教学进度情况和学生学习情况自主确定。

(三) 期末成绩采用终结性评价，占总成绩的 50%

实行线下闭卷考试的形式，占总成绩的 50%。试卷考核内容需要覆盖本课程的教学基本要求；试卷采用 A、B 试卷方式，A、B 试卷不能重复。参考答案及评分标准应准确详实；根据学生答题质量，规范、严谨地给出每题相应的得分和扣分。

此外，任课教师务必注意考核内容的调整，不论是平时作业、线上课程的习题还是期末考试，均要增加非标准化试题以及课程思政学习效果考核的试题。

五、教材、线上课程及参考资料

(一) 教材

1. 指定教材

张礼卿.国际金融.第 2 版.北京:高等教育出版社,2018.

2. 参考教材

(1) 姜波克.国际金融新编.第 6 版.上海:复旦大学出版社,2018.

(2) 范小云,陈平.国际金融.第 2 版.北京:高等教育出版社,2019.

(3) 普格尔.国际金融.第 17 版.中文本.北京:中国人民大学出版社,2022.

(4) [美] 保罗·克鲁格曼,茅瑞斯·奥伯斯法尔德.国际经济学.中文本.第 10 版.北京:中国人民大学出版社,2016.

(二) 线上课程

中国大学慕课网平台"国际金融"线上课程(目前第 9 次开课)，链接如下：https://www.icourse163.org/course/NAU1206677823? from=searchPage&outVendor=zw_mooc_pcssjg。

校内同步 SPOC 课程，链接如下："国际金融"中国大学慕课(icourse163.org)。

(三) 扩充阅读书目

(1) Keithe Pilbeaum.汪洋,译.国际金融(原书第 4 版,中文版).北京:机械工业出版社,2015.

(2) [美]丹尼尔斯,范胡斯.国际金融学.北京:高等教育出版社,2016.

(3) [英]劳伦斯·科普兰,等.汇率与国际金融(中文本).第5版.北京:机械出版社,2011.

(4) [美]罗纳德·W.琼斯,等,国际经济学手册(第2卷国际货币经济与金融).北京:经济科学出版社,2008.

(5) [美]保罗·南森.重返金本位——纸币的危机与黄金的魅力.北京:人民邮电出版社,2012.

(6) 李稻葵.人民币国际化道路研究.北京:科学出版社,2013.

(7) [美]埃森格林.资本全球化:一部国际货币体系史.北京:中信出版社,2014.

(8) [法]让·梯若尔.金融危机、流动性与国际货币体制.北京:中国人民大学出版社,2015.

(9) [美]保罗·克鲁格曼.萧条经济学的回归(中文本).北京:中信出版社,2012.

(10) [美]罗格夫.这次不一样——八百年金融危机史.北京:机械工业出版社,2012.

(11) [美]伯南克.行动的勇气:金融危机及其余波回忆录.北京:中信出版社,2016.

(12) [美]科恩.货币强权.北京:中信出版集团,2017.

(13) [美]埃森格林.嚣张的特权:美元的兴衰和货币的未来.北京:中信出版社,2014.

(14) [美]科恩.货币地理学.成都:西南财经大学出版社,2004.

(15) [美]科什纳.货币与强制——国际货币权力的政治经济学.上海:上海世纪出版集团.

(16) [美]霍夫鲍尔,等.反思经济制裁.上海:上海人民出版社,2019.

(17) 《国际金融研究》《金融研究》《中国外汇》《世界经济》等期刊各期。

(18) 每个章节具体阅读材料见每章节课后阅读材料推荐。

(四) 网站

(1) 国家外汇管理局网站,www.safe.gov.cn。

(2) 中国人民银行网站,www.pbc.gov.cn。

(3) 中国货币网,www.chinamoney.com.cn。

(4) 国家统计局网站,www.stats.gov.cn。

(5) 国际货币基金组织网站,www.imf.org。

(6) 国际清算银行网站,www.bis.org。

(7) 世界银行网站,www.worldbank.org。

(8) OECD网站,www.oecd.org。

(9) 联合国贸发委会议,www.unctad.org。

(10) 学校图书馆网站。

第三节 课程教学创新实践

一、学情分析

在对近年学习该课程的近千位学生进行线上问卷调查、线下面谈,以及对学生学习过程观察和学习数据分析的基础上,得到三个方面的学情结果。

(一) 知识储备和学习经验

(1) 知识储备扎实。"国际金融学"课程于第 5 学期开设,此前学生已经系统学习过"微观经济学""宏观经济学"和"金融学"等先修课程,具有学习该课程的应有知识储备。

(2) 具备进行混合式学习的数字能力和素养。作为互联网的"原住民",学生们可以熟练操作各种智能学习设备。而入读大学后的混合式课程学习经验,使得学生可以熟练使用各种智慧学习软件,如学习通、慕课堂等。因此,学生具备进行线上线下学习所需要的数字能力和素养。

(二) 学生学习本课程的学习特征

(1) 学习态度认真,但学习目标单一化和低阶化。调研数据显示,该专业约 85% 的学生明确表示打算参加金融学专业研究生入学考试。该课程既是专业主干课程,也是大多数高校金融学专业考研的必考科目之一。在课程的学习过程中,绝大多数学生学习态度认真,但是学习目标较为单一化和低阶化。具体表现为,大部分学生仅以书本理论知识的获取、通过考试并获得学分、助力考研作为主要的学习目标,并不追求研究、分析、表达和沟通等能力的提升以及素养的改善。

(2) 学习行为囿于实体课堂,以被动学习为主,主动性不足。开展混合式教学之前的调研数据表明,学生的学习行为主要发生于线下实体课堂,课前较少预习,课后除完成几次作业以外,很少进行复习、巩固和拓展。因课程学习难度大、知识点多,期末考前焦虑和考前熬夜成为普遍现象。

而在线下实体课堂中,受学时所限,教师"满堂灌",学生主要进行被动式学习,独立思考和主动探究精神不足,课堂参与度较低。

(3) 课程通过率较高,但学生知识内化程度低,能力提升有限。从期末闭卷考试得分以及总评成绩来看,学生考试通过率较高。但是学生知识留存率和内化程度均较低,使用国际金融理论分析具体案例和现实问题的能力还有较大提升空间。此外,对于国际金融领域的重要现象和问题,还不能做出正确的价值判断。

(三) 学生需要的学习支持

80% 以上的学生认为国际金融理论模型多,学习难度大,需要各种学习支持。而有关"学习支持"的调查数据表明,学生所需的学习支持主要包括两个方面:

(1) 学习资源方面。90% 的学生认为学习过程中缺少练习题,希望任课教师能够提供"国际金融学"对应章节的习题以及国际金融领域的经典案例等。此外,对于一些较难的知识点,85%的学生希望能有可以反复观看的教学视频。

(2)学习反馈方面。95%的学生希望任课教师能够及时地将每一次线下作业的情况反馈,并对相关题目进行详细的讲评。此外,还有学生希望教师能有固定的面对面的答疑时间。

总体来说,不论是从学习目标、学习方式还是学习结果来看,学生对该课程的学习都呈现出"简单学习"的特征,已无法满足新文科建设需求、数字化时代对人才新需求以及中国金融开放对国际金融人才的需求。

二、教学痛点

"国际金融学"课程原有以"教"为中心的教学模式,已不能适应中国金融开放对国际金融人才的需求。基于教育数字化转型以及新文科建设的背景,以深度学习理论为指导,自2019年以来课程进行了多维教学创新。长期以来,原有的以"教"为中心的教学模式,受制于各种主、客观因素,导致了学生"简单学习"的出现(见图5-18-1)。课程的教学痛点表现在四个方面。

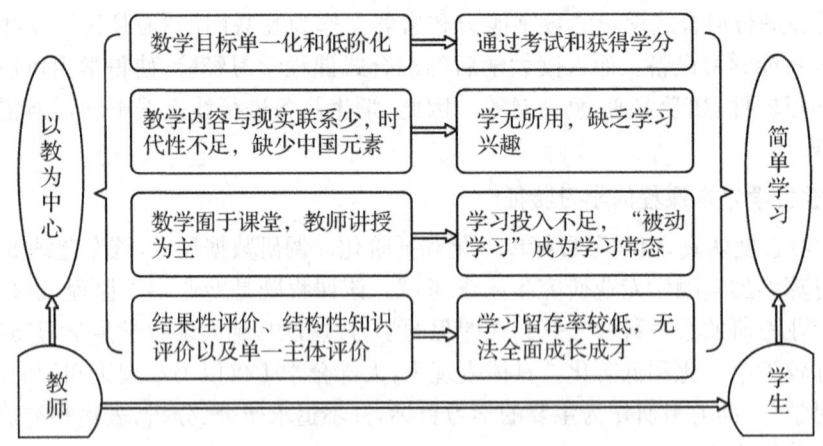

图 5-18-1 以"教"为中心的教学模式导致简单学习

(一)教学目标的单一化和低阶化

课程教学目标较为单一,仅重视知识传授目标,忽视课程的能力和素养目标,缺少明确的价值引领目标。而在知识传授目标中,仅注重低阶目标的实现,较少关注知识的应用、分析等高阶目标的实现。这就导致部分学生仅以通过课程的期末考试和获得学分为学习目标,无法实现能力、素养等提升。

(二)教学内容理论性强,缺少对现实的关照,缺少对中国的关照

在教学过程中,课程对理论模型讲授较多,但对国际金融领域的现实问题关注较少,缺少对现实的关照。此外,课程对中国参与国际金融领域的实践活动和取得的突出成就关注较少,缺少中国故事。学生认为学无所用,学习兴趣不足。

(三)教学环境囿于实体课堂,教学方法单一,"被动学习"成为常态

教学过程主要发生于课中,内容多、时间紧。从教学方法看,讲授法是本课程教学采用的主要教学方法,"教师讲、学生听"成为教学常态。学生对课堂的参与度较低,缺少自主学习、合作学习和探究学习的意识,学习投入较少,"被动学习"成为学生学习的常态。

(四) 重结果性评价,评价维度和主体单一

课程注重结果性评价;评价维度又较为单一,强调对概念、模型等结构性知识的评价;强调老师对学生的评价,忽视了学生互评以及学生自评。上述评价模式导致学生死记硬背概念和模型,知识的留存率较低,课程育人功能弱。

三、教学创新实践

针对上述教学困境,基于深度学习理论框架,课程团队自 2019 年起开展了以"持续改进"为特征的教学创新实践。

(一) 构建"四位一体"的课程目标体系

课程构建了知识—能力—素养—价值"四位一体"的教学目标体系,即以知识传授为基础,在知识传授的过程中实现学生能力提升、素养改善和价值塑造(见表 5 - 18 - 6)。

表 5 - 18 - 6 课程目标体系

课程目标	主要内容
价值塑造	通过本课程学习,需要达到如下从微观到宏观的思维价值塑造目标: (1) 个人价值观:助益学生树立正确的人生观、价值观、世界观; (2) 职业素养:培养遵纪守法、诚实守信等职业素养; (3) 理想和信念:坚定学生的政治理想和信念,增强对党中央和国务院"重大战略"的理解和政治认同,对新时代中国特色社会主义的道路自信、理论自信和文化自信; (4) 家国情怀:引导学生自觉梳理经世济民的家国情怀、自觉服务中华民族伟大复兴的责任担当,促使学生对纷繁复杂的国际金融事件形成正确的价值判断,既有国际视野又有中国立场,能自觉服务国家经济利益和国家金融安全
素养改善	通过本课程的学习,需要达到如下素养改善目标: (1) 通过挖掘和分析相关经济数据,增强学生对国际金融数据和变量的敏感性,改善金融专业学生的数字素养等; (2) 通过对国际金融现实问题的分析,形成"时空交融"的思想方法
能力提升	通过本课程的学习,需要达到如下能力提升目标: (1) 正确应用相关理论分析、评价、预测国际金融领域的重要问题和重要现象的能力; (2) 具备多渠道自主、持续更新国际金融知识的能力,以应对未来工作需求
知识学习	通过本课程的学习,需要达到如下知识学习目标: (1) 能够掌握国际金融学的微观基础知识,如汇率、外汇交易等; (2) 能够理解和辨析国际收支理论、国际资本流动理论、汇率决定理论、汇率制度选择理论、M-F 模型、内外部同时均衡理论、国际经济政策协调理论、货币国际化理论、货币危机理论等

总之,作为一门专业主干课程,"国际金融学"旨在培养具有扎实的理论基础,既有国际视野又有中国立场,"专红兼备"的国际金融人才。

(二) 重构课程教学体系和教学内容,丰富教学资源

针对课程原有教学内容和教学体系存在的问题,团队教师有针对性地进行了重构,具体表现为三个方面。

1. 重构"微—中—宏"渐进式课程教学体系

针对课程原有教学体系的问题,按照"微观基础知识篇—中观基本原理篇—宏观经济政

策篇"的逻辑思路,课程团队对教学体系进行了重构,新的教学体系包括3篇和8个教学章节(见图5-18-2)。同时,将后面部分章节的教学内容进行了重置,比如,将原第八章有关国际资本流动和金融账户开放的相关内容前置至第一章国际收支进行讲授等。

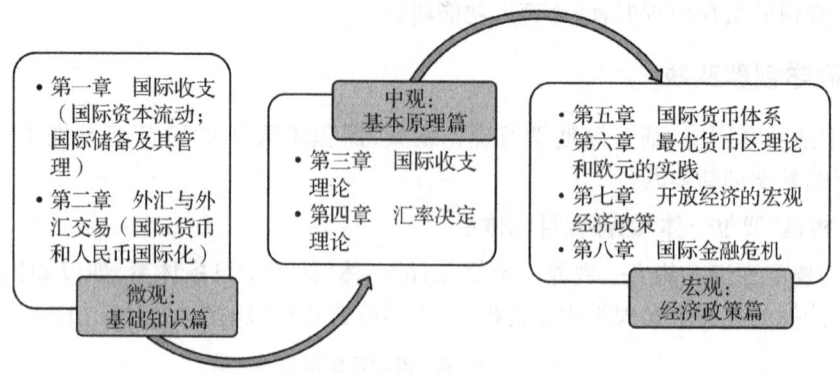

图5-18-2 "国际金融学"课程教学体系

2. 实现课程教学内容的四维重构

基于新的教学体系,课程从四个方面进行了内容重构(见图5-18-3)。

(1)理论成果与实践动态相融合,提升课程的时代性。将国际金融领域的经典案例、实践动态融入理论知识的讲授,提升课程的时代性,促进学生学习兴趣的提高。

(2)国际化和本土化相融合,提高课程的中国化。在培养学生国际视野的同时,课程坚持立足中国实际,引导学生关注和研究国际金融领域中国实践和中国问题,讲好中国故事。

(3)前沿理论和经典理论相融合,提升课程的前沿性。课程注重将理论研究前沿引入课堂教学,提高课程的前沿性和挑战度。

(4)团队研究成果和教学内容相融合,提升课程的研究性。团队将学术研究成果以及与产业部门合作的研究报告融入课程教学,实现了科研对教学的反哺。

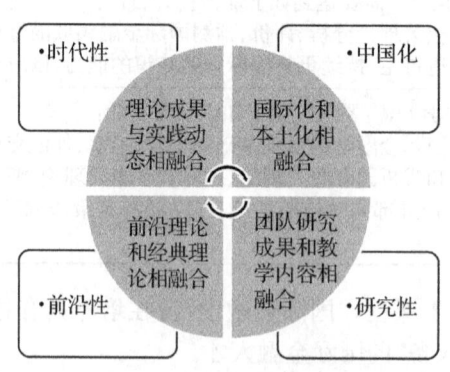

图5-18-3 课程教学内容的四维重构

3. 丰富教学资源体系

课程团队自主开发和建设了丰富的线上和线下教学资源,包括2019年9月在慕课网正式上线运行的"国际金融"线上课程、案例库、数据库、文献库、MT4外汇交易软件等,为教学创新提供了必要的支持。

(三) 持续改进课程思政建设,润己泽人

团队始终坚持"立德树人"的根本任务,深入挖掘课程所蕴含的思政元素,通过案例教学法、对比分析法等将其有机融入教学过程。在"润物无声"中不仅实现了对学生知识传授和价值塑造的融合;教师也更坚定了理想和信念,润己泽人(见图 5-18-4)。

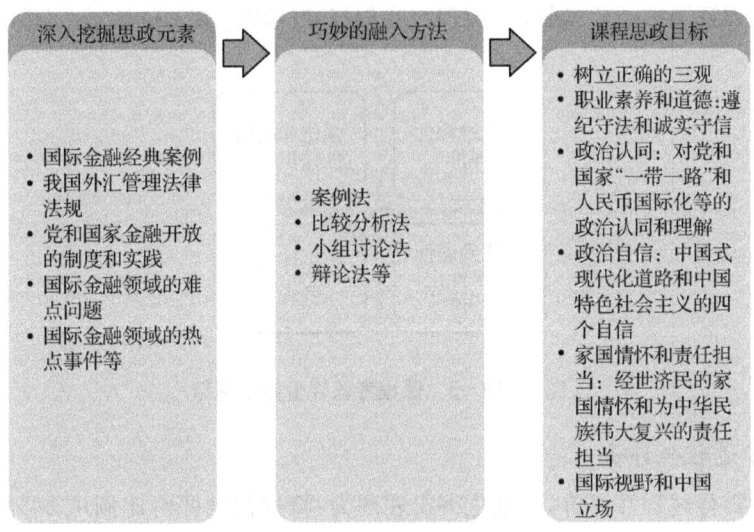

图 5-18-4 课程思政实施路径

(四) 持续优化教学过程和教学方法

1. 扎根校内,夯实基础

依托"国际金融学"线上课程以及慕课堂智慧教学工具,自 2019 年起团队持续改进和优化教学过程和教学方法,构建智慧教学环境。从教学过程的优化看,突出表现为线上线下混合式教学的实施,形成了慕课堂+慕课+同步 SPOC+线下课堂的"三步走"混合式教学模式以支持和促进深度学习的实现。"三步走"混合式教学模式包括课前-课中-课后三个环节。

(1) 课前:教师备课和导学,学生开展自主学习和合作学习。教师通过慕课堂以及 QQ 进行线上导学;学生登录慕课网完成自主学习,同时以小组为单位查找资料和数据,为课堂研讨活动做准备。教师则通过慕课堂查询学生视频学习进度,根据学生反馈的重、难点调整教学设计。

(2) 课中:师生协作开展基于现实问题的参与式学习。教师通过 BOPPPS 教学模型组织课中教学活动和开展课堂教学,采用包括辩论式教学法、案例分析法、PBL 教学法、"翻转课堂"等可以调动学生积极参与课堂互动的教学方法,旨在通过师生互动、生生互动,实现学生沟通和表达能力、思辨能力以及分析和解决现实问题能力的提升,促进深度学习的实现。

(3) 课后:教师答疑和反思,学生复习、巩固和拓展。教师通过慕课堂和 QQ 发布课后任务,引导学生积极参与线上互动和讨论;学生完成线上互动和线下作业,并将完成的学习任务在 QQ 上进行分享;教师针对学生课后的疑问进行答疑解惑,并基于学生的学习数据进行教学反思和改进。通过课后的复习、巩固和拓展,提升学生的知识应用和迁移能力。"三步走"混合教学,实现了线上线下课堂的有机分工和高效融合,促进了学习广度和学习深度的同向同行。

2. 走进行业，产教融合

组织学生到中国银行等银行进行现场观摩或实习，熟悉银行外汇业务，实现沉浸式教学；邀请行业高管、资深员工给学生开设讲座，讲授外汇管理政策、自贸区金融业务等。

（五）考核评价体系的四维强化，并进行动态反馈

针对原有课程考核评价的缺陷，课程团队创新了课程考核评价体系（见图5-18-5）

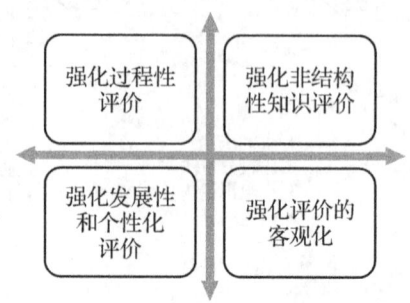

图5-18-5　课程考核评价体系创新

1. 强化了过程性评价

平时成绩实行过程性评价，其强化突出表现为：将过程性评价比例从20%提升至40%；过程性评价实现多维化，既包括线上课程学习成绩，也包括线下课程学习成绩，二者各占总成绩的20%；过程性评价主体实现多元化，既有老师对学生的评价，也有学生自评和学生之间的互评。

2. 强化了对非结构性知识评价

在对学生结构性知识考核的基础上，不论是平时成绩、期中考核还是期末闭卷考试，通过设置课程思政相关试题、与国际金融现实问题紧密联系的非标准答案试题等，强化了非结构性知识评价。

3. 强化了个性化和发展性评价

在设计课程的考核方法和考核内容时，课程团队高度关注学生横向个体化差异，尽可能全面考查学生的动态学习成效。

4. 强化了评价过程客观化

不论是线上课程成绩、线下课程成绩、期中考试成绩，还是期末闭卷考试成绩，都有明确和客观的评分量表。通过创新形成了考核评价体系，实现了过程性评价和终结性评价的结合、结构性知识和非结构性知识评价的结合、师对生评与生生互评及学生自评的结合，以及标准化评价与个性化评价及发展性评价的结合。

基于过程性评价，团队建立了"三维"动态反馈机制（见图5-18-6），即基于"线下作业成绩＋线上课程学习数据＋慕课堂红黑榜"的三维动态反馈机制。对在上述三维任务中表现较好的学生进行公开表扬；对后进的学生进行预警和帮扶，

图5-18-6　三维动态反馈机制

在过程性评价及动态反馈中实现学生成长和发展。

(六) 构建学习共同体,助力深度学习

课程构建了以平等、分享、互助为特征的线上＋线下师生和生生学习共同体,确保学生可以第一时间获得来自老师和其他同学的学习支持和帮助。

四、创新成效

经过不断探索,课程教学创新促进了学生实现多维成长,教师教学教研能力获得明显提升,课程建设也取得了系列成果(见表5-18-7)。

(一) 学生实现了多维成长

1. 学习投入明显上升

慕课堂数据显示,绝大多数学生能够在课前自主完成线上教学视频的学习,课后能够积极参与线上课程讨论,学习投入明显增多。

2. 学生的学习成绩明显提高

(1) 线上课程均分和优秀率均有了明显提高。从线上课程的均分看,已从2019年秋季学期的70分提高到2021年秋季学期的83分。另外,从线上课程的优秀率看,2019年秋季学习优秀率仅为29%,2021年该课程的优秀率已经提高至47%。

(2) 期末闭卷考试均分和优秀率也有了明显上升。以实施混合式教学前后的期末闭卷考试成绩均分进行比较可知,在实施混合式教学前,均分为79.67分;实施混合式教学后,均分为85.76分。从期末闭卷考试80分以上学生的分布来看,学生占比从约60%上升到约80%。

3. 学生高阶思维和能力实现明显提升

通过对2021年秋季学期学习"国际金融学"课程的金融学专业学生进行问卷调查发现,98%的学生认为课程提高了他们对中国特色社会主义的道路自信、理论自信和文化自信;95%学生认为课程提升了他们分析和解决国际金融现实问题的能力;90%学生认为课程提高了他们的口头表达、沟通和书面写作能力。

此外,课程团队教师积极指导学生参与暑期社会实践、大创项目和学科竞赛,不仅取得了突出的成果,而且增强了学生对中国故事、中国实践的感性认识。

表5-18-7 近5年来课程团队指导学生取得的主要成果

项目	成果的主要内容
论文	省级优秀本科毕业论文三等奖1项 校级本科优秀毕业论文3项 学生公开发表学术论文12篇
大创项目	省级大创项目5项 校级大创项目6项
暑期社会实践	中国金融教育发展基金会"普惠金融·牛国春践行"暑期社会实践有奖征文三等奖2项 2021年校级大学生暑期社会实践活动优秀团队1项

续 表

项　目	成果的主要内容
竞赛	第八届"东方财富杯"全国大学生金融挑战赛省赛三等奖 1 项 第八届江苏省"互联网＋"大学生创新创业大赛江苏省选拔赛二等奖 1 项 第二届"华数杯"全国大学生数学建模竞赛二等奖 2 项 2019 年大学生创新方法应用大赛校赛二等奖 1 项

(二) 教师教学教研能力获得发展

随着"国际金融学"课程教学改革的深入和推进,团队教师的教学和教研能力也获得了明显发展。不论是线上课程还是线下课堂,学生均给予了较高的评分。2019—2023 年,团队获得第五届全国高校混合式教学设计创新大赛二等奖;教学创新大赛省级一等奖、校级一等奖;省级微课教学竞赛二等奖,校级一、二、三等奖;校级课程思政竞赛获奖 4 项。

(三) 课程建设取得系列成果

2019 年以来,课程建设取得了丰硕成果。2019 年"国际金融学"在线开放课程上线中国大学慕课平台,来自国内外 100 多所高校的学生和社会学习者参与了学习;2022 年,课程获批校级课程思政示范课;2023 年,作为示范课程上线江苏高校教师教学能力建设"云书院"。

第十九章

法学专业综合实验

第一节 课程简介及目标

一、课程简介

"法学专业综合实验"是首批国家一流专业法学本科专业实践必修课程,2学分共72学时(课内24、课外48),要求的先修课程为"法理学""宪法学""刑法学""民法学""行政法学""民事诉讼法学""刑事诉讼法学""行政诉讼法学"。

南京审计大学于2014年首次开设"法律诊所"课程,2015年"模拟东京审判""送法上门"等实践活动整合进课程,并更名为"法学专业综合实验"。

2016年3月至今,本课程与江苏宁瑞律师事务所合作开展法学实践教学,在本课程的师资、教学、学生创业指导等方面实现深度融合。课程团队成员进宁瑞律所兼职,宁瑞律所律师担任本课程教师。双方确定以律所用人标准动态安排教学内容和完成教学活动。2016年12月,在课程教学团队和宁瑞律师事务所的共同指导下,本课程师生注册成立公益社团法人"浦口区润泽法律服务中心",该中心是进行本课程的校外实践活动组织管理、法律服务项目开发建设以及学生创业劳动实践的校外载体。迄今,省司法厅已连续3年,区司法局已连续6年通过该中心采购本课程的品牌实践活动,总计获得政府采购资金约40万元。

课程包括课内教学和课外实践两个部分。课内教学包括法律职业伦理、接待当事人、案件处理方案、谈判、调解、辩论、法律文书写作、模拟东京审判、创业训练。课外实践包括"送法上门"志愿服务;"模拟东京审判"的彩排与公演;在校外实践点值班;起草、修改法律文书;参与法律事务谈判;调解群众法律纠纷;参加高校法庭辩论赛的训练与比赛;"润泽法律服务中心"的管理与经营。

二、课程目标

(一) 课程思政教学目标

(1)理解中国特色社会主义法律体系的基本任务、基本原则与基本理念,学习贯彻习近平法治思想,牢固树立走中国特色社会主义法治道路的理想信念;

(2)培养思想道德素养,做尊法、学法、守法、用法的模范,以实际行动带动全社会崇德向善、尊法守法;

(3) 深刻领会马克思主义的实践观,提高理论联系实际的能力,在法学实践中认识社会、认识基层,自觉回答中国之问、人民之问、时代之问;

(4) 感知当代中国法治的发展进步,深刻领会中国特色社会主义进入了新时代的历史方位,在此基础上,树立正确的人生目标,积极规划自身发展,将个人的发展与时代的进步相结合。

(二) 课程专业教学目标

(1) 训练法律思维方式,掌握正确处理案件的方法论,提高在法律实践中发现问题、分析问题和解决问题的能力;

(2) 学习和掌握代理案件所需的基本方法与重要技巧,养成法律职业伦理;

(3) 全面了解中国律师制度,了解律师的办案流程和工作规程;

(4) 培养法律服务者的创新创业能力,掌握法律服务类公益社团法人在设立与管理运营中所需的基本技能。

第二节 课程内容及教学安排

一、课程内容及教学安排

根据课程目标,课程内容构建及教学安排如表5-19-1所示。

表5-19-1 "法学专业综合实验"课程内容及教学安排

周别	授课次数	授课章节与内容摘要	教学时数	课程思政融入点
1~2	2	第一章 法律职业伦理 第一节 忠诚义务 第二节 独立执业与当事人的自主权 第三节 保密义务与职业特权 第四节 诚信执业责任(诚实守信) 第五节 利益冲突避免义务 第六节 称职义务与勤勉义务	课堂教学3课时; 课外实践6课时	(1) 习近平法治思想的指导意义; (2) 崇德向善、尊法守法的行为习惯; (3) 践行社会主义核心价值观
3~4	2	第二章 接待当事人 第一节 接待来访咨询 第二节 法律援助案件接待技巧 第三节 接待来访咨询中的职业道德 第四节 模拟练习	课堂教学3课时; 课外实践6课时	(1) 中国特色社会主义进入新时代的历史定位; (2) 践行社会主义法治理念
5~6	2	第三章 案件处理方略 第一节 法庭质证 第二节 法庭辩论	课堂教学3课时; 课外实践6课时	全面依法治国整体战略
7~8	2	第四章 谈判 第一节 谈判概述 第二节 谈判的基础和原则 第三节 谈判的步骤、策略和技巧	课堂教学3课时; 课外实践6课时	理想信念教育,人生观与价值观的培养

续　表

周别	授课次数	授课章节与内容摘要	教学时数	课程思政融入点
9～10	2	第五章　调解 第一节　法律援助诊所的目标 第二节　援助案件可供选择的策略 第三节　咨询、和解、调解	课堂教学3课时； 课外实践6课时	坚持以人民为中心，践行群众观点与群众路线
11～12	2	第六章　法庭辩论 第一节　民事案件法庭审理流程 第二节　民事案件法庭辩论基本技巧	课堂教学3课时； 课外实践6课时	树立为实现法治中国梦而奋斗的人生理想
13～14	2	第七章　法律文书写作 第一节　法律文书概述 第二节　法律文书写作的基本要求 第三节　常用法律文书的写作格式	课堂教学3课时； 课外实践6课时	(1) 坚持理论联系实际的学风； (2) 中国特色社会主义法律体系
15～16	2	第八章　模拟东京审判 第一节　东京审判的背景与过程 第二节　东京审判的历史意义 第三节　东京审判的法律程序	课堂教学3课时； 课外实践6课时	(1) 弘扬伟大的爱国主义精神，弘扬伟大的抗战精神； (2) "四个自信"
合计	16		课堂教学24课时； 课外实践48课时	

二、教学与学习要求

(一) 教学要求

1. 理论教学要求

校内教学团队与律师、法官等法律实务人员共同参与课堂教学，采用专题讲座、角色模拟训练、师生互动式个案指导、分组辩论、小组讨论、头脑风暴等多种教学手段。

2. 实践教学要求

本课程以校外实践为主，校内教学与校外实践的时间比例为1∶3。本课程的校外实践由课程教师团队与江苏宁瑞律师事务所合作完成，双方在校外实践中共同派出教师，共同开发项目，共同指导学生创立运行润泽法律服务中心。

学生按照课内教学对应的实践模块要求，参与"送法上门"志愿服务、校外实践点定期值班、"模拟东京审判"公演，以及律师的会见当事人、调解、谈判等实务工作。另外，课程学生负责润泽法律服务中心的日常管理与运营。润泽法律服务中心统一管理学生校外实践，学生在中心平台上登记实践时长，上传实践照片，开展在线问答等。学生每次实践活动都要撰写实践日志，每学期都要对实践活动进行总结与反馈，并撰写实践报告。

3. 课程思政教学要求

把习近平法治思想融入"法律诊所"课程全过程。增强学生服务社会主义法治国家建设的责任感和使命感。通过"送法下乡"等基层法律服务活动，践行学以致用，自觉回答中国之问、人民之问、时代之问。通过"模拟东京审判"公演等活动，弘扬伟大的爱国主义精神，弘扬伟大的抗战精神,培育家国情怀。

(二) 学习要求

学习这门课程,学生应做到:① 积极参与课堂互动教学,包括情景角色扮演,分组讨论,模拟法庭等;② 在规定时间内完成"送法上门"服务、实践点值班等课外实践,在"润泽法律服务中心"平台上登记实践时长;③ 积极参与法庭旁听和社会调查等活动;④ 认真对待课外实践,事先做好充分的准备,在实践中学以致用;⑤ 做好课堂学习和课外实践日志的记录和实习报告的撰写,定期发布通讯;⑥ 积极参与"模拟东京审判"公演;⑦ 做好润泽法律服务中心的管理运营等。

三、教学资源

(一) 教材

程乃胜,等.法律实务综合实训教程.南京:南京大学出版社,2014.

(二) 参考书

(1) 许身健主编.法律诊所.北京:中国人民大学出版社,2017.
(2) 章武生主编.模拟法律诊所实验教程.北京:法律出版社,2013.
(3) 李傲主编.法律诊所实训教程.武汉:武汉大学出版社,2010.
(4) 李长城主编.法律诊所典型案例实训教程.北京:法律出版社,2017.

(三) 扩充阅读资料、文献

(1) 甄贞主编.诊所法律教育在中国.北京:法律出版社,2002.
(2) [澳]杰夫·吉丁斯.袁钢,译.推进正义的法律诊所教育.北京:中国人民大学出版社,2017.
(3) 李俊刚,尚淑敏.社区法律诊所实践教学研究.北京:中国政法大学出版社,2014.
(4) 苗鸣宇.实案型民商事法律诊所研究.北京:法律出版社,2015.
(5) 诊所法律教育专业委员会主编.刑事诊所工作手册.北京:中国长安出版社,2013.

(三) 专题网站

(1) 中国诊所法律教育网,http://www.cliniclaw.cn。
(2) 中国法律资源网,http://www.lawbase.com.cn。
(3) 北大法律信息网,http://www.chinalawinfo.com。
(4) 北京大学诊所式法律实践教学中心,http://www.legalclinic.pku.edu.cn。
(5) 中国政法大学法学院法律诊所,http://www.flzs.org。
(6) 武汉大学公益与发展法律研究中心,http://www.pidli.org。
(7) 中国人民大学法律诊所,http://www.law.ruc.edu.cn/flzs。

(四) 实践性教学资源

(1) 与江苏宁瑞律师事务所签订法学实践教育长期合作协议,共同指导法律诊所学生创立了公益社团法人"润泽法律服务中心",并开发了在线平台"润泽法律服务中心——法律诊所实践平台"。

(2) 校内建成法学示范实验室、模拟法庭等,浦口区人民法院第十六法庭常设在浦口校区模拟法庭内,每年都会举行真实公开庭审。

(3) 法学院组织"模拟东京审判"公演活动已持续举办 13 年,现已成为在省内外有重大影响力的实践活动品牌。

（4）现已建成了覆盖各类国家机关及企事业单位在内的 4 类共 54 个校外实践教学基地。聘请了上述实习单位 81 名有着丰富实践经验的实务工作者作为学生的实践导师。

（5）审计、会计、金融专业的金课资源。

（6）江苏省一流虚拟仿真实验——破产清算程序虚拟仿真实验。

（五）课程思政资源

（1）党的十九大报告、党的二十大报告。

（2）党的十八大以来历次全会公报，历次全会通过的重要决议、决定。

（3）习近平总书记系列重要讲话。

（4）《习近平谈治国理政》第一、第二、第三、第四卷。

（5）人民网，www.people.com.cn。

（6）法制网，http://www.legaldaily.com.cn/。

（7）正义网，http://www.jcrb.com/。

四、课程考核

课程总成绩为百分制，由平时成绩、期末成绩两部分构成。其中，平时成绩占 50%、期末成绩占 50%。本课程采用过程性评价和终结性评价相结合的评价方法，重视过程性评价。平时成绩、期末成绩实施过程性评价。平时成绩由外出实践占 70%、课堂表现占 20%、平时考勤占 10%构成，期末成绩由实践报告占 50%、模拟法庭占 20%、小组板报占 30%构成。

考核方式上，外出实践和课堂表现均由学生互评占 40%、服务对象评价占 30%、教师评价占 30%三部分构成。期末考核评价主要是对成果进行评价，包括实践成果和创业成果评价，实践成果主要评价学生实践获得的成果和效果，包括小组外出实践获得的案件数量及相关类型化案例梳理（小组互评）和实践效果评价。实践效果主要包括个人实践报告评价（小组互评）和小组校外实践活动效果（教师评）。创业成果评价主要包括学生参与创业的事项及劳动时间，主要通过外出实践服务来体现（小组互评）。

第三节　课程教学创新实践

一、学情与痛点

"法学专业综合实验"是训练学生法学实践能力的课程，现实关照是课程的底色，知行合一是课程的品格。新时代全面依法治国伟大实践为课程创新提出了更高的要求，也提供了不竭的资源。

（一）课程概况

本课程是法学专业本科实验课，2 学分，面向本专业学生在第 4、第 5 个两学期开设。课程采用法律诊所（Legal Clinic）教育方式，分为课堂教学与课外实践两部分，由校内教师与校外实践导师共同指导学生处理真实法律纠纷。在课外实践中还组织学生进行不计入学时,但计入考核评价的法律实践活动。本课程始终按照卓越法治人才培养要求不断创新,2020年获得"全国特色法律诊所"称号,获评江苏省首批社会实践一流课程;2021年被区政府评为优秀志愿服务组织,获评校级思政成果奖一等奖;2022年获校级课程思政优秀示范课一等奖;2023年获批第二批国家级社会实践一流课程(见图5-19-1)。

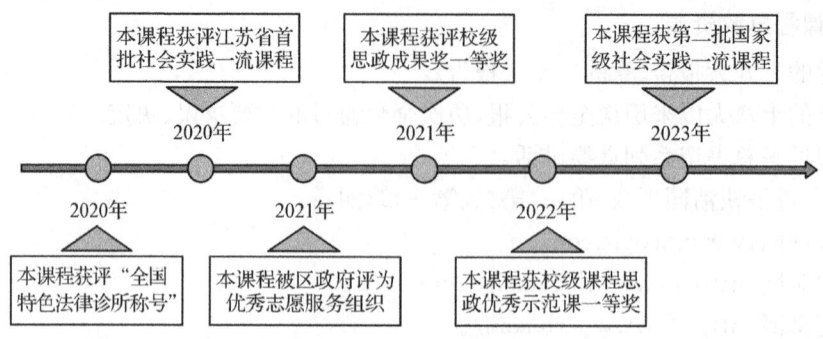

图 5-19-1 课程发展

(二) 学情分析

经过3~4个学期的学习,学生已经学习了民法、刑法、诉讼法、行政法等基础部门法,已掌握了处理实际法律问题的基础知识和初步技能。但知识少有机会运用,技能少有机会检验,理念少有机会践行,法治状况也少有机会切身认知。本课程在课堂内外给学生以办理实际案件、参与法治宣传、运营法律社团法人等法律实践的机会,让学生在实践中发现问题、认识社会、规划职业,为高阶课程的学习和创新创业项目的开展打下基础。课程地位见图5-19-2。

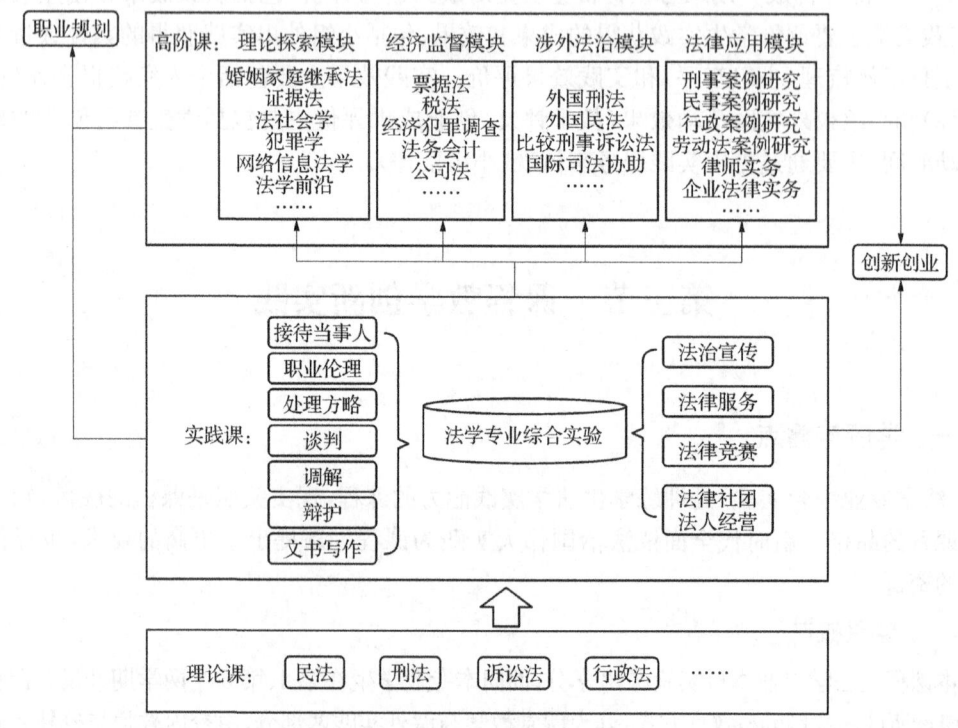

图 5-19-2 课程地位

(三) 痛点改进

1. 舶来品的本土化问题

我们培养的法治人才是"社会主义法治坚定的守护者和实践者",不是善用法律技巧的功利主义者,更不是西方法治的崇拜者和"搬运工"。法律诊所教育方式最早源于美国,需对标新时代中国法治人才要求,进行本土化改造。深入挖掘本土法律实践资源,推动区人民法院第十六法庭设在校内(2014年),实行"送法上门"将课堂设在社区(2017年)。将"模拟东京审判"整合进本课程(2015年),将法治精神与爱国主义相结合。

2. 实践素材来源的可持续问题

源源不断且真实的实践素材是本课程开展的必要条件,但传统的法学实践课普遍存在素材来源不稳定的问题。因此,本课程师生注册成立公益性社团法人,对外承接政府购买法律服务项目(2016年),由政府部门持续提供实践机会。与律所开展产教融合(2016年),由律所持续提供案件素材。采用破产清算虚拟仿真实验(2021年),应对疫情下难以外出实践的困难。

3. 师资结构的单一性问题

本课程要求教师具有丰富的实践经验,传统的做法多是聘请律师、法官等司法实务专家参与授课和指导。但中国法治实践并不只限于司法这一途径,社会治理法治化是新时代更普遍、更广泛的法治实践,传统的师资结构并不能反映当下法治实践的全貌。因此,倡导多元交叉,多元师资结构。课程团队既有法学专业背景者,也心理学、社会学专业背景的教师(2016年);既有司法工作者,也有民警、调解员等社区工作者(2022年)。

4. 考核评价的片面性问题

在"以学生为中心""过程性评价"等理念已成共识的今天,对学生的考核评价还停留在互动情况、实践报告、学生自评、小组互评上,与理论课逐渐趋同,不能全面、真实地体现实践课的质量与效果。针对此问题,评价主体由"学生—教师"两方扩展到"学生—教师—实践对象"三方(2018年)。学生在实践过程中所接触的当事人、社区、政府部门等对象都可依据自身问题的解决情况或者服务效果的达成情况对学生进行评价。

一路走来,法律诊所课堂要服务于新时代的中国法治实践,逐渐成为师生共同的目标。课程持续改进创新见图 5-19-3。

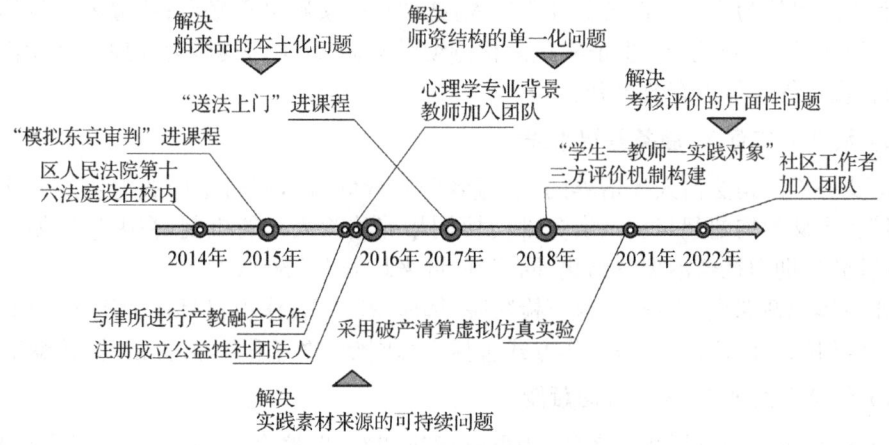

图 5-19-3 课程持续改进创新

二、目标与理念

课程目标见图 5-19-4。

```
┌─────────────────┐  ┌──────────────────────────────────┐
│ 高标准的政治素质 │  │ 忠于党、忠于国家、忠于人民、忠于法律 │
├─────────────────┤  ├──────────────────────────────────┤
│ 高觉悟的道德修养 │  │ 品德高尚、家国情怀、信仰法治、良好人格 │
├─────────────────┤  ├──────────────────────────────────┤
│ 高层次的法治素质 │  │ 职业伦理、服务基层、纠纷解决、普法宣传 │
├─────────────────┤  ├──────────────────────────────────┤
│                 │  │ 博学之：阅读与倾听能力            │
│ 高效率的知行合一能力 │  │ 审问之：提问与调解能力            │
│                 │  │ 慎思之：思维与写作能力            │
│                 │  │ 明辨之：谈判与辩论能力            │
│                 │  │ 笃行之：创新与创业能力            │
└─────────────────┘  └──────────────────────────────────┘
```

图 5-19-4 课程目标

（一）适应时代要求，贯彻德法兼修

本课程坚持新时代法学高等教育"立德树人，德法兼修"总体要求，以培养具备高标准的政治素质、高觉悟的道德修养、高层次的法治素质、高效率的知行合一能力的高素质法治人才为目标，回答好"为谁培养人"的问题。

（二）坚定中国立场，涵养家国情怀

新时代党领导人民进行法治建设的伟大实践，是有别于西方的法治实践的。本课程坚持立足中国立场，传承本土法治资源，实现以政治素养引领法律素养，以家国情怀塑造职业伦理的育人效果，回答好"培养什么人"的问题。

家国情怀包括爱国主义、群众观点、社会治理共同体理念；中国立场包括真实庭审进校园，送法上门到社区，模拟东审向社会；本土资源包括"东京审判""枫桥经验""法律明白人"。

（三）践行知行合一，提升综合能力

强调学生参与法律实践的亲历性，创造条件让每一个学生都能完整处理一个案件，完整参与一个项目，在亲身参与法治建设的具体实践中提升综合能力，回答好"怎样培养人"的问题。

创新形式具体为成立法律公益社团法人，搭建校外实践可靠平台；拓宽内容具体为政府采购＋律所案件＋法人运行，保证实践素材持续供给；综合实训具体为处理一个案件＋参与一个项目，促进综合能力有效提升。

（四）校地合作育人，服务基层治理

法治实务部门是法治人才培养的"受益者"与"检验者"，同时也应成为法治人才培养的"教育者"。本课程构建起与法治实务部门协同培养法治人才的机制，在为学生创造更多实践资源的同时，助力社会治理法治化，回答好"谁来培养人"的问题。

合作主体包括课程＋政府/法院/检察院/律所/社区；合作项目具体为送法上门、庭审进校园、调解学校、宪法法律宣传；合作方式包括多师同堂、政府采购、共办活动、共编案例。

（五）坚持人民至上，实现双向赋能

一方面，深入群众开展法律实践，为群众解决纠纷，向群众学习经验，由群众评判效果。

另一方面,提升群众的法治意识和维权能力,实现学生法学实践能力与基层治理能力的双向赋能,真正践行"从实践中来,到实践中去"原理,回答好"培养得怎么样"的问题。

评价原则包括能力评价、实时评价、全主体评价;评价标准包括学生的综合实践能力＋实践对象的依法治理效能;评价主体包括"学生—教师—实践对象"三方评价。

三、创新实践

(一) 多师实时指导

课堂教学部分实行多师同堂授课,课外实践部分借助本课程的线上平台和课程微信群,实现师生实时互动,确保每一位学生在各自的学习周期内都能顺利完成一个案件处理和一个实践项目。

本课程线上平台使用流程:① 学生需要登录平台,定位课外实践地点,展示活动内容,记录活动时长。② 教师实时了解学生的实践活动。③ 学生将遇到的法律问题在微信群里进行汇报,师生共同讨论,指导学生形成方案。截止到2022年年底,平台已记录学生基层公益法律服务活动总计1 104次,时间累计已达15 900余小时。

(二) 模拟东京审判

模拟东京审判是根据东京审判的史实,本课程学生在老师指导下自行编写脚本、分配角色、模拟场景、公开展演、研讨交流的特色实践活动。自2015年起,模拟东京审判纳入本课程校外实践项目中,每年南京大屠杀死难者国家公祭日前后举行公演。公演尊重历史、彰显法治、弘扬正义,曾多次走出校园,走进中小学课堂、红色旅游景区等,获得社会各界高度评价(见图5-19-5)。

图 5-19-5　本课程学生进行"模拟东京审判"公演情况

(三) 运营社团法人

2016年,本课程师生注册成立了公益社团法人润泽法律服务中心。该中心由本课程学生管理运营,作为本课程的实践平台对外承接政府采购法律服务项目,现已获得省司法厅连续3年采购,区司法局连续6年采购,采购资金共计约40万元。在该中心的日常管理运营中,学生实际锻炼了法律公益组织的创业能力,为今后的职业发展打下了基础。

(四) 送法上门服务

本课程依托"润泽法律服务中心"常年面向基层群众开展"送法上门"志愿服务活动。中心现有近50个"送法上门"基层服务点,几乎覆盖学校所在区的全部社区和村镇。"送法上门"以"坐诊"+普法为主要形式,既有面向社区居民的普法小课堂,也有对群众法律问题的解答,还有基层纠纷的调解。除日常志愿服务以外,"送法上门"活动与地方政府部门密切合作,积极参与社会治理专题活动,助力社会治理法治化。2022年,本课程师生深入调研基层调解创新工作,起草了《××街道基层调解创新研究方案》。在这些深入基层、深入群众的法律实践活动中,学生有机会接触到"枫桥经验"等本土资源,体认到人人有责、人人尽责、人人享有的社会治理共同体理念。

(五) 社会助教评学

本课程的开放性决定了评价主体的多元性。"群众的眼睛是雪亮的",法律实践中的对象方,尤其是当事人最了解学生所提供的法律服务的质量和水平,本课程构建"教师—学生—实践对象"的三方评价机制,由被服务的社区、政府部门等加入评价主体,实现对实践过程中所接触主体的全主体评价。实践教学的效果不仅反映在学生的获得感上,更体现在实践对象的获得感上,本课程以学生综合实践能力和实践对象的依法治理效能为二维的评价标准。评价的重点是学生的实践能力,评价的时点是实践过程中的实时同步(见图5-19-6)。

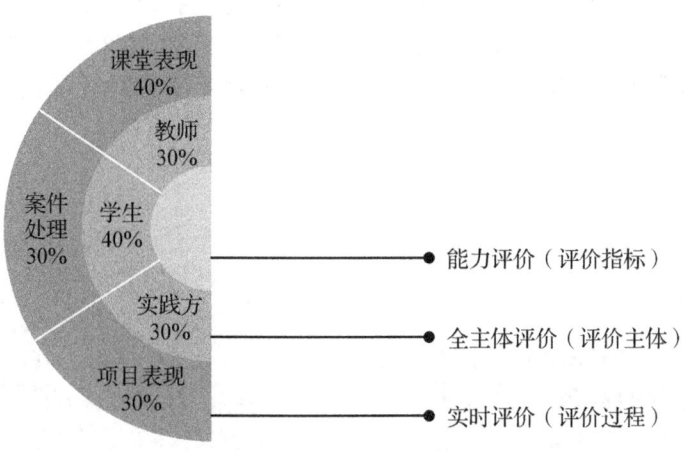

图 5-19-6 "教师—学生—实践对象"的三方评价机制

四、效果与推广

(一) 教学效果

1. 学生综合能力得到提升(见图 5-19-7 和图 5-19-8)

图 5-19-7 社区对课程学生的评价

图 5-19-8 学生自我评价

2. 课外实践活动成效显著,获得社会广泛认可

模拟东京审判的活动引起强烈的社会反响,多家媒体都曾进行过报道,其中《南京日报》以"模拟东京审判,南审学子做了11年"为题、《环球时报》以"铭记历史,珍爱和平——南审学子连续十三年模拟东京审判"进行了专题报道。《2018/2019 学年江苏普通高校本科教学质量报告》把本课程模拟东京审判活动作为南审实践教学典型案例进行了重点介绍(见图5-19-9)。

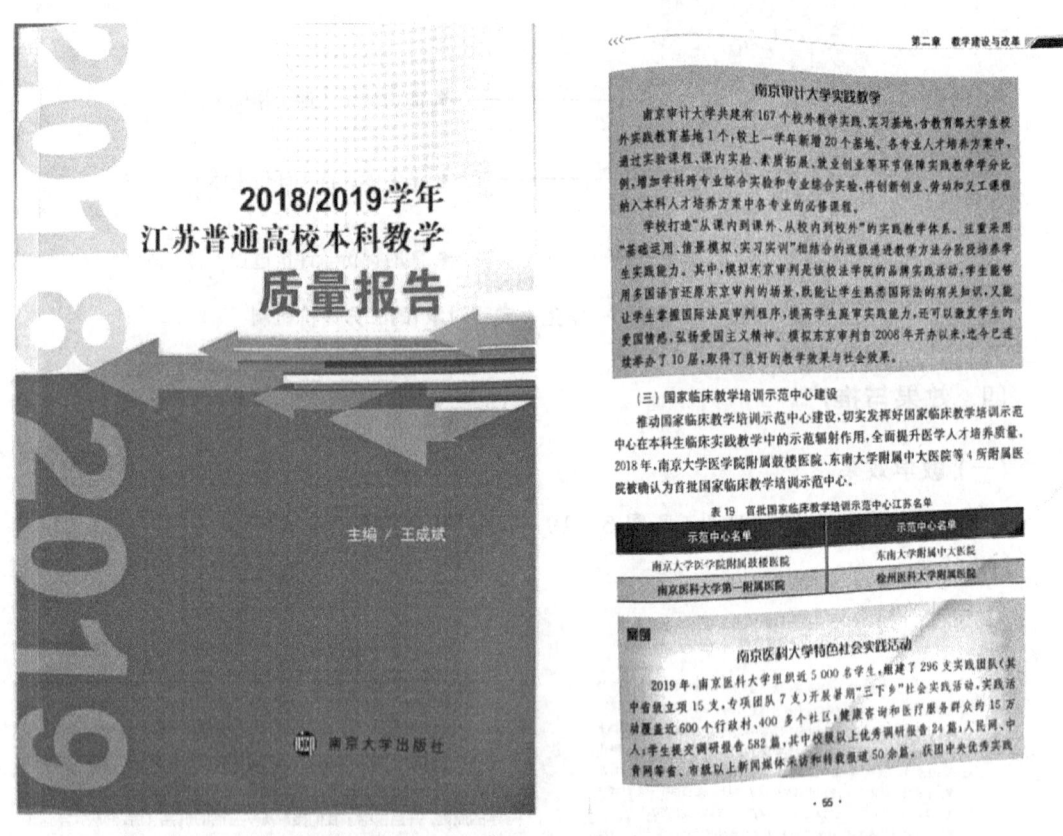

图 5-19-9　江苏普通高校本科教学质量报告重点介绍本课程模拟东京审判活动

(二) 推广应用

2013 年至今,本课程骨干教师陆续出版了《法学实践教学系列丛书》,丛书涵盖 5 部教材,是江苏省首批高校法学实践教学系列教材,出版后被各大院校广泛使用。2018 年,区司法局专门为学生志愿者拍摄微电影,推广志愿服务特色做法。

第二十章

注册会计师审计

第一节 课程简介及目标

一、课程简介

"注册会计师审计"是为审计学、会计学专业本科生开设的专业主干课,4学分共68课时,要求的先修课程有"微观经济学""管理学""会计学基础""审计学基础""中级财务会计""内部控制学""会计综合模拟实验"等。课程对学生的前期知识储备要求较高,要求学生通过先修课程的学习,掌握会计核算的基本原理、实务和报表编制,熟悉组织运营管理流程,理解组织运营管理决策和财务结果之间的关系,为学好本课程奠定扎实的前期基础。

本课程是以注册会计师审计为主线,以财务报表审计为重点,以内部控制为基础,以审计风险和审计目标为导向,以审计实务操作能力培养为主要目标,阐述注册会计师审计基本理论和知识,介绍注册会计师审计基本技能的一门理论性与实践性相结合的课程。

二、课程目标

市场经济的发展离不开资本市场的培育和完善。注册会计师审计业务有利于资本市场的健康发展。经济越发展,资本市场越发达,注册会计师审计业务越重要。本课程以企业财务报表审计为重点,以内部控制审计为基础,以审计风险和审计目标为导向,以审计实务操作和专业能力培养为根本,密切结合当前注册会计师审计实践,将审计的基本理论和知识融入审计实务之中。通过本课程的学习,让学生掌握注册会计师审计业务的基本知识、基础理论和基本技能,提高学生的理论水平和实际操作能力。

(一)思想政治素养的培养

通过审计学科与我国注册会计师职业发展历史以及我国在注册会计师审计工作领域取得成就的介绍与学习,培养学生的爱国主义情感、中国特色社会主义道路自信。引导学生在思想上政治上坚决维护中国共产党的领导,坚定崇高的理想信念,树立正确的世界观、人生观、价值观,自觉弘扬社会主义核心价值观,养成独立人格、优良品质和健康心智,引导学生争做中国特色社会主义事业合格建设者和可靠接班人,培育注册会计师审计职业荣誉感与使命感。

(二)职业道德情感的培养

注册会计师审计工作作为一种独立、客观的鉴证活动,旨在为维护经济良好运行与发展发挥经济警察的作用。培养学生从事注册会计师审计工作应当遵循职业道德的规范,并以应有的职业谨慎态度执行审计业务,培养学生的社会责任感。

(三) 注册会计师审计认知和方法论的培养

通过思政元素融入审计专业课程教学内容,使得学生在学习过程中能够坚持马克思主义思想和工作方法,在注册会计师审计工作中能够实现对马克思主义方法论的灵活运用。培养学生的独立思考能力,提升学生的文化素养,引导学生正确看待经济社会发展中的特定现象、注册会计师审计的功能作用、审计事业发展的重要成就及历史使命。

(四) 业务技能的培养

引导学生学好专业知识,掌握专业技能,拓展综合能力,提升协作意识,培育创新创业精神,把爱国情、强国志、报国行自觉融入坚持和发展中国特色社会主义事业、建设社会主义现代化强国、实现中华民族伟大复兴的奋斗之中。

第二节 课程内容及教学安排

一、教学内容与学时安排

根据课程目标,本课程教学内容构建及教学安排见表 5-20-1。

表 5-20-1 课程教学内容与学时安排

授课章节	知识点	学术动态	教学时数	要求	备注
第一章 注册会计师审计概述	审计的概念要素、三方关系人、合理保证与有限保证	审计证据、《审计报告准则》修订	4	掌握审计概念要素、三方关系人;理解合理保证与有限保证的区别	完成第一章网络作业
第二章 注册会计师职业与法律责任	会计师事务所的组织形式、业务类型、市场份额;注册会计师职业道德的概念框架;审计业务对独立性的要求;准则框架体系、质量控制准则;法律责任	中注协发布的行业分析报告;商事制度改革对审计业务的影响;上市公司法律责任的现状、成因及界定处罚问题	5	熟悉会计师事务所行业状况;理解职业准则体系关系;提问回顾职业道德的基本原则和实务框架;掌握质量控制的目的和要素;掌握法律责任的类型及防范;掌握经营失败与审计失败、审计风险与审计失败的关系	万福生科上市案例分析讨论;提交案例分析报告;完成第二章网络作业
第三章 管理层认定与具体审计目标	管理层认定、管理层责任、审计责任;总体审计目标;具体审计目标;审计目标和审计程序	《审计报告准则》中对审计总体目标、责任描述的变化	2	熟练掌握三个层次13个管理层的认定;掌握管理层责任、审计责任及总体审计目标;理解具体审计目标推导过程;熟悉审计目标和实现审计程序的关系	完成第三章网络作业

续　表

授课章节	知识点	学术动态	教学时数	要　求	备　注
第四章　注册会计师审计计划	初步业务活动、审计业务约定书、总体审计策略；具体审计计划；重要性确定；审计风险模型；重要性、审计风险与审计证据的关系	审计业务约定准则的变化	4	掌握审计的重要性、审计模型要素与审计证据的关系；熟悉总体审计策略和具体审计计划的内容；理解初步业务活动；掌握审计业务约定书的内容要素	完成第四章网络作业
第五章　风险评估	风险评估的目的、内容及风险评估程序的类型；重大错报风险评估与沟通	常用风险评估手段	6	理解风险评估目的；掌握风险评估内容、风险评估程序；报表层和认定层重大错报风险的特点；理解沟通要求	案例讨论；提交案例分析报告；完成第五章网络作业
第六章　风险应对	总体应对策略；进一步审计程序；控制测试；实质性测试；了解内控、控制测试和实质性测试之间的关系	企业风险管理框架的最新修订及其背景	4	理解总体应对措施和进一步审计程序；掌握进一步审计程序的设计；掌握控制测试和实质性测试的性质、时间和范围设计；掌握风险评估、控制测试和实质性测试的关系	案例讨论；提交案例分析报告；完成第六章网络作业
第七章　销售与收款循环审计	销售与收款循环的特点；销售与收款循环业务活动和相关内部控制；销售与收款循环的重大错报风险评估；测试销售与收款循环的内部控制；销售与收款循环的实质性程序	电子交易环境下的销售业务特征；控制变化对审计内容、方式方法的影响	9	掌握该循环业务活动和单据；掌握销售收入内部控制测试和实质性程序；理解内部控制目标和设计；精通应收账款函证的设计、发出、回收与结果分析；掌握审计抽样在控制测试和实质性测试中的应用	案例讨论；完成第七章网络作业
期中测试	—	—	2	机房	闭卷
第八章　采购与付款循环审计	采购与付款循环的特点；采购与付款循环业务活动和相关内部控制；采购与付款循环的重大错报风险的评估；测试采购与付款循环的内部控制；采购与付款循环的实质性程序	电子交易环境下的采购业务特征；控制变化对审计内容、方式方法的影响	5	了解采购与付款环节的特征；掌握采购与付款循环的内部控制测试和实质性测试程序；精通固定资产和应付账款实质性审计程序	案例讨论；完成第八章网络作业

续表

授课章节	知识点	学术动态	教学时数	要 求	备 注
第九章 生产与存货循环审计	生产与存货循环的特点;生产与存货循环业务活动和相关内部控制;生产与存货循环的重大错报风险;测试生产与存货循环的内部控制;生产与存货循环的实质性程序	自动化程度提高对生产环节及其审计的影响	5	了解生产与存货环节的特征;掌握生产与存货循环的内部控制测试和实质性测试;精通存货盘点程序及注意事项	案例讨论;完成第九章网络作业
第十章 货币资金审计	货币资金审计概述;货币资金的重大错报风险;测试货币资金的内部控制;货币资金的实质性程序	资本市场货币资金舞弊案例	5	理解货币资金业务的特点、单据和内部控制;掌握审计关注的事项;掌握货币资金审计的目标及控制测试;精通库存现金和银行存款审计的实质性程序	案例讨论;完成第十章网络作业
第十一章 特殊项目审计	期初余额审计;期后事项审计;或有事项审计;考虑持续经营假设;会计估计审计;关联方审计	持续经营假设对审计结论的影响	6	掌握期初余额审计;掌握期后审计要点;掌握或有事项审计要点;掌握持续经营假设对审计的影响;掌握会计估计审计要点;掌握关联方审计与舞弊的关系	案例讨论;完成第十一章网络作业
第十二章 审计报告	审计报告概述;审计意见的形成;审计报告的格式与内容;持续经营对审计意见的影响	2016年新发布的11项准则,涉及本章的有9个,熟悉其具体内容的变化及原因	7	了解完成审计工作应包括的内容,期后事项对审计报告的影响;了解审计报告的种类;掌握标准审计报告的内容要素;掌握并运用各种审计报告的出具条件及编写	案例讨论;完成第十二章网络作业
第十三章 内部控制审计	内部控制审计的概念;计划审计工作;内部控制审计方法;测试控制;内部控制缺陷评价与出具审计报告;内控审计模拟实训	内部控制审计与其缺陷认定标准的关系研究	4	了解内部控制审计的概念;掌握内部控制审计的方法;了解内部控制测试的主要逻辑与思路;掌握内部控制缺陷的评价与审计报告的出具	案例讨论;完成第十三章网络作业

二、教学要求

(一) 理论教学要求

授课教师应具有注册会计师审计相关的专业背景和实务工作经验,授课前应熟悉教学内容,熟悉注册会计师审计相关准则制度或相关领域的最新变化,及时更新教学内容。授课前教师应完成教学课件的制作、教学方案的设计,尤其是课程中开展案例教学和讨论时,应事先准备好相关的案例资料和讨论的问题,掌控案例分析和讨论的节奏,保质保量完成教学大纲要求的知识点讲授。

(二) 实践、实验教学要求

本课程销售与收款循环、采购与付款循环、生产与存货循环等审计实务部分,以及风险评估与风险应对、审计计划编制和审计报告撰写等理论部分有配套的课程实验内容。在完成相应章节课本内容知识讲解的基础上,同步开展实验教学课程内容,通过对财务报表审计的模拟实验,加深对本课程理论的理解和掌握以及实务的操作和应用。

三、学习要求

(一) 课堂教学知识的掌握要求

(1) 掌握教学大纲要求的知识点;

(2) 在掌握注册会计师审计基本理论、方法和实务的基础上,能够灵活应用这些基本理论和方法解决实务问题,学会财务报表审计实务操作;

(3) 完成课程实验内容,熟悉财务报表审计实务流程和方法,巩固对财务报表审计基本原理的理解和掌握。

(二) 作业要求

(1) 按教学课时的 100% 把握;

(2) 课后练习采用的批改方式包括抽查、公布答案、网上作业、机器批改;

(3) 案例分析报告采用的批改方式包括学生互评、教师点评。

(三) 自学要求

注册会计师审计课程内容多、时效强、变动快、课堂教学时间有限,需要学生投入大量的课后时间自学,弥补课堂教学时间的不足。

(1) 需要深入拓展的专题或法规制度变动的知识点,学生需要按照教师布置的任务要求,保质保量地完成课外的学习任务;

(2) 及时关注国内外注册会计师协会网站发布的行业风险提示、年报审计情况简报和相关专业准则的修订;

(3) 及时关注证券监管部门发布的主板、创业板、科创板、中小板上市制度规定和年报披露要求以及上市公司处理处罚公告等信息,动态追踪上市公司财务报告造假的调查和处理处罚结果。

四、课程评价

(一)考试频度

包括单元测试或课程实验和期末测试。

(二)考试或实验方式

(1) 单元测试采用线上测验方式,课程实验主要是利用课外时间,采用案例分析或实践调查或模拟实验的方式;

(2) 期末测试可以采用开卷或闭卷,如果要采用开卷考试,就必须以知识点的应用为主。

(三)总评成绩计算方法

本课程通过平时作业掌握知识点,通过单元测试强化应用能力,期末考试强调基本理论的理解与掌握及灵活应用能力。根据上述情况,成绩计算方法如下:

(1) 考勤、案例讨论、作业和课堂表现占 30%;

(2) 单元或期中测试及课程实验占 20%;

(3) 期末考试占 50%。

五、阅读参考材料

(一)参考书及文献

(1) 中国注册会计师协会编.注册会计师全国统一考试辅导教材——审计.北京:中国财政经济出版社,2024.

(2) [美] Karla M. Johnstone,等.曹强,译.审计:以风险导向法实施高质量审计.第 9 版.北京:北京大学出版社,2016.

(3) 中国注册会计师协会编.中国注册会计师继续教育审计案例(第四辑).北京:中国财政经济出版社,2015.

(4) [美] 阿尔文·阿伦斯.谢盛纹译.审计学:一种整合方法.第 12 版.北京:中国人民大学出版社,2009.

(5) 中国注册会计师协会编.中国注册会计师职业道德规范指导意见.北京:中国财经出版社,2002.

(6) 中国注册会计师协会编.中国注册会计师执业准则.北京:经济科学出版社,2017.

(7) 中国注册会计师协会.中国注册会计师职业道德守则.中国注册会计师协会.中国注册会计师协会非执业会员职业道德守则.

(8)《中国注册会计师执业准则指南》。

(9) 企业内部控制应用指引、评价指引、审计指引(2010),企业内部控制审计指引实施意见(2012)。

(10)《财务报表审计工作底稿编制指南》。

(11)《企业会计准则》。

(12)《企业会计准则——应用指南》。

(13)《企业会计准则解释》。

(14) 近5年国内外权威期刊（国内 CSSCI，国外 SSCI）中的审计相关文献。

(二) 网站

(1) 中国注册会计师网站，http://www.cicpa.org.cn/。

(2) 国际会计师联合会（International Federation of Accountants，IFAC）网站。

(3) 国际审计与认证准则理事会（International Auditing and Assurance Standards Board，IAASB）网站。

(4) 香港会计师公会（HKICPA）网站。

(5) 英国特许公认会计师公会（ACCA）网站。

(6) 美国会计师公会（AICPA）网站。

(7) 澳大利亚国家会计师公会（CGA）网站。

第三节 课程教学创新实践

一、教学痛点

(一) 长期沉浸于"追赶灌溉式"学习

审计学教材大多紧密围绕《中国注册会计师审计准则》进行编写，内容丰富、信息量大，审计教学中为了确保执业准则知识点"无遗漏"，教师往往严格按照官方教材内容展开教学，生怕某一准则或要求未能向学生讲授，影响学生的学习效果。也正因为如此，审计学教师往往觉得教学内容太多，知识点太多，而学时严重不足，继而形成了审计教学中"追赶灌溉式"的教学特点。教师沉浸于"讲"，生怕错漏一个知识点，学生沉浸于"记"，生怕漏了一项审计程序，课堂教学过程紧赶慢赶，"追赶"着推进课堂教学过程。以销售与收款循环审计为例，循环中存在众多风险评估技术与程序要求，若一味地按照教材内容"无一遗漏"，现有课堂教学课时确实无法满足要求。

(二) 难以训练学生解决审计问题的专业思维

审计是一门逻辑思维极强的专业，审计师在执业的过程中要求能够本着勤勉尽责的基本要求，快速从海量资料和数据中找出风险点，并设计充分恰当的审计程序以应对审计风险。"审计学"课程教学应侧重于训练学生的审计思维与思路，而并非简单的审计准则条款记忆与背诵。在当今审计教学实践中，很多教师将审计讲成了"背书课"，学生最终专注于审计教材和审计准则中相关内容的记忆与背诵，只要把书背会，就能考到高分，这对于审计人才的培养质量与培养效果造成了重大影响，也使得学生在将来从事审计工作的过程中，只知其然而不知其所以然，遇到审计专业问题只知道执行例行审计程序，而不会利用审计思维从全局考虑被审计单位存在的问题，从而导致资本市场中的审计失败和审计诉讼。如何在短短的40分钟内，通过一个个鲜活的审计案例与审计问题，重复训练学生的审计思维与审计思路，让学生不拘泥于审计准则的具体条款和教材中的一般要求，是摆在审计教学任务面前的突出问题。

(三) 较难培养学生作为"经济卫士"的职业自豪感与道德感

注册会计师作为当今社会的"经济卫士",在经济发展过程中扮演着重要的监督角色,尤其是在资本市场发展过程中,更是充当着"经济警察"的角色。作为一名注册会计师,比专业能力更为重要的是职业道德与敬业精神,注册会计师必须践行新时代中国特色社会主义核心价值观要求,充分贯彻"公正""法制""敬业""诚信"等原则,客观独立、勤勉尽责地履行好审计行业的社会责任。而审计业务本身的枯燥、加班等特征,又容易让现在的学生们产生畏难情绪,尤其是随着生活条件的日益提高,很多审计学专业的学生慢慢不再愿意从事无聊、辛苦的审计工作,如何通过课堂教学潜移默化地让学生在守住职业底线的前提下,由衷地钦佩审计、向往审计、投身审计,是本课程的重要教学目标,但同时也是当今审计教学的痛点和难点。

二、教学思想

为切实解决以上三大痛点,经过多年教学经验的总结和多位一线审计教学师生的研讨与试验,本课程从研究导向型教学理念出发,以学生为中心,形成了"线上线下结合、思维研究引领、案例现身说法"的审计课程教学思想(见图 5-20-1)。

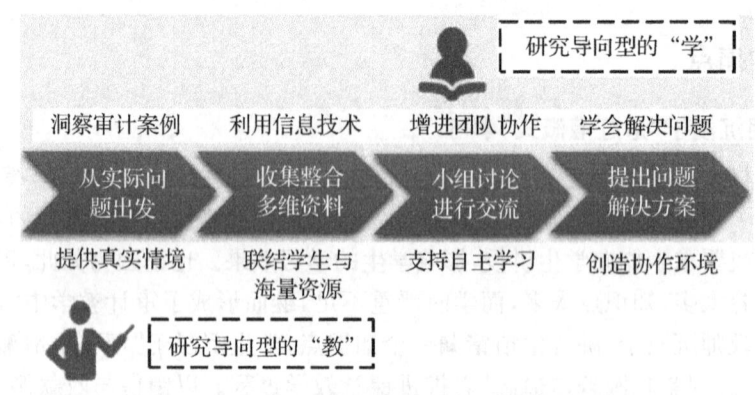

图 5-20-1 "注册会计师审计"课程教学思想

(一) 线上线下结合

结合审计专业人才培养目标,针对现行审计教学"痛点",采取混合式教学方式进行改革创新:线上慕课闭环式学习,解决基础知识;线下研究导向型教学,突破重点、难点与审计思维培养。一方面,教学时空得到延展,教师可以进行更有针对性、更有深度的教学设计,生师互动更频繁、更有价值;另一方面,学生学习始于自身感兴趣的专业问题,"问题"促使"研究","研究"驱动"学习","学习"又能强化"兴趣"。

(二) 思维研究引领

贯彻研究导向型教学理念,强调"以学生为中心",通过启发学生不断思考审计问题的解决思路,研究审计师考虑问题的角度与逻辑,达到训练学生审计专业思维的目的。教学实践中,教师在巩固线上学习内容的基础上,借助图文、视频等资料,以提供审计"真实情景"案例的方式引出重点与难点,引导学生挖掘案例背后的"专业问题与专业思维",进而开启互动式、研究型课堂。

（三）案例现身说法

为使得学生能够切实感受到审计行业的地位和作用，采用资本市场中真实的审计案例推进教学过程，从课前学生成立小组预研究课前问题到课堂围绕本案例进行课中讨论，再到课后各小组深度研究本案例课后问题，实现"一案例、一节课、一组人"的教学设计。通过各小组深度研讨真实案例，一方面，培养学生"自主—合作—探究"的学习方式；另一方面，在潜移默化中培养学生的专业认同度、职业自豪感和职业道德精神。

三、教学创新实践

以"应收账款函证程序"内容为例，展示教学创新的方法、路径。

（一）教学策略与方法

1. 教学策略

根据教材分析、学情分析及教学重点和难点分析，为提高学生参与度，实现教学的最优化，课堂上设计教学任务，采用任务驱动法、案例教学法等多种教学方法，指导学生分组讨论，同时借助资本市场真实审计案例情景模拟等手段，实现教学目标。

（1）课前。课程开始前，指导学生异质分组，每组选出组长、记录员等，确保每人都有分工，分组贯穿于课程始终，期末根据各小组每次竞赛得分进行综合排名，并换算成百分制计入平时成绩。每节课提前1周通过在线课程平台发布小组预习任务，让学生明确教学目标，预习并查找相关资料。

（2）课堂。充分发挥"学生主体"地位，通过"欣泰电气审计失败"案例创设情境，引起学生兴趣，自然导入新课。采用任务驱动法、案例教学法、情景模拟法等，引导学生思考问题、分析问题、解决问题，体现学中做、做中学、做学合一的教学理念。教学中，指导学生采用自主探究、分组讨论、小组竞赛等学习方法，使学生真正"动"起来、"活"起来；利用课堂讨论表现与学生反馈情况，及时对学生进行评价，以利于教师及时了解学生的学习情况并调整教学进度。

（3）课后。课后，指导学生完成在线课程网站的配套自测题，查漏补缺；各小组利用课余时间思考并讨论欣泰电气实施舞弊的手段及过程，形成舞弊专项审计策略与审计计划，并以小组为单位上传至网站上以利于共享和评价。

2. 教学方法与工具

突出以教师为主导，以学生为主体，以探索学习为主线的教学思想，发挥学生的个性，注重学生间的合作学习，依据不同的教学内容及学生实际情况灵活运用多种教法及学法。教法上，以探索导学法为主，启发引导式等多种教法相互穿插和综合运用。学法上，探究答疑贯穿始终，自学与合作学习相配合，观察与动手操作兼容并重。

教学工具以自制课件为主，增强教学直观性和趣味性，适时突出重点，突破难点，适度加快教学进程，扩大教学容量。辅之以变压器图片，增强学生的感性认识与教学的实践性，解释案例企业营业收入确认时点难以确定的原因。

(二) 教学流程(见图 5-20-2)

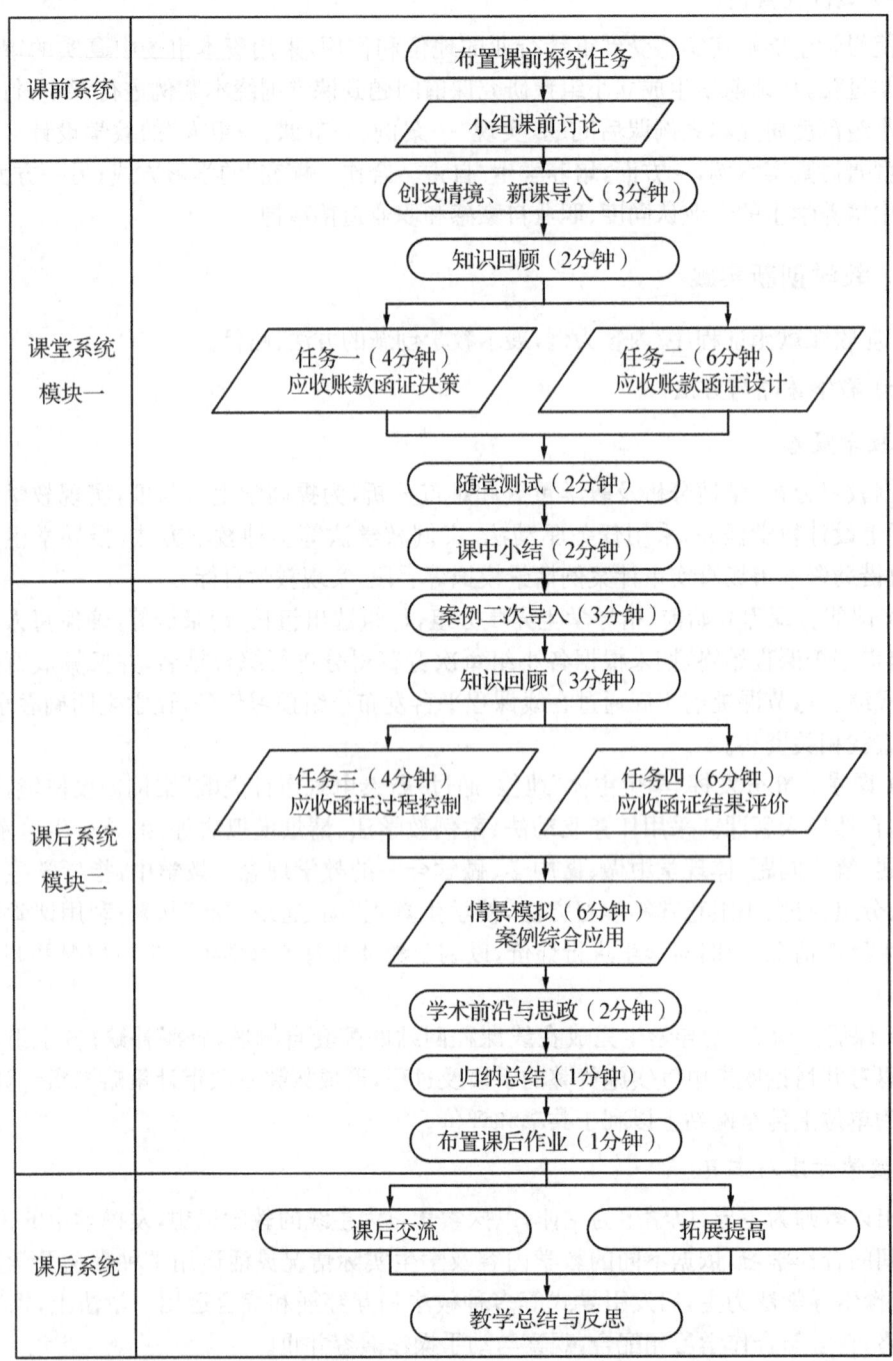

图 5-20-2　教学过程的设计流程

(三) 教学反思

1. 亮点之处

(1) 充分利用探索导学法的优势。整个教学过程由导入案例北京兴华会计师事务所因

"欣泰电气应收账款函证问题"遭受处罚创设情境,通过层层设问与启发引导学生思考函证程序对于财务报表审计的重要性、常见的风险点,结合已学过的知识点进一步设问,导出应收账款函证程序的决策、设计、过程控制与评价应对等。教学设计实现了学生递进、交互、自主、有趣地自主学习。

(2)以生为本,突出专业思维训练。整个教学过程充分发挥"学生主体"作用,学生通过自主学习,主动探究;在专业教学过程中,密切联系资本市场真实案例,让学生以审计取证思维思考问题,通过查阅资料,最终能制定有效的函证程序设计与实施方案,能够将所学知识应用于审计案例中,为今后走向审计岗位奠定基础。整个教学效果得到了学生、行业专家及社会的广泛认可。

(3)充分利用校企合作办学资源。利用校企合作办学的资源与优势,会计师事务所资深审计经理及合伙人定期通过线上、线下方式与审计专业学生交流,要求各小组与审计实务专家访谈交流现阶段常见的应收账款函证程序设计与实施问题及应对方案,学生学习的时空得到拓展。

2. 不足之处

案例分析展示的名额有限,各小组尽力争取展示机会以获得平时成绩,甚至出现提前到时教室排队以获取展示机会的情况。